Vicki Mackenzie

AKTIVISTIN, REBELLIN UND PIONIERIN DES BUDDHISMUS

Die vielen Leben der Freda Bedi

Vicki Mackenzie

AKTIVISTIN, REBELLIN UND PIONIERIN DES BUDDHISMUS

Die vielen Leben der Freda Bedi

Vorwort von Jetsunma Tenzin Palmo

Aus dem Englischen von
Claudia Seele-Nyima

THESEUS

Impressum

Die amerikanische Originalausgabe
The Revolutionary Life of Freda Bedi – British Feminist, Indian Nationalist, Buddhist Nun ist erschienen bei Shambhala Publications, Inc., Boulder, USA, www.shambhala.com

info@kamphausen.media | www.kamphausen.media

ISBN Printausgabe: 978-3-95883-527-6
ISBN E-Book: 978-3-95883-528-3

Print on demand · 2022

Ministerium für
Kultur und Wissenschaft
des Landes Nordrhein-Westfalen

Gefördert durch ein Künstlerstipendium
im Rahmen der NRW-Corona-Hilfen

Übersetzung ins Deutsche	Claudia Seele-Nyima
Lektorat und Projektbetreuung	Susanne Klein, Hamburg www.kleinebrise.net
Gestaltung	Kerstin Fiebig, Bielefeld www.ad-department.de

Bibliografische Information
der Deutschen Nationalbibliothek
Die Deutsche Nationalbibliothek verzeichnet diese Publikation in der Deutschen Nationalbibliografie; detaillierte bibliografische Daten sind im Internet über https://dnb.de abrufbar.

Wie hat Ihnen das Buch gefallen?
Teilen Sie gerne Ihre Meinung mit uns!

https://www.kamphausen.media/aktivistin-rebellin-und-pionierin-des-buddhismus/t-9783958835276

Mit freundlicher Genehmigung von John Hills.

Allen Müttern auf der ganzen Welt,
besonders meiner eigenen unsagbar gütigen Mutter

Irene Mackenzie (1919–1998),

in Dankbarkeit für ihre unermüdliche Liebe
und Unterstützung.

INHALT

VORWORT

Hier ist sie nun, die lang erwartete Biografie einer bemerkenswerten Frau namens Freda Bedi oder Sister Khechog Palmo, die für die Tibeter in den ersten Jahren im indischen Exil als Pionierin wirkte. Die Ehefrau und Mutter engagierte sich anfangs als Freiheitskämpferin in der indischen Unabhängigkeitsbewegung und wurde später eine der ersten westlichen Nonnen des tibetischen Buddhismus. In Indien gründete sie eine Schule für junge reinkarnierte Lamas und das erste tibetische Nonnenkloster. Sie war eine vertraute Schülerin des 16. Karmapa – an seinem ersten Besuch in den Vereinigten Staaten hatte sie maßgeblichen Anteil – und war zudem die Mentorin von Chögyam Trungpa Rinpoche, ebenso wie die zahlreicher anderer Lamas, die den tibetischen Buddhismus in den Westen brachten.

Durch ihren weitreichenden Einsatz und ihre Projekte, die von großem Klarblick geprägt waren, fanden in den frühen Tagen des tibetischen Exils viele Menschen zu neuer Stärke. Ihre Taten verdienen es, dass man sich an sie erinnert und sie würdigt. Daher bin ich Vicki Mackenzie sehr dankbar für ihre Bemühungen, so viel biografisches Material zusammengetragen und gerettet zu haben, bevor es zu spät ist, und uns die inspirierende Geschichte von Sister Kechog Palmo zu erzählen: von ihrem außergewöhnlichen Leben und ihrem Beitrag zum Bewahren des tibetischen Dharma in einer Zeit der Unsicherheit und des Wandels.

Jetsunma Tenzin Palmo

EINLEITUNG: EIN ERSTER EINDRUCK

Nur knapp habe ich sie verpasst, um wenige Wochen, was angesichts dessen, was sich viele Jahre später ergeben sollte, sehr schade war. Als ich an einem klaren Novembermorgen des Jahres 1976 die ausgewaschene Piste zu jenem magischen, auf einem Hügel gelegenen Kloster namens Kopan in Nepal erklomm und über das Kathmandu-Tal blickte, um an meinem allerersten Mediationskurs teilzunehmen, sprachen immer noch alle darüber. Eines Nachmittags hatte der hochrangige Lama Thubten Yeshe, ein rundlicher, charismatischer Mann, eine hochgewachsene Frau aus dem Westen – schön, ein bisschen stämmig, etwa Mitte sechzig – ins Meditationszelt geleitet und ihr dabei höflich den Vortritt gelassen. Sie hatte helle Haut, blaue Augen, ein vollkommen rundes Gesicht und eine ausgesprochen würdevolle Haltung. Ihr Kopf war geschoren wie der einer buddhistischen Nonne, und sie trug eine burgunderrote Robe über einem gelben Oberteil. Zur Verwirrung der Anwesenden führte Lama Yeshe sie zu dem hohen, mit Brokat bezogenen Thron und blieb, nachdem sie Platz genommen hatte, vor ihr stehen, legte seine Hände auf Herzhöhe aneinander und warf sich ehrfürchtig dreimal nieder.

Die Kursteilnehmer und -teilnehmerinnen hatten noch nie eine Frau auf einem solchen Thron gesehen (oder auch nur von so etwas gehört), geschweige denn eine Westlerin in ausgefallenen Gewändern – und sie waren verblüfft. In dieser patriarchalischen Religion verneigte man sich nicht vor lebenden Frauen. Doch wenn Lama Thubten Yeshe dieser Frau Hochachtung zollte, dann musste sie etwas Besonderes sein, denn im Lauf der Wochen hatten sie Respekt entwickelt für diesen freundlichen Mann mit seiner Ausstrahlung der Stärke, der aus seiner ihm eigenen Weisheit heraus zu ihnen gesprochen und sie zum Lachen gebracht hatte.

Die Frau hieß Freda Bedi, wurde als Tochter eines Uhrmachers in Derby in den englischen Midlands geboren und hatte einen indischen Sikh mit dem Nachnamen Bedi geheiratet.

Ich dachte dann nicht mehr daran – damals. Zu jener Zeit, 1976, begeisterte ich mich viel mehr für die Aussicht, diese sehr radikale Angelegenheit der Meditation auszuprobieren, angeleitet von »exotischen« und geheimnisvollen Lamas, die erst einige Jahre vorher aus ihrem verborgenen, verbotenen Land Tibet gekommen waren. Hier wartete das große Abenteuer auf mich. Ich hatte mich von meiner Arbeit als Autorin fürs Feuilleton einer führenden überregionalen britischen Zeitung im Herzen der Londoner Fleet Street davongestohlen, ohne jemandem zu erzählen, was ich da tat. Damals war der Buddhismus im Westen so unbekannt, dass man ihn praktisch als eine Art Sekte betrachtete – fremd, voller ketzerischer Überzeugungen und höchst gefährlich. Ich wusste, dass ich jede Glaubwürdigkeit als verantwortungsbewusste, seriöse Journalistin verloren hätte, wenn ich das Ziel meiner Reise offen preisgegeben hätte.

Doch nicht nur die Neugierde, unbekannte Wege zu beschreiten (eine für Journalisten und Journalistinnen essenzielle Eigenschaft), zog mich dorthin, sondern auch ein unklares, aufrichtig empfundenes Bedürfnis, die tiefere Bedeutung der Dinge jenseits von »Geben und Nehmen«, wie der britische Dichter Wordsworth es ausdrückt, zu erkunden. Diese stille Sehnsucht begleitet mich seit meiner Kindheit; und im Laufe der Jahre, als mir mein christlicher Hintergrund das, was ich suchte, nicht zu geben vermochte, fühlte ich mich zunehmend zum Osten hingezogen, da ich intuitiv vermutete, dass dessen alte Weisheit das enthalten könnte, wonach ich suchte.

Kopan und die Lamas enttäuschten mich nicht. Was ich auf meiner heimlichen Reise entdeckte, war faszinierend und erfüllend genug, um mich vierzig Jahre lang zu fesseln. In diesen Jahren tauchte Freda Bedis Name immer wieder auf – Menschen ließen ihn ins Gespräch einfließen, die

Freda in jenen frühen Tagen kennengelernt hatten, als der tibetische Buddhismus in der Außenwelt in Erscheinung trat. Alle sprachen voller Zuneigung und ein bisschen ehrfürchtig von ihr. Ich hörte, dass sie einen steilen Aufstieg gemacht hatte, in Indien ein bekannter Name war und drei Kinder hatte, darunter einen Sohn, der ein gut aussehender Bollywood-Star war und als James-Bond-Bösewicht auftrat.

Freda Bedi war im mittleren Alter etwas Radikales widerfahren, denn sie hatte ihrem Ruhm, ihrer Arbeit und dem Familienleben den Rücken gekehrt und war die erste westliche tibetisch-buddhistische Nonne geworden. Ich erfuhr, dass sie eine Schule für junge reinkarnierte Lamas, die als Flüchtlinge nach Indien gekommen waren, gegründet hatte. Sie brachte ihnen Englisch bei und lehrte sie etwas darüber, wie es in der Welt zugeht. Einer ihrer Schüler war Zopa Rinpoche, der Herzensschüler von Lama Thubten Yeshe, der mich zuerst in Kopan und später an anderen Orten auf der ganzen Welt unterrichtete.

Freda hatte Zopa Rinpoche als mageren, tuberkulosekranken Jungen aus einem schrecklichen, von Krankheiten heimgesuchten Flüchtlingslager geholt, ihn mit Medikamenten, neuen Gewändern und einem Sponsor versorgt und ihm die Grundlagen einer westlichen Erziehung zukommen lassen.

Vielleicht war das der Grund, warum sich Lama Yeshe stets voller Dankbarkeit vor ihr verneigt hatte. Weitere kleine Anekdoten über Freda kamen mir in den Sinn. Merkwürdigerweise gewann dieses Anhäufen geringfügiger Informationen mit der Zeit an Schwung, als ob sich etwas aufbaute, dessen ich mir nicht bewusst war. Ich fand heraus, dass sie sich als Freiheitskämpferin für die Sache der indischen Unabhängigkeit eingesetzt, Gandhis mächtiger Bewegung angeschlossen und sich gegen ihre eigenen Landsleute, die Briten, erhoben hatte. Und sie war für ihren Widerstand ins Gefängnis gegangen, als erste Engländerin überhaupt. Meine journalistischen Antennen sandten mir immer stärkere Signale. Vielleicht gab es hier eine Story. Freda wurde immer interessanter.

Während ich mehr Erfahrung mit der tibetisch-buddhistischen Welt sammelte, hörte ich etwas über Freda, das mich überraschte. Unter den Tibetern wurde gemunkelt, Freda sei eine Emanation von Tara, dem weiblichen Buddha des Mitgefühls in Aktion. Tara – von allen Tibeterinnen und Tibetern geliebt – galt als die Göttliche Mutter, zu der alle beteten, wenn sie in Not waren. Es war Tara, die sie anriefen, wann immer sie in Gefahr, traurig, verängstigt oder krank waren, denn sie wussten, dass Tara nicht nur dasaß und ihren Bitten mitfühlend zuhörte, sondern sich erhob und etwas *tat*. Die Fähigkeit zu handeln – und zwar schnell zu handeln – wurde als eine im Wesentlichen weibliche Eigenschaft angesehen.

Im Laufe der Jahre hatte ich viele Gemälde und Statuen von Tara gesehen. Sie sah ganz sicher nicht wie eine hellhäutige, blauäugige Engländerin aus. Gewöhnlich war sie in Grün gemalt (obwohl manchmal auch in Weiß und anderen Farben), mit einem runden, mondförmigen Gesicht, einem gütigen Ausdruck und – als grüne Tara – einem ausgestreckten Bein, bereit, in Aktion zu treten. Könnte Freda Bedi möglicherweise ein solches göttliches Wesen sein? Es schien lächerlich – sogar ketzerisch. Warum wurde ihr eine so große Auszeichnung zuteil und wie hatte sie sich diese verdient? Freda war, so schien es, in der dunkelsten Zeit der Geschichte Tibets erschienen, als der Dalai Lama und Tausende seiner Landsleute, Männer, Frauen und Kinder, in einem furchtbar aufreibenden Treck über den Himalaya in die Freiheit flohen. Die Flüchtlinge strömten ins Exil, krank und traumatisiert von der Verfolgung und Qual, die sie durchlebt hatten, und von ihrer höchst gefährlichen Flucht. Freda war da, um sie zu trösten, ihre Wunden zu waschen, ihre Angst zu mildern und ihnen zu helfen, wieder auf die Beine zu kommen.

Einhellig begannen sie, sie »Mummy« zu nennen – und dann »Mummy-la«, also mit dem tibetischen Höflichkeitssuffix für diejenigen, denen Achtung entgegengebracht wird. Freda identifizierte sich so sehr mit dieser Anrede, dass sogar Westler begannen, sie so zu nennen.

Und seltsamerweise wurde ich dann zu Beginn des neuen Jahrtausends von verschiedenen Leuten angesprochen und gebeten, ein Buch über Freda Bedi zu schreiben. Eine der Beharrlichsten unter ihnen war die englische Nonne Tenzin Palmo, die Freda im Alter von etwa zwanzig Jahren kennenlernte, bevor sie zwölf Jahre lang in einer Höhle im Himalaya verschwand, um zu meditieren – und diese Höhle dann als brillante, weltweit anerkannte Lehrerin wieder verließ. Kurz vorher hatte ich die Biografie von Tenzin Palmo, »Das Licht, das keinen Schatten wirft«[1], fertiggestellt. »Freda ist eine inspirierende Frau, ein Vorbild für Frauen überall. Wir brauchen Beispiele für das echte Leben starker Frauen, insbesondere von Nonnen. Außerdem war Fredas Leben von enormer Bedeutung. Sie war eine Pionierin auf so vielen Gebieten«, hatte sie gesagt.

Dann wandten sich Fredas Kinder an mich und baten mich, das Leben ihrer Mutter aufzuzeichnen. Ich fühlte mich geehrt, zögerte aber. Denn meine stärkste Quelle, Freda selbst, war nicht da. Traurigerweise starb sie 1976, nur wenige Monate nach ihrem Besuch in Kopan. Da war sie 66 Jahre alt. Und ich hatte sie verpasst. Hätte ich damals gewusst, dass ich ein Buch über sie schreiben würde, hätte ich sie aufgesucht und darum gebeten, mir etwas Zeit zu opfern und mir Erinnerungen und detaillierte Berichte über ihr Leben zugänglich zu machen. Das entsprach meiner bevorzugten Arbeitsweise als Journalistin. Wie sonst hätte ich ihren Charakter, ihre Motive, die Einzelheiten ihres täglichen Lebens, ihre Konflikte – notwendige Komponenten, um das lebendige, getreue Bild eines Menschen nachzubilden – richtig einschätzen können?

---

1) Vicki Mackenzie: *Das Licht, das keinen Schatten wirft – Die außergewöhnliche Lebensgeschichte von Tenzin Palmo* Theseus 2010.

Als ich hörte, dass selbst der Dalai Lama fragte, warum nie ein Buch über sie geschrieben worden sei, habe ich kapituliert. Wenn der Dalai Lama der Meinung war, Freda Bedis Leben solle aufgezeichnet werden, wie konnte ich da noch argumentieren? Ich machte mich an die Arbeit. Es gab so viele Fragen. Was brachte sie dazu, im Kampf für die indische Unabhängigkeit gegen ihre Landsleute zu rebellieren? Wie schaffte sie es, den Aufenthalt in einem indischen Gefängnis durchzustehen? Was war die Ursache für ihren grundlegenden Wandel von der Ehefrau und Mutter zur buddhistischen Nonne? Wie und warum hat sie ihre Kinder verlassen? Was trieb sie an? Was hat sie geopfert – falls sie Opfer bringen musste? Was waren ihre Schattenseiten, wo lagen sie – jene Anteile in ihr, die sich vielleicht hinter ihrem glanzvollen, tugendhaften Äußeren verbargen – und wie konnte ich davon erfahren? Und warum genau hatte sich Lama Yeshe vor ihr verneigt?

Da sie physisch nicht mehr auf dieser Erde war, begab ich mich auf eine Entdeckungsreise und erforschte ihr Leben durch die Orte, an denen sie gelebt hatte, und mithilfe der Menschen, die sie gekannt hatten, um die Antworten zu erhalten, die ich suchte. Es war erstaunlich leicht. Alle, an die ich mich wandte, waren nur allzu gern bereit, mir ihre Geschichten und Erinnerungen zu erzählen und Fotos zur Verfügung zu stellen. Das ist selten der Fall, wie Ihnen jede Schriftstellerin und jeder Schriftsteller bestätigen wird. Es war, als wollte dieses Buch geschrieben werden – trotz meiner Bedenken! Über viele Monate hinweg reiste ich mehrmals nach Indien und sprach mit Nonnen, Angehörigen der tibetischen Exilregierung, mit Lamas und Laien. Ich traf Fredas Nichte in Bath, England. Ich reiste nach Samye Ling in Schottland, dem ersten tibetischen Kloster im Westen, um mit Akong Rinpoche zu sprechen, einem Lama, den Freda aus einem Flüchtlingslager rettete und der später bei ihr in Delhi lebte. Er hatte das Kloster mitgegründet. Ich führte lange Telefongespräche mit Menschen in den Vereinigten Staaten und Australien.

Die wertvollsten Beiträge kamen jedoch von ihren Kindern. Ich reiste nach Mumbai, um ihren zweiten Sohn, Kabir Bedi, den gut aussehenden Filmstar, zu treffen. Ich fuhr nach Bangalore, um mit ihrem Erstgeborenen, Ranga Bedi, und seiner Frau Umi zu sprechen. Und ich flog in die Vereinigten Staaten und besuchte ihre Tochter Guli in ihrem schönen Haus am See außerhalb von Boston. Alle waren hochgewachsen und imposant – wie ihre Mutter –, starke Persönlichkeiten, die gutes Essen liebten und einen ausgeprägten Sinn für Humor hatten. Ihre lebhaften Erinnerungen an ihre Mutter, die, wie sie einhellig feststellten, in der Tat eine bemerkenswerte Frau war, trugen dazu bei, Freda zum Leben zu erwecken. Sie überließen mir auch großzügig Fredas Schriften, Briefe und Tonbandaufnahmen mit Berichten aus erster Hand über ihr Leben und ihre Gedanken. In der Tat wertvolles Material. Besonders ihre Stimme zu hören – klar, fest, gemessen, voller Autorität und sehr wortgewandt – war das Nächstbeste nach einer persönlichen Begegnung mit Freda.

Am Ende meiner Reise erwies sich Freda als unendlich viel umfassender, aufregender und komplexer, als ich es mir zu Beginn hätte vorstellen können. Die Bandbreite dessen, was sie in den unterschiedlichsten Bereichen leistete, ist schlicht und einfach außergewöhnlich. Fredas Fußabdruck ist auf der Landkarte des modernen Indiens, in der feministischen Bewegung und in der Geschichte der Verbreitung des Buddhismus von Ost nach West immer noch sehr gut erkennbar. Freda war – und ist – eine Ikone. Mir blieb nichts anderes übrig, als nachzugeben. Der Dalai Lama hatte recht: Fredas Geschichte musste erzählt werden.

- 1 -

DIE ANFÄNGE

IN FREDAS ERSTEN JAHREN deutet auf den ersten Blick wenig auf das exotische Leben hin, das sie führen sollte – obwohl, wie Freda selbst gerne betonte, die Vorzeichen bei näherer Betrachtung von Anfang an da waren. Sie wurde am 5. Februar 1911 über einem kleinen Uhrmacherladen in einer Straße mit dem passenden Namen *Monk Street* (»Mönchsstraße«, eine Anspielung auf ein zukünftiges Leben im religiösen Gewand) geboren, gleich um die Ecke der *Friary Lane* (»Klosterweg«), im Herzen des alten Derby. Hier waren die englischen *Midlands* – die Heimat von Florence Nightingale, Rolls-Royce und des *Peak District* mit seiner wilden Schönheit. Es schneite heftig, als Freda geboren wurde, und obwohl sie das erstgeborene Kind war, brachte ihre Mutter sie mit wenig Mühe zur Welt. Die Hebamme kommentierte: »Ohhh, Mrs. Houlston, Sie sollten diejenige sein, die alle Babys bekommt. Sie tun das so leicht.« Freda war ein hellhäutiges Baby mit einem ganz runden Gesicht, einer hohen Stirn, feinem, dünnem Haar und strahlenden blaugrauen Augen, die sie von ihrem Vater geerbt hatte, in dessen Adern norwegisches Blut floss. Sie wurde auf den Namen Freda Marie Houlston getauft.

Fredas Leben in der Familie verlief in den ersten Jahren fast wie in einer Geschichte von Charles Dickens. Auf einem Foto des Uhren- und Schmuckgeschäfts sieht man Fredas Vater als kleinen Jungen, wie er vor dem Haus in der Monk Street 28 steht, einem typischen ärmlichen Backstein-Reihenhaus mit einer Eingangstür direkt zur Straße und aneinandergereihten Uhren, die im Fenster hängen wie Christbaumkugeln. »Houlston« prangt da in großen Buchstaben über dem Türsturz. In der Tür steht George, Fredas Großvater väterlicherseits, in Schürze und mit Stoffmütze.

Freda, die eine romantische Ader hatte, dachte gern daran zurück: »Es war winzig und für mich ebenso attraktiv wie Dickens' »Raritätenladen«. Ich erinnere mich, wie meine Großmutter in der Wohnküche herumhantierte, an den Schmuck und die Uhren in den Schränken. Wir backten Brot und Aufläufe im kohlebefeuerten Ofen, machten Toast auf einer Toastgabel, wuschen Wäsche in einem riesigen Kessel und hielten Fleisch und Käse auf einer Steinplatte in der Speisekammer kühl.«

Als das Leben in dem winzigen Laden etwas beengt wurde, zog die Familie nach Littleover, einem Vorort von Derby, am Stadtrand und in der Nähe von Fredas Großmutter mütterlicherseits gelegen.

Allen Berichten zufolge war ihre Familie glücklich, bescheiden, zurückhaltend und ausgesprochen redlich. Ihr Vater Francis (»Frank«) war ein großer, auffallend gut aussehender Mann mit einem offenen, ehrlichen Blick, der im Tweed-Anzug und mit steifem Strohhut eine schneidige Figur machte. Er entstammte einer langen Reihe von Uhrmachern und Juwelieren, die alle vor ihm in demselben kleinen Laden gearbeitet hatten. Francis war tief religiös, ein überzeugter Methodist, der den Abstinenzlern zugetan war und sogar deren Gelöbnis unterschrieben hatte – eine Urkunde, die mit kurzen Lehrsprüchen gesäumt war, wie: »Blick nicht auf den Wein, denn er beißt wie eine Schlange und brennt wie der Biss einer Kreuzotter.« Darin hieß es, Francis Houlston werde sich »mit göttlichem Beistand« von allem Alkohol fernhalten, der »Praktiken der Unmäßigkeit« verursache. Er meinte es ernst. Freda erinnerte sich an seine Worte, er werde niemals Hochprozentiges über seine Lippen kommen lassen, selbst wenn er im Sterben läge und sein Leben davon abhinge.

Ihre Mutter Nellie war eine Frau mit stoischem Gleichmut – groß, mit sehr aufrechter Haltung, einem langen Gesicht und hochgestecktem dunklen Haar. Sie war eine stilvolle Frau und eine ausgezeichnete Näherin, die alle Kleider ihrer Kinder selbst anfertigte. Nellie hatte Frank in der Methodistenkirche St. Anne's kennengelernt (wo auch ihre Großeltern regelmäßig den Gottesdienst besuchten) und hatte ihn mit zwanzig Jahren geheiratet. Sie hatte auch etwas von einer Abenteurerin an sich, einen Charakterzug, den sie an ihre

Tochter weitergab. Nellie fuhr gern mit dem Motorrad in der ländlichen Gegend umher, spielte Bridge und wurde irgendwann zur Kapitänin des Mickleover Golf Clubs ernannt, zu jener Zeit ein ungewöhnliches Amt für eine Frau.

Ihre Nichte Pauline Watson, die ihrer Tante Freda verblüffend ähnlich sieht, erinnert sich gut an Nellie: »Sie war eine starke Frau, die ich ziemlich respekteinflößend fand. Sie konnte sehr gut mit Geld umgehen und hielt bei den Familienfinanzen die Fäden in der Hand. Später kaufte und verkaufte sie Häuser. Nellie war auch medial veranlagt, ebenso wie ich und Freda. Das liegt in der weiblichen Linie. Nellie hatte ›Vorahnungen‹ und spürte ›Präsenzen‹. Einmal hat sie ein Haus gekauft, ist aber nie darin eingezogen, weil sie dort unglückliche Geister spürte«, sagt Pauline, die in der Nähe von Bristol in Großbritannien lebt.

Freda, die bekanntlich nie etwas Schlechtes in jemandem sah, hatte ein ausgesprochen rosiges Bild von ihrer Mutter: »Sie hatte eine überaus uneigennützige Einstellung und liebte ihre Mitmenschen. Nie habe ich erlebt, dass jemand in unserer Nähe hilfsbedürftig war und meine Mutter ihm keine helfende Hand gereicht hätte. Rückblickend glaube ich, dass sie von Natur aus ein Bodhisattva war, aber da sie in einem christlichen Land geboren wurde, ist sie dem Buddha nie begegnet.«

Fredas wohl interessantestes Familienmitglied war ihr Urgroßvater Walker, der als Kind auf der Flucht aus Frankreich Schiffbruch erlitten hatte und von einem Prediger namens Reverend Walker aus den Wellen gezogen wurde. Gerüchten zufolge soll er der uneheliche Sohn des französischen Kronprinzen gewesen sein, obwohl es dafür keine Beweise gab. Wie auch immer seine Abstammung gewesen sein mag, er machte sich sehr gut und stieg vom Kutscher zum erfolgreichen Kohleunternehmer auf. Die schönen Möbelstücke, die Nellie irgendwann erbte, stammten von ihm.

Als Freda achtzehn Monate alt war, wurde Franks und Nellies zweites Kind, John, geboren. Freda liebte ihn von Anfang an mit seinem blonden lockigen Haar und seinem sonnigen Gemüt. Sie standen sich außergewöhnlich nahe und blieben, wann immer sie getrennt waren, in ständigem Briefkontakt. »Er war ein hübscher, starker Junge, der die Houlston-Schönheit geerbt hatte«, erklärte sie. »Ob Sie es glauben oder nicht, wir haben uns nie gestritten.« Die Geschwister waren von ihrer Persönlichkeit her sehr unterschiedlich. Freda war ein ernstes, sensibles, artiges Kind. Selten sah man sie ohne ein Buch in der Hand. John hingegen war draufgängerisch, spielte gern Streiche und machte lieber Sport als Schulaufgaben. Beide hatten jedoch das Freundlichkeits-Gen. Als Erwachsener schloss sich John der philanthropischen, christlich geprägten Organisation Toc H an, gegründet nach dem Ersten Weltkrieg von Reverend Philip »Tubby« Clayton, um gute Werke für Kranke, Alte und Bedürftige zu tun. Ihr Ethos bestand eher darin, anderen ein Vorbild zu sein, als zu predigen. John war ebenfalls äußerst religiös und wollte einen geistlichen Beruf ergreifen, doch die nötigen Mittel waren nicht vorhanden. Stattdessen entschied er sich für die Royal Navy, von wo aus er es schaffte, sich in die Royal-Signals-Einheit zu mogeln, obwohl er farbenblind war. Als er im Alter von 54 Jahren an einer Herzerkrankung starb, erhielt die Familie Hunderte Briefe von Menschen, die zum Ausdruck brachten, wie sehr John ihnen geholfen hatte. Fredas Kinder berichteten, dass sie ihre Mutter beim Empfang dieser Nachricht das einzige Mal weinen sahen.

1914 braute sich das Unheil des Ersten Weltkriegs zusammen und bedrohte nicht nur den Frieden in Europa, sondern auch die Ruhe im Houlston-Haushalt.

»Der Kriegsbeginn ist mir noch sehr deutlich in Erinnerung. Wir saßen im Wohnzimmer, Mutter goss gerade Tee ein, als plötzlich ein lauter Knall ertönte. Eine Bombe war auf den Bahnhof von Derby gefallen«, erinnerte sich Freda.

Frank tat seine Pflicht: Er trat den Sherwood Foresters als Soldat bei und marschierte als Gefreiter des Maschinengewehrkorps nach Frankreich. Am 14. April 1918, nur wenige

Wochen vor Kriegsende, wurde er in den Schützengräben von Aire getötet. Freda, zu jener Zeit sieben Jahre alt, war am Boden zerstört.

»Der Tod meines Vaters überschattete meine gesamte Kindheit«, gab Freda zu. »Traurig ist, dass ich ihn nie wirklich kennengelernt habe. Ich habe nur zwei vage Erinnerungen an ihn: eine, wie er im Garten grub, und die andere, wie er mit mir im Wohnzimmer spielte. Ich hatte nie die Chance, ihn zu verstehen. Bei uns hing das Gemälde einer Szene aus dem englischen Bürgerkrieg, in der ein Junge gefragt wird, wann er seinen Vater zuletzt gesehen habe. Er antwortet: ›Ich habe ihn letzte Nacht in meinen Träumen gesehen.‹ Genau so war es bei mir. Für mich ist *Vater* ein Konzept, ein heiliges Konzept.

Der Gedenkgottesdienst, der jährlich am 11. November in einer Schule zu Ehren der Kriegsgefallenen abgehalten wurde, riss die Wunde immer wieder auf. Ich wurde fast ohnmächtig vor Trauer«, erzählte sie.

Später verriet sie, dass sie durch den Tod ihres Vaters Offenheit für den Schmerz und das Leiden aller Menschen überall entwickelte und auf den buddhistischen Weg vorbereitet wurde. Die Wahrheit des universellen Leidens ist die erste der Vier Edlen Wahrheiten des Buddha, seiner grundlegenden Lehre, die den Weg zur Befreiung beschreibt.

Nellie hatte gesehen, dass ihr Mann tot war, indem er ihr eines Morgens, fünf Tage vor Eintreffen des Telegramms, am Fußende ihres Bettes erschien. Sie erlitt einen Beinahe-Zusammenbruch, machte aber weiter. Als sie sich erholt hatte, verkündete sie sehr entschieden, sie werde nie wieder den Fuß in eine Kirche setzen. Sie begründete es damit, dass sie nicht länger an einen Gott glauben könne, der einen so guten Menschen wie ihren Mann wegnähme oder eine Frau von ihrem Ehemann trennte, den sie so sehr liebte. Später heiratete sie einen anderen Frank, Francis Swann, einen Eisenbahnangestellten. Er war der Jüngste von elf Geschwistern und lebte mit drei ledigen Schwestern nicht weit von

Nellie entfernt. Freda räumte freimütig ein, dass es keine Ehe Jungverliebter war.

»Frank Swann war 35 und es kam ihm in den Sinn, dass es eine gute Idee sei, die junge Witwe zu heiraten – es war eine Verbindung zweier Menschen, die beschlossen hatten, den Rest ihres Lebens zusammen zu verbringen. Mein zweiter Vater war ein gutmütiger, freundlicher Mann, der seinen eigenen Interessen nachging (hauptsächlich Amateurtheater) und sich nie in unsere Erziehung einmischte.«

Das zweite Kindheitsdrama Fredas ereignete sich, als sie mit elf Jahren an Diphtherie erkrankte. Eine Epidemie überzog das Land und viele Kinder starben daran. Penicillin war noch nicht erfunden worden, und Freda wurde immer schwächer. Als Nellie sah, dass ihre Tochter im Sterben lag, folgte sie ihrer Intuition und brachte sie zu einem Arzt in Nottingham, der verschrieb, sie solle in einem Zelt im Garten untergebracht werden. Seltsamerweise wirkte die unorthodoxe Behandlung.

»Er muss ein genialer Arzt gewesen sein, denn unter der Buche und beim Goldregen war ich bald auf dem Weg der Besserung«, schrieb Freda in ihr Notizbuch. Von jenem Tag an hatte Freda eine Vorliebe für Zelte, in denen sie sich bei jeder sich bietenden Gelegenheit aufhielt – und ihre Kinder nahm sie mit, sei es in die hohen, abgelegenen Ausläufer des Himalaya oder zu kuriosen kahlen Grünflächen in Delhi. In ihren Tagebüchern führt sie ihre Liebe zu Zelten auf ein früheres Leben als Nomadin in Tibet zurück, ebenso wie ihr tiefes Gefühl für das umliegende Land, in dem sie aufwuchs.

»Ich liebte die offene Landschaft von Derbyshire. Sie hat etwas Geheimnisvolles, Esoterisches an sich – schwarze Felsformationen, kurzes Gras, Steinmauern wie die *Mani*-Steine, die ich in Tibet gesehen habe. Keine andere englische Grafschaft ist so, außer vielleicht Cornwall«, schrieb sie.

Freda und John streiften stundenlang frei über die Hügel und Täler von Derbyshire, sammelten Pilze und Brombeeren, flochten Gänseblümchenkränze. Sie wanderten durch

Blauglöckchenwälder, erkundeten den magischen Sherwood Forest (Robin Hoods Versteck) und besuchten Derbys großartige alte Herrenhäuser, wie Pemberley, heute eine Pilgerstätte für Anhänger und Anhängerinnen von Mr. Darcy, dem Helden aus Jane Austens »Stolz und Vorurteil«. Und sie kauften frische Butter von den kleinen, über das Land verstreuten Bauernhöfen.

»Wir waren sehr glücklich«, sagte sie einfach. Fredas Liebe zur Natur, die an Pantheismus grenzte, verließ sie nie. Sie prägte ihre Poesie, ihre Schriften, ihre ureigenste Seele, und wann immer sie darüber sprach, geriet sie ins Schwärmen: »Ich erinnere mich an den köstlichen Duft des Fliederbaums vor der Küchentür und an den Birnbaum, dessen Blüten in den magischen Frühlingstagen über die Gartenmauer fielen.«

Es war eine unverdorbene, geordnete Kindheit aus einer vergangenen Epoche.

Nellie nähte, kochte Obst und Gemüse ein, machte Marmelade, Pickles und Limonade aus Kräuter- und Wurzelextrakten. Die einzige Unterhaltung lieferte ein Kristallradio, das ins Haus kam, als Freda elf war. Sie versammelten sich abends darum und stachen es mit einem Teil, das »Katzenschnurrhaar« genannt wurde, um so die empfindliche Stelle zu finden, die es zum Leben erweckte.

Während dieser prägenden Jahre nährte Freda die ihr innewohnende spirituelle Veranlagung, die im weiteren Verlauf ihres Lebens fortbestehen und wachsen sollte, bis sie ihre gesamte Existenz beherrschte. Sie beschrieb ihre Entwicklung folgendermaßen: »Ich war eine Christin, aufgewachsen in einer christlichen Familie. Meine Mutter hatte sich zwar von Gott abgewandt, aber sie schickte mich dennoch in die Sonntagsschule und dann in die Kirche, weil sie dachte, ihr Mann hätte es so gewollt. Meine Patentante, Tante Lilly, liebte mich sehr; sie war ein stiller Einfluss, der Freude mit sich brachte. Sie hat mir immer Kirchenlieder vorgespielt.«

Es war ihre Konfirmation mit vierzehn Jahren in der St. Peter's Church in Littleover, die ihr wirklich die Tür zur

Spiritualität öffnete. »Als ich die Heilige Kommunion empfing, spürte ich, dass da etwas anders war – es war eine direkte Kommunikation, ein Gefühl der Ehrfurcht vor dem Göttlichen«, sagte sie. Ihr Pfarrer, den sie wegen seiner Brille und Hakennase »Brown Owl« nannte, war misstrauisch. »Er sah, dass ich mich mehr für die Messe interessierte als die meisten Mädchen, und warnte meine Mutter, sie solle ein Auge auf mich haben. Das war damals eine typische Haltung der Church of England, die von Feiern und Zusammenkünften besessen war und der jegliches Verständnis für alles, was mit dem spirituellen Leben im tiefsten Sinne zu tun hatte, fehlte.«

Eine tiefe Sehnsucht wurde dadurch in ihr ausgelöst, die ihr ganzes Leben weiterbestehen sollte. Wie immer wandte sich Freda Büchern zu, um herauszufinden, was diese Sehnsucht war und was sie bedeutete. »Ich las anglo-katholische Autoren und Heiligenbiografien, darunter die Lebensgeschichte der heiligen Thérèse von Lisieux und das Buch des heiligen Johannes vom Kreuz, um herauszufinden, wie sie diesen erhabenen Zustand erreicht hatten. Das war ein Wendepunkt. Ich entdeckte, dass all diese Heiligen der Vergangenheit nach der Wirklichkeit, der Wahrheit gesucht hatten und sich nicht zufriedengaben, bis sie nicht eine unmittelbare intuitive Einsicht in das Licht, das Leben im Kosmos, erlangt hatten. Damit begann ein neuer Gedankengang. Wenn sie das können, warum kann ich dann nicht auch ruhig in der Kontemplation dasitzen?«

Freda hatte herausgefunden, dass das, wonach sie suchte, nicht in einem Dogma zu finden war, sondern nur dadurch, dass sie sich nach innen wandte. »Ich erkannte, dass die Predigten von Brown Owl und all das, was in der Kirche geschah, überhaupt keine Bedeutung für mich hatten«, sagte sie.

In ihrer Nähe gab es niemanden, der ihr helfen konnte. Das England der 1920er-Jahre hatte in der Regel noch nicht einmal von Meditation gehört. Christmas Humphreys, ein Richter und Gelehrter, eröffnete 1926 die erste buddhistische Gemeinschaft, die Buddhist Society am Eccleston

Square in London. Die Theosophen hatten sich also bereits mit buddhistischen Themen beschäftigt, doch war davon noch nichts zu den Bibliotheken, Schulen oder Häusern in der Gegend durchgesickert.

Freda war nicht nur aufrichtig, sondern auch außerordentlich entschlossen – ungewöhnliche Wesenszüge für ein so junges Mädchen. »Mir fiel nichts anderes ein, als zu den Zeiten in die Kirche zu gehen, wenn niemand sonst da war. Ich schlich mich immer in den frühen Morgenstunden vor der Schule von zu Hause weg, saß allein in den Kirchenbänken und wartete einfach. Da war immer ein Gebet in meinem Herzen, mit dem ich Gott erreichen wollte, oder wie auch immer man diese Macht oder Liebe jenseits des Denkens nennen mag. Mein tiefes Interesse war allein auf das gerichtet, was ich durch direktes intuitives Verstehen herausfinden konnte.«

Sie hatte den ersten Schritt der spirituell Suchenden getan und sich auf eine Reise begeben, die fast vierzig Jahre dauern sollte – bis sie irgendwann den Weg fand, nach dem sie suchte.

Derweil steckte sie ihre Nase ständig in Bücher. Die Wahl ihrer Lektüre enthält Hinweise darauf, in welche Richtung es für sie ging: »Wann immer mir etwas aus dem Osten in die Hände fiel – Dichtung, Literatur jeglicher Art –, reagierte ich darauf immer auf einer tieferen Ebene als normalerweise«, sagte sie.

– 2 –

DIE WELT ERWEITERT SICH

FREDA WAR EBENSO SEHR VERSTANDESGETRIEBEN, wie sie von ihren innewohnenden spirituellen Impulsen motiviert wurde. Sie war als kluges, fleißiges Mädchen bekannt und zeichnete sich auch im Unterricht dadurch aus. 1917 besuchte sie die neu eröffnete Parkfields Cedars Schule in der Kedleston Road, deren Leitmotto lautete »Herausragende Mädchen hervorbringen«. Freda liebte sie. In glühenden Worten beschrieb sie die weitläufigen Rasenflächen, die herrliche Eichentäfelung, die geschwungene Treppe, die gut ausgestattete Bibliothek, die stattlichen Zedern und die engagierten unverheirateten Lehrerinnen, die »für ihre Arbeit leben und die Kinder lieben. Ich sehe noch immer die Leiterin, Miss Kay, vor mir, eine Schottin, vom Typ her ziemlich kräftig und einer Bulldogge ähnlich, mit der Wintersonne im Rücken, die ihr weißes Haar zum Leuchten brachte, während sie das Morgengebet sprach. Ihr Umgang mit der Bibel war nüchtern, besonders mit dem Alten Testament und den Psalmen Davids. Neben ihr hing ein Bild, Botticellis ›Verkündigung‹. Das Morgengebet war für mich eine Zeit der Freude.«

Freda wurde schließlich »Head Girl«, eine Schulsprecherin, die offiziell die Schule repräsentierte. »Wir wussten, dass sie klug war, völlig vernarrt in Bücher«, sagte Pauline Watson, Fredas Nichte. »Als ich eine ihrer Schulfreundinnen besuchte, erzählte sie mir, dass Freda anders war als die meisten von ihnen – sie interessierte sich nicht für Partys oder einen Freund. Sie hatte ihre Ziele und steuerte darauf zu.«

Das war in den 1920er-Jahren im Großbritannien der Nachkriegszeit; und während sich die meisten jungen Mädchen mit Flapper-Kleidern, Fransen und Frivolität amüsierten, begnügte sich Freda mit Gesellschaftstanz und künstlerisch-handwerklicher Betätigung. Und sie folgte ihrer Mutter auf den Golfplatz – Golf war der einzige Sport, der sie interessierte. Sie schwamm nur ungern in den örtlichen Bädern, war aber dankbar, dass sie schwimmen gelernt hatte, denn in den Seen von Kaschmir hatte sie später im Leben viel Freude daran.

Vor allem jedoch tat sie sich in der Schule hervor, besonders in Literatur und Sprachen. Hilfreich war dabei ihr fotografisches Gedächtnis, von dem sie jedoch nie viel Aufhebens machte. Besonders einer Lehrerin, Miss Glass, war sie ihr Leben lang dankbar, denn diese lehrte Freda Französisch. Freda hatte eine besondere Begabung für diese Sprache, die sie, wie sie glaubte, ihrem mysteriösen französischen Urgroßvater mütterlicherseits verdankte.

»Ob es nun von meinem Urgroßvater kam oder nicht, Miss Glass erkannte und förderte mein besonderes Talent für Französisch, lieh mir Bücher, brachte mich so weit, dass ich schnell lesen konnte, und vermittelte mir eine große Wertschätzung für französische Literatur. Alles, was ich in Französisch erreicht habe, brachte mich nach Oxford, und das ist ihr Verdienst. Ich kann ihr nicht genug dafür danken«, erklärte sie. »Die Geschichte meiner Kindheit dreht sich insgesamt darum, mich – bewusst oder unbewusst – so weit zu entwickeln, dass ich an der Universität Oxford aufgenommen werden konnte.«

Trotz ihrer natürlichen Intelligenz stand die Universität ursprünglich nicht auf Fredas Agenda, schon gar nicht Oxford. Einen solchen Ehrgeiz hatte sie nie. Sie ging davon aus, dass sie in Derbyshire bleiben und ein ruhiges, häusliches, wenn auch arbeitsames Leben führen würde, ebenso wie ihre Mutter. Es war ein Meisterstück des Schicksals, das Fredas Zukunft bestimmte, und es kam in Form von Elsie Ludlow daher, einer Schulfreundin, deren Quäker-Familie wollte, dass sie nach Oxford ging. »Elsie war ein unternehmungslustiges Mädchen, aber nicht die Hellste. Sie bat mich, mit ihr für die Aufnahmeprüfung zu lernen, weil sie wusste, dass ihr der Antrieb fehlte, um es allein zu schaffen. Spontan nahm ich mit ihr an der Prüfung teil, ohne große Vorbereitung. Zu meiner großen Überraschung wurde ich zu einem Vorstellungsgespräch eingeladen, Elsie jedoch nicht. Mir wurde gesagt, dass ich gute Chancen hätte, im folgenden Jahr für ein Französischstudium aufgenommen zu werden, wenn ich meine Sprachkenntnisse aufpolierte.«

Nachdem sie neun Monate bei ihrer französischen Brieffreundin in Reims verbracht und die örtliche Schule besucht hatte, klappte es schließlich. Obwohl Freda zugab, dass sie den Klang und Tonfall der französischen Sprechweise eigentlich nicht mochte – sie sagte, sie gingen ihr auf die Nerven –, war ihr neuer französischer Akzent hilfreich bei ihrer nächsten Oxford-Prüfung, die sie bestand. Es war ein außergewöhnlicher Anfangserfolg, dessen Abschluss aber immer noch in quälend unerreichbarer Ferne lag. Ihre Familie hatte einfach nicht genug Geld. Unbeirrt setzte sich Freda das Ziel, ein Stipendium zu erhalten. Die Konkurrenz derjenigen, die an die älteste und renommierteste Universität Englands wollten, war groß – es gab 300 Bewerbungen, aber nur zwölf Plätze wurden vergeben. Doch Freda hatte Erfolg. Sie nahm die Nachricht mit bemerkenswerter Gelassenheit auf.

»Eines Tages erhielt ich einen Brief, in dem stand, dass mir eine ›Beihilfe‹ für das St. Hugh's College in Oxford gewährt worden sei. Ich hatte wirklich keine Ahnung, was das bedeutete. Es erwies sich als ein Studiengebührenstipendium, das mit einer bestimmten Geldsumme pro Monat dotiert war. Ich steckte den Brief in meine Tasche und stieg in der Huddleston Road in die Straßenbahn zur Schule.« Zufälligerweise saß Miss Glass, die Französischlehrerin, am anderen Ende der Bahn. »Als wir die Haltestelle Parkfields Cedars erreichten, holte ich den Brief heraus und zeigte ihn ihr. Sie schaute mich ungläubig an und sagte mit zitternder Stimme: ›Heißt das, du hast die ganze Zeit hier in der Straßenbahn gesessen und bist damit nicht sofort zu mir gekommen?‹« Das war bezeichnend für Fredas sehr ruhige, kontrollierte und nüchterne Reaktion auf die dramatischen Dinge, die das Leben ihr bescherte.

In Parkfields Cedars wurde Freda als das erste Mädchen gefeiert, das in Oxford angenommen worden war, und das auch noch mit einem Stipendium. Freda war jedoch noch immer weit davon entfernt, dorthin gehen zu können. Sie hatte zwar jetzt das Geld für die Studiengebühren, aber nicht genug für die Unterbringung und Lebenshaltungskosten.

Aufs Neue von Miss Glass ermutigt, bemühte sie sich um zwei weitere Stipendien, eines von der Grafschaft und das andere vom Staat – beide wurden ihr bewilligt. »Schließlich reichte das Geld für drei Trimester plus dreiunddreißig Pfund an Taschengeld. Meine Mutter versorgte mich mit der Kleidung, die ich brauchte.«

Im Herbst 1929 reiste eine naive achtzehnjährige Freda mit Zug, Straßenbahn und Fahrrad nach St. Hugh's – eins der schönsten Colleges in Oxford. Elizabeth Wordsworth (die Großnichte des Dichters William Wordsworth) gründete es speziell für Mädchen aus bescheidenen Verhältnissen. Es herrschte strenge Geschlechtertrennung. St. Hugh's war eines von nur drei Frauen-Colleges, denn Oxford war eine Bastion männlicher Privilegien, wo Studienabschlüsse von Frauen bis 1920 noch nicht einmal gesetzlich anerkannt wurden. Dennoch hatte St. Hugh's schnell den Ruf, Frauen hervorzubringen, die sich charakterlich durch außergewöhnlich radikale Entschlossenheit auszeichneten. Männer werden dort erst seit 1986 zugelassen.

»Es war eine sehr stille kleine Studentin, die nach St. Hugh's kam und den langen Umhang zu den Vorlesungen trug«, räumte Freda ein. Oxford öffnete ihr die Türen zur Welt. In St. Hugh's tat sie sich mit einer kleinen Gruppe Studentinnen zusammen, die später mit zu den einflussreichsten Persönlichkeiten ihrer Zeit gehören sollten. Sie blieben über Jahre hinweg Freundinnen. Von nun an mischte sich Freda mühelos unter die Prominenten und Mächtigen aus allen Kulturen und Lebensweisen.

Angeführt wurde die Schar von der unnachahmlichen, streitbaren Barbara Betts, später besser bekannt als Barbara Castle. Sie war die erste Frau, die *First Secretary of State* wurde – unter Premierminister Harold Wilson –, und sie galt als eine der wichtigsten Labor-Politikerinnen des 20. Jahrhunderts. Barbara hatte großen Einfluss auf Fredas Leben und lotste sie weg von ihrer provinziellen Erziehung, hin zu einem unendlich viel wagemutigeren, weltgewandteren Leben.

»Barbara brachte das Flair des englischen Nordens mit, wo ich aufgewachsen war, und die handfeste Ausstrahlung der großen Pioniere des englischen Sozialismus«, kommentierte Freda. Auch Olive Salt Gorton gehörte zu ihrem Kreis. Sie wurde zu einer Säule der BBC und durchbrach Klassenschranken, indem sie einführte, dass regionale Akzente über den Äther gesendet wurden und teilweise die distinguierte Artikulation *der* »allgemein anerkannten Aussprache« ersetzten. »Olive holte die Leute in England mit Programmen wie ›Unter dem Brückenbogen‹ zur BBC. Sie brachte das Mikrofon zu den Menschen auf der Straße.« Und dann war da noch Olive Chandler, die Freda besonders mochte und mit der sie lebenslang in brieflichem Austausch blieb: »Sie war ein ruhiges, kleines nonnenhaftes Mädchen und hatte etwas von einer sanften Taube an sich; sie war so etwas wie mein gutes Gewissen. Wenn sie sah, dass ich mich zu sehr für Aktivitäten außerhalb des Colleges begeisterte, brachte sie mich immer zu meinen Büchern zurück und passte auf mich auf.« Doch nicht nur Freda schätzte ihre Freundinnen ein, auch diese hatten eine Meinung über sie, die Barbara Castle in ihrer Autobiografie »Fighting All the Way« (etwa: »Kämpfen bis zum Schluss«) zusammenfasst:

»Das dritte Mitglied unseres Dreigestirns war Freda Houlston, ein ernsthaftes, auffallend attraktives Mädchen aus einer bescheidenen Mittelklasse-Familie, deren konventionelle Werte Mrs. Thatcher gutgeheißen hätte«, schrieb die eingefleischte Sozialistin mit einem spöttischen Seitenhieb an ihre Erzrivalin, die zutiefst konservative Margaret Thatcher. »Freda war nicht so unbeschwert wie Olive und ich, sie wechselte zwischen Fröhlichkeitsausbrüchen und tiefernsten, fast düsteren Stimmungen.«

Freda stürzte sich mit großer Energie in ihre neue Welt. Sie schwelgte in der schieren Schönheit und historischen Größe des Ortes – Shakespeare auf dem Rasen, Glühwürmchen an lauen Sommerabenden am Fluss Isis, romantische Maibälle. Sie trat so ziemlich jeder Gesellschaft bei, von der *Student's*

League of Nations bis zum ornithologischen Verein. Und bei einer Tasse Kakao unterhielt sie sich bis tief in die Nacht hinein mit ihrer Clique gleichgesinnter Freunde und Freundinnen über die üblichen Themen von Studierenden: Literatur, Reisen, Politik und Sex – Letzteres auf Anregung von Barbara Castle, die sich vehement dafür einsetzte, die Fesseln der viktorianischen Prüderie, Gehemmtheit und Ignoranz abzulegen. Sie organisierte eine Sammelrunde, bei der alle Geld spendeten, um Michael Fieldings bahnbrechendes Buch, »Parenthood: Design or Accident?« (etwa: »Elternschaft: geplant oder ungeplant?«), komplett mit freizügigen Zeichnungen, zu erstehen, das mit der Zeit in einen außergewöhnlich zerlesenen Zustand geriet.

Das genügte jedoch nicht, um Freda von ihren Studien abzulenken. Sie arbeitete hart für die »Responsions«, die Prüfungen des ersten Jahres, die aus einer seltsamen Themenmischung – von Logik bis hin zu Vergils *Aeneis* – zusammengesetzt waren und sie auf die folgenden zwei Jahre Französisch – Alt- und modernes Französisch – vorbereiten sollten. Freda bestand diese Prüfungen zwar mit Bravour, aber ihr Herz hatte sich von ihrem gewählten Fach verabschiedet. Ihre Welt hatte sich enorm erweitert.

»Plötzlich hatte ich keine Lust mehr«, sagte sie. »Ich wollte andere Sprachen lernen, und außerdem Geschichte, moderne Philosophie, internationale und koloniale Politik. Ich wollte die Welt verstehen! Blitzartig wurde mir klar, dass Französisch, sei es die alte oder die moderne Sprache, nur dahin führen konnte, dass ich Lehrerin werden würde. Ich wollte aber um keinen Preis zurück in die Welt der Kindheit.«

Sie begann, die damals härtere, komplexere Welt des Journalismus ins Visier zu nehmen. Sie wollte ganz nach oben.

»Ich wollte diese faszinierende internationale Welt interpretieren, die aus den Magazinen und Zeitungen heraussprudelte. Mein Plan war, mich von der Jungreporterin beim *Derby Telegraph* bis zur Fleet Street hochzuarbeiten, dem Sitz der angesehenen nationalen Presse in Großbritannien.« Mit

Barbara Castles Ermutigung gab Freda das Fach Französisch auf und belegte stattdessen *Modern Greats* – Philosophie, Politik und Wirtschaft.

Die Universität Oxford mag zu jener Zeit idyllisch gewesen sein, doch das Leben außerhalb ihrer heiligen Hallen war für die meisten Menschen hart. Das Jahr 1929 läutete den Beginn der Großen Depression ein, der größten wirtschaftlichen Rezession, die Großbritannien je erlebt hatte. Arbeitslosigkeit, Armut und Hunger hatten das Land im Griff. Durch den Tod ihres Vaters für Schmerz und Leid sensibilisiert, war Freda zunehmend unzufrieden angesichts des Missverhältnisses zwischen ihrem eigenen privilegierten Leben und den Nöten anderer, die in krassem Gegensatz dazu standen. In Oxford, der Hochburg des Establishments, hatte das Klassensystem seine höchste Ausprägung erreicht.

»Angesichts der gegebenen wirtschaftlichen Verhältnisse hatten wir unterschwellig Schuldgefühle. Es *bekümmerte uns*, dass die Menschen nicht genug zu essen hatten, es *bekümmerte uns*, dass es Hungermärsche gab, es *bekümmerte uns*, dass Kinder in den Slums verhungerten. Heutzutage, in relativ wohlhabenden Zeiten, ist es für Menschen kaum nachvollziehbar, welch krasse Spaltung zwischen der Rechten und der Linken bestand. Die Rechten wollten, dass sich nichts ändert. Sie wollten, dass das Leben so weiterging wie vor dem Ersten Weltkrieg. Der Idealismus derjenigen, mit denen ich in Kontakt war, bestand darin, dass wir den Unterprivilegierten helfen wollten. Aber was kann man an der Universität schon tun, außer zu reden?«, sagte sie.

Zwangsläufig wurde sie, wie viele damalige Oxbridge-Intellektuelle, zunehmend linksgerichtet, trat zusammen mit Barbara Castle und Michael Foot (dem späteren Labor-Premierminister) dem *Labor Club* bei und ordnete sich selbst denjenigen zu, die »für den Sozialismus brannten«. Und sie meinte es auch so. Fredas Idealismus für eine gerechtere Welt verließ sie nie. Seit ihrer Oxford-Zeit kämpfte sie unermüdlich gegen gesellschaftliche, wirtschaftliche, rechtliche, rassistische, religiöse, Gender- und Klassen-Ungleichheit an, wo immer sie sie vorfand.

In diesen Bestrebungen wurde sie inspiriert und angespornt von einer beeindruckenden Riege außergewöhnlicher weltbekannter Denker, deren Argumente die Hörsäle bis zum Bersten füllten: Harold Laski, Professor für Politikwissenschaft und spezialisiert auf Karl Marx; Keir Hardie, der große Verfassungsrechtler und Pazifist, der zu den Gründern der Labor Party gehörte; Ephraim Lipson, Autor von »The Economic History of England« (»Die Wirtschaftsgeschichte Englands«[2]); und Professor Sir Alfred Zimmern, dessen Name mit der Gründung der *League of Nations Society* – der »Völkerbund-Gesellschaft« und damit mit der Gründung des Völkerbunds verbunden ist. Er wurde später ein enger Freund von Freda und ihrem Mann.

»Mein Glaube an die Menschenrechte war sehr stark, sodass ich den Marxismus nicht als billige politische Masche sah, sondern als etwas, das mich auf eine tiefgehende, unmittelbare Weise ansprach.« Freda lernte schnell Deutsch, um Hegel, Marx und die deutschen Philosophen im Original lesen und studieren zu können.

Sie vergaß darüber jedoch nicht ihr religiös-spirituelles Leben, sondern es lief parallel dazu weiter. Jeden Sonntag ging sie in die Kirche, um die Kommunion zu empfangen, und sie schaute in der Kapelle vorbei, wenn ein Bach-Konzert anstand. Jede Spur von östlichem Gedankengut zog sie an wie ein Magnet. Sie verschlang »The Light of Asia« (»Das Licht Asiens«) mit dem Untertitel »The Great Renunciation« (»Die große Entsagung«) von Sir Edwin Arnold – ein episches

2) Sind die Buchtitel wie hier auf Deutsch in Klammern angegeben, ohne Angabe von Verlag und Erscheinungsjahr, sind diese Bücher nicht in deutscher Übersetzung erhältlich.

Gedicht, das das Leben des Prinzen Siddhartha beschreibt, der zum Buddha wurde. Und sie beeilte sich, eine Vorlesung von Rabindranath Tagore, dem bengalischen Dichter, Philosoph, Komponisten und Pädagogen, zu besuchen, der 1913 den Nobelpreis für Literatur erhalten hatte, und war sofort fasziniert. »Ich sah ihn zum ersten Mal in Oxford, wo er vor einigen der größten Gelehrten und Philosophen des Westens eine hoch philosophische Vorlesung hielt. Er saß auf einem niedrigen Podest. Das spärliche Licht des frühen Abends fiel auf sein Gesicht und formte einen Heiligenschein um seinen weißhaarigen Kopf. Ich war sehr angetan von seiner Einsicht, seiner Würde und davon, wie er, so schien es, die Essenz Indiens in den kleinen Saal Einzug halten ließ und damit einhergehend die Essenz all dessen, was das Höchste und Universelle im Menschen ist. Damals waren meine Kenntnisse über Indien nur oberflächlich und ich wusste nicht, dass es einmal meine Heimat sein würde, doch meine Reaktion auf Tagore und das, was er sagte, war unmittelbar. Ich glaube, dass Tagore mehr als jeder andere Inder in der Lage war, den Osten und seine Bestrebungen zu interpretieren und sie im Westen verständlich zu machen. Oft war er schwer durchschaubar und jenseits des Auffassungsvermögens gewöhnlicher Menschen, doch von seiner Präsenz ging etwas aus, das mehr bewirkte als die Worte populärer Redner. Tagores Herz war eins mit dem alten wie auch mit dem wiedererstehenden Indien, und obwohl er kein Politiker war, vermochte er angesichts der enormen Gräuel von Kriegen nicht zu schweigen.«

Der andere große Inder, dem sie begegnete, war Mahatma Gandhi, der am 24. Oktober 1931 zwei Vorträge in Oxford hielt. Sein erklärtes Ziel war es, »meinen Lebenstraum zu verwirklichen – die Freiheit meines Landes«. Seine Methode war die friedliche Revolution. Freda hörte gut zu.

– 3 –

LIEBE

DAS LEBEN IN OXFORD bestand trotz allem nicht nur aus Sozialismus und Studium. Freda war zwar vom Typ her weder kokett noch flatterhaft; nie machte sich über die Mauer davon, um in der Stadt ohne die erforderliche Erlaubnis tanzen zu gehen wie ihre rebellischeren Freundinnen Barbara Castle und Olive Shapley. Aber auch sie war nicht vor der Liebe gefeit. Eines Tages kam sie besonders früh zu einer Vorlesung und traf auf einen jungen Inder, ebenfalls außerordentlich früh, der an einer Mauer lehnte und Zeitung las. Es gab mehrere indische Studenten in Oxford, aber in den 1930er-Jahren war auch die Rassendiskriminierung stark ausgeprägt.

»Ich dachte, ich sage besser ›Guten Morgen‹, sonst hält er mich womöglich für herablassend. Ich machte also eine Bemerkung über die Nachrichten des Tages. Der junge Mann murmelte nur ein ›Guten Morgen‹ als Antwort und vertiefte sich wieder in seine Lektüre«, erinnerte sich Freda. Später dachte der junge Inder, die schöne, hochgewachsene Frau, die ihn angesprochen hatte, müsse ihn für einen kompletten Flegel halten, und um seine Unhöflichkeit wiedergutzumachen, lud er sie zum Tee ein.

Freda war überrascht, nahm aber an. Wie es sich gehörte, engagierte sie eine Anstandsdame als Begleitung, entsprechend den College-Regeln, die vorschrieben, dass junge Damen die Räume des anderen Geschlechts nicht allein besuchen sollten. Das war der Beginn einer sofortigen Sympathie und später einer leidenschaftlichen Liebesbeziehung.

Sein voller Name lautete Baba Phyare Lal Bedi (von Freda zu BPL oder einfach Bedi abgekürzt); er war ein Sikh aus dem Punjab, ein Riese von einem Mann – der All-India-Hammerwerfer-Champion – mit einem runden Gesicht, Schnäuzer und welligem schwarzen Haar. Seine Herkunft war unendlich viel illustrer als die Fredas. Er war der sechzehnte direkte Nachkomme von Guru Nanak (1469–1539), dem Begründer der Sikh-Religion, und seine Familie lebte noch immer auf dem Land der Vorfahren, das Guru Nanak selbst gehört hatte. In indischen Kreisen galt BPL dadurch gewissermaßen als »königlich«. Er entstammte einer langen Reihe von Anwälten und war mit einem »Half Blue«-Stipendium (das an herausragende Sportler vergeben wurde) in Oxford, wo er *Modern Greats* – Philosophie, Politik und Wirtschaft – studierte.

BPL hatte eine dröhnende Stimme, eine herausragende Persönlichkeit und liebte nichts mehr als gute Gesellschaft, gute Witze und vor allem gutes Essen.

»Unorthodox ist das eine Wort, um meinen Vater zu beschreiben. Er war ein geborener Rebell, einer der großen Linken seiner Zeit«, sagt Kabir Bedi, Fredas zweitältester Sohn und eine Bollywood-Legende. »Abgesehen von seiner enormen Kraft – in der Schule war er bei den Tauzieh-Wettkämpfen immer der Ankermann –, war er berühmt dafür, dass er viel aß. Er liebte Essen. Auf dem Weg zur Schule konnte er einen ganzen Korb gekochter Eier vertilgen, als wären es Mandeln. Einmal schickte ein Freund der Familie, der Jäger war, einen ganzen Hirsch, den er geschossen und zubereitet hatte. Mein Vater und sein Bruder, damals beide im Teenageralter, wollten die Fleischportion auf einmal bewältigen. Ihre Mutter war wütend und drohte ihnen Schläge an, falls sie nicht alles aufessen würden. Sie aßen und aßen; und aus Angst vor der unvermeidlichen Tracht Prügel warfen sie große Scheiben des Wildbrets in den Garten der Nachbarn, um es loszuwerden. Selbst die jungen Bedi-Boys schafften keinen ganzen Hirsch. Nun war der Nachbar aber ein Anhänger des Jainismus, also kompletter Vegetarier, und völlig verärgert. Der anschließende Streit blieb unvergessen.

Im Umgang mit seinen Kindern war er der nachsichtigste Vater, den man finden konnte. Ein richtiger Softie. Mummy war die Strenge. Bei unserem Vater konnten wir mehr oder weniger tun, was wir wollten. Ich hasste die Schule und erinnere mich noch, dass er, wenn Mummy weg war, sagte: ›Ist schon okay, geh aus dem Haus, als wolltest du in die Schule, und lauf dann auf dem Weg dorthin einfach weg.‹«

Oberflächlich betrachtet, schienen sie ein ungleiches Paar zu sein. BPL war schwärmerisch und laut. Freda war kultiviert und zurückhaltend. Sie wurden als die Schöne und das Biest bekannt, fanden aber bald eine gemeinsame Basis.

»Beim Tee empfand ich ihn als warmherzigen Mann mit einem interessanten Geist, und wir wurden schnell Freunde«, schrieb Freda mit der typischen Zurückhaltung.

Zunächst verband sie ihre gemeinsame Bewunderung für den Kommunismus und für sozialistische Ideale, was sehr angesagt war bei den Oxbridge-Intellektuellen ihrer Zeit, die nach den Verheerungen des Ersten Weltkriegs eine neue, bessere Welt aufbauen wollten. Besonders Cambridge wurde eine bekannte, gut dokumentierte Brutstätte für kommunistische Gentlemen-Spione. Seit den ersten Jahrzehnten des 20. Jahrhunderts hatten in Russland und anderen Ländern Umwälzungen stattgefunden, und entsprechende Ideen verbreiteten sich bis hin zu den Studierenden in Oxford. Revolution lag in der Luft. Die alte Ordnung wurde gestürzt und machte Platz für die neue. Es war berauschend. Auch die Suffragetten waren auf dem Vormarsch gewesen, bis 1928 den Frauen in England das Wahlrecht zugestanden worden war: Sie hatten sich an Schienen gekettet, sich unter Pferde geworfen und waren in den Hungerstreik getreten, um die Gleichberechtigung mit Männern zu erreichen. Eine elektrisierende Atmosphäre!

Freda, die Marx im Original las, konnte nicht anders, als von seinen Argumenten zum Einsatz für die Unterdrückten, Ausgebeuteten, Geknechteten und Armen bewegt zu sein. Sie hatte selbst Kinder in den Slums von Derby gesehen, die mit nackten Füßen umherliefen, unterernährte Babys in den Händen überforderter Mütter, und sie wusste natürlich von den Hungermärschen der Arbeitslosen. Für sie symbolisierte der Marxismus – ganz im Sinne ihrer fürsorglichen Natur – Menschlichkeit, Gerechtigkeit und letztendlich Freiheit. Dies waren Ziele, denen sie ihr Leben widmen konnte und wollte.

Sie beide erkannten die herannahende Bedrohung durch den Faschismus mit seiner antisemitischen Agenda, die ihnen ein Gräuel war. Nur der Kommunismus, so glaubten sie, war stark und standhaft genug, um sich ihm entgegenzustellen und ihn zu besiegen. Während ihre Regierung, die ungern wieder Waffengewalt einsetzen wollte, auf Beschwichtigung setzte, schienen nur Kommunisten und Christen die Gefahr dessen zu begreifen, was Hitler und Mussolini anstrebten – und waren bereit, ins Gefängnis zu gehen, um auf diese Gefahr hinzuweisen.

Natürlich wussten die jungen Oxford-Idealisten damals nichts von den Straf- und Arbeitslagern, den schrecklichen Verfolgungen, der ungeheuerlichen Zahl der Todesopfer, der aberwitzigen Wirtschaftspolitik, die Millionen tötete, und der schieren Tyrannei, die die kommunistische Herrschaft heraufbeschwor. Ebenso wenig wussten sie Bescheid über den daraus folgenden völligen Mangel an Gedanken-, Rede- und Glaubensfreiheit – genau die Dinge, die Freda und BPL am meisten am Herzen lagen.

In den aufregenden Tagen der frühen 1930er-Jahre diskutierten Freda und BPL beim Tee in der Stadt begeistert über ihre Ideale und trafen sich zu Vorlesungen und in der Bodleian Library, der Hauptbibliothek der Universität Oxford. Mit der Zeit ging Freda ganz offen in BPLs Zimmer, um ohne Anstandsdame mit ihm zu reden und zu arbeiten. Die beiden beschlossen, dass sie etwas tun mussten, um die von ihnen gewünschte Veränderung herbeizuführen, setzten sich zusammen und stellten ein Buch über Marx' Briefe zusammen. Nach Beendigung dieses Projekts begannen sie, drei Bände zeitgenössischer indischer Schriften zu wirtschaftlichen, sozialen und internationalen Themen herauszugeben, die den Titel »India Analysed« trugen und später von Victor Gollancz veröffentlicht wurden. Freda war da gerade zwanzig und BPL zweiundzwanzig.

Freda wurde unaufhaltsam immer mehr in Bedis indische Welt hineingezogen – und sie liebte alles daran. Er führte sie in seine Küche ein (kaum überraschend, war er ein hervorragender Koch) und nahm sie mit ins Matji, das sehr laute Modellparlament Indiens, das Debatten veranstaltete, bei denen es drunter und drüber ging. Die Studenten, die sie dort traf, wurden zu guten Freunden und führenden Persönlichkeiten im neuen Indien: Vidyar Shankar, die rechte Hand von Sardar Patel; Humayun Kabir, ein geschickter Administrator; Lakshmanan, der erste indische Direktor von *All India Radio*; der Schriftsteller und Dichter Mahmud-u-Zaffar, auch Mahmud Saheb Zada Bane genannt, und viele andere.

»Es war eine interessante Zeit, und irgendwie traten all dieser Aufruhr der indischen Unabhängigkeitsbewegung und die Studierenden, die bereit waren, ihr Leben dafür zu opfern, auf ganz natürliche Weise in mein Leben. Ich begann, mit Indien und seinem Volk zu fühlen, sogar während ich in Oxford lebte«, sagte sie.

Vor allem aber sprach BPL mit Freda über seine eine, allem übergeordnete Mission, sein wichtigstes Ziel: Indien von der britischen Herrschaft zu befreien. Der Imperialismus war Teil der verabscheuungswürdigen alten Ordnung, die gestürzt werden musste, und er war entschlossen, seinen Beitrag dazu zu leisten. Mit dem Motto der Familie Bedi, »Ehrlichkeit und Gerechtigkeit«, würde ihm dies gelingen, davon war er fest überzeugt. Freda war mehr als nur verständnisvoll. Sie liebte zwar ihr Land, sagte sie, aber Imperialismus war ihr ein Gräuel.

Nicht nur die Politik verband die beiden; auch in ihrer spirituellen Ausrichtung fanden sie Gemeinsamkeiten. Mit seinem intellektuellen Liberalismus und der riesigen Bibliothek bot Oxford Freda ein breiteres Spektrum für religiöse Erkundungen. Dadurch, dass sie Gandhi und Tagore anhörte und mit BPL sprach, wurde sie offen für östliche Glaubensanschauungen. Ihr spiritueller Horizont weitete sich beträchtlich.

»Ich befand endgültig, dass meine Suche nach der Wahrheit jenseits der Kirche lag, sogar jenseits des Christentums.

Inzwischen war mir bewusst geworden, dass es all die weiteren Religionen auf der Welt gab. In Oxford wurde mir klar, dass ich den Weg einer Suchenden und Meditierenden gehen wollte«, erklärte sie.

BPL verstand das. Obwohl er der Familie des ersten Sikh-Gurus entstammte, war er selbst nicht orthodox. »Er war nicht einer bestimmten Religion im Speziellen zugeneigt, sondern allen Gurus und denjenigen, die an tiefere Wahrheiten glauben. Das schloss natürlich auch die Verehrung für seinen Vorfahren Guru Nanak mit ein, die sehr groß war.«

An einem Punkt zeigte Freda ihm eine Zeichnung, die sie im Alter von sieben Jahren angefertigt hatte. »Du hast den erhabenen Buddha gezeichnet«, sagte BPL zu ihr. Sehr viel später fügte er hinzu: »Das erklärte, warum es sie nach Indien zog und warum sie sich dort so gut einfügte; außerdem ihre große Verbundenheit mit dem Buddhismus im späteren Verlauf ihres Lebens. Alles, was ihr widerfuhr, war das Erbe eines vergangenen Lebens. Dieses Karma war von Anfang an da.«

Ihre Liebesaffäre mit dem Hammerwurf-Champion und seinem Land hatte begonnen. Für Freda war das aufregend und erschreckend zugleich. Im Jahr 1930 war es ein mutiger, riskanter Schritt, sich in einen Inder zu verlieben. Rassistische Vorurteile waren allgegenwärtig; Aushänge vor Pensionen verkündeten: »Keine Hunde, Juden und Farbige«; Schwarze wurden regelmäßig bespuckt, ausgegrenzt und verprügelt. Vorurteile gab es auch nicht nur auf einer Seite. Viele Inder der Oberschicht, die ihre geliebten Söhne zur Ausbildung nach Übersee schickten, fürchteten am meisten, dass diese am Ende »die Tochter der Hauswirtin heirateten«.

Freda war, aus welchen Gründen auch immer, ungewöhnlich frei von solchen Vorurteilen. Sie begann, sich offen mit Bedi zu zeigen – und dafür zahlte das junge Paar gemischter Herkunft einen hohen Preis. BPL wurde mehr als einmal von Mitstudenten angegriffen – obwohl die Angreifer den Kürzeren zogen. Freda wurde von anderen Studentinnen gemieden, obwohl ihre engsten Freunde und Freundinnen sich um sie scharten und versuchten, sie vor Sticheleien zu schützen. Schließlich meldete ein übereifriger Pförtner, der traditionell dafür zuständig war, das Kommen und Gehen der Studierenden im Auge zu behalten, Freda bei der Universitätsverwaltung, weil sie BPLs Zimmer ohne Begleitung betreten hatte. Die Folge war, dass Freda für den Rest des Schuljahres von den Lehrveranstaltungen ausgeschlossen wurde.

»Das war Unsinn«, schnaubte Freda. »Alle gingen in die Zimmer anderer und niemand sonst wurde angezeigt. Weil ich weiß war und BPL indisch, musste ich die Erniedrigung ertragen, von der Lehre ausgeschlossen zu werden. Das hat mich wirklich mit dem Thema Rassendiskriminierung konfrontiert. Dass wir beide Leid ausgesetzt waren – BPL deswegen, weil er dachte, er sei der Grund für meinen Ausschluss –, hat uns nur noch enger zusammengebracht«, fügte sie unnachgiebig hinzu.

Aber trotz ihrer Sensibilität war Freda eine unbeirrbare junge Frau mit einem starken Willen. Ihrer Freundin Barbara Castle zufolge nahm sie nach ihrer Rückkehr in die Schule »ihre Besuche bei Bedi wieder auf, in seiner Studentenbude außerhalb des Colleges, in die er gezogen war –, nur dass sie diesmal beschloss, den Zuständigen tatsächlich etwas für ihr Geld zu bieten, und eine Affäre mit ihm begann.«

Dennoch forderten die innere Erschütterung und die Anspannung, die das Festhalten an ihren Prinzipien mit sich brachte, ihren Tribut. Freda erlitt einen Nervenzusammenbruch, was bedeutete, dass sie die Schule für ein weiteres Trimester verlassen musste. Doch ihre Liebe zu Bedi wuchs und hatte Bestand. Nachdem sie sich erholt hatte, kehrte Freda nach Oxford zurück, um ihr Studium zu beenden. BPL wiederum beschloss, dass das Maß voll war, und machte ihr einen Heiratsantrag.

»Ich habe dir nichts zu bieten als Liebe und diese Zusammengehörigkeit, die wir beide empfinden«, sagte er. »Ich bin Mitglied der indischen Nationalbewegung und ein Gandhi-Anhänger. So, wie es aussieht, wirst du die Jahre unserer Ehe vielleicht damit zubringen müssen, vor Gefängnismauern zu warten.« Er wusste nicht, als wie prophetisch sich seine Worte noch erweisen sollten.

Freda erinnerte sich: »Ich brauchte nicht darüber nachzudenken. Ich sagte: ›Ja, was auch immer die Zukunft bringen mag, wir durchleben es gemeinsam.‹« Indem sie BPL ihr Jawort gab, erklärte sich Freda einverstanden, außerhalb des Gesetzes ihres eigenen Landes zu stehen, sich seiner Herrschaft entgegenzustellen. Sie hatte sich der Revolution angeschlossen.

Viele Jahre später, im Gespräch mit ihren Kindern, verglich sie sich mit Marie Curie, die aus einem sehr ähnlichen Grund einer Heirat zugestimmt hatte. Marie selbst hatte über ihre Beziehung zu Pierre gesagt: »Eine außergewöhnliche Romanze entfaltete sich. Er sprach mit mir über seinen Traum von einem Dasein, das ganz der wissenschaftlichen Forschung geweiht sein sollte – und bat mich, dieses Leben zu teilen.«

Doch damit hörten die Ähnlichkeiten nicht auf. Ebenso wie Freda hatte sich Marie ihrer Sache verschrieben, war besessen von ihrer Arbeit (auf Kosten ihrer Kinder) und hatte den tief sitzenden Drang zu helfen. Im Ersten Weltkrieg rettete sie mit ihrem Röntgenwagen eigenhändig Hunderte von Soldaten. Auch sie war brillant, mutig, zielstrebig und eine absolute Überfliegerin. Sie erhielt zwei Nobelpreise: den ersten für Physik, den sie sich mit ihrem Mann teilte, den zweiten für Chemie im Jahr 1911, dem Jahr von Fredas Geburt, allein.

Falls BPL dachte, dass die Heirat die Prüden und die Rassisten besänftigen würde, dann irrte er sich gewaltig. Die Nachricht von ihrer Verlobung entfesselte einen Tsunami der Empörung, der weit über das Oxford-Establishment hinausging und bis ins Parlament vordrang. Ihre Heirat sollte die erste zwischen einer weißen Oxford-Studentin mit einem nicht-weißen Studenten sein. Das Establishment – jene Instanzen der Macht, die den Status quo schützen – erbebte vor Angst und Wut und erinnerte daran, dass nur ein Jahr zuvor Edwina Mountbatten, die Frau des Vizekönigs von Indien, sich gezwungen sah, eine Verleumdungsklage gegen eine Publikation einzureichen, die ihr eine Affäre mit einem Schwarzen nachsagte, bei dem es sich angeblich um den amerikanischen Schauspieler Paul Robeson gehandelt haben soll.

»Die Kontroverse drang bis nach London vor, wo gerade eine Round-Table-Konferenz mit Mahatma Gandhi und vielen hochrangigen indischen Staatsmännern stattfand«, so Freda. »Von Freunden erfuhren wir, dass Rangaswami Iyengar, der indische Journalist, Anwalt und Politiker, uns entschieden unterstützt hatte. ›Warum sollten unsere Jungs nicht die besten englischen Mädchen heiraten? Warum sollten sie Mädchen heiraten müssen, die nicht auf der Universität sind?‹, argumentierte er. Als wir das hörten, fuhren wir nach London, um ihm zu danken.«

Die nächste Hürde für Freda bestand darin, ihrer Mutter die Nachricht zu überbringen. Es war, mit ihren Worten ausgedrückt, »traumatisch«. BPL zu heiraten bedeutete, England zu verlassen, und da es nur Seereisen gab, standen die Chancen schlecht, ihre Mutter in näherer Zukunft wiederzusehen.

Sie hatte BPL mitgenommen, damit er und ihre Mutter sich kennenlernten, und er hatte versucht, sich bei dieser beliebt zu machen, indem er ihr Golfbälle schenkte, denn sie war inzwischen eine erfolgreiche Golferin. Doch obwohl die Begegnung freundlich verlief, war sie nicht herzlich. Mrs. Swann war konservativ und BPL ganz das Gegenteil. BPL wurde nie wirklich warm mit seiner Schwiegermutter.

»Ich erinnere mich, dass ich am Tag, an dem ich es meiner Mutter sagen wollte, schreckliche Zahnschmerzen hatte. An jenem Morgen ging ich zum Zahnarzt, innerlich voll in Beschlag genommen von meinem Vorhaben. Er verabreichte mir Gas, doch es wirkte nicht. ›Ihnen geht bestimmt etwas Wichtiges im Kopf herum. Sie kämpfen gegen die Betäubung an, sodass sie nicht richtig funktioniert. Ich kann den Zahn nicht ziehen‹, sagte er. Ich ging nach Hause, den Zahn immer noch in meinem Kiefer, und trat meiner Mutter gegenüber. Sie stand an der Küchenspüle und machte den Abwasch, als ich ihr sagte, dass ich BPL heiraten würde. Sie wurde ganz ruhig und sagte dann: ›Ich vertraue dir und deinem Urteilsvermögen und ich weiß, dass du keinen schlechten Mann heiraten würdest, aber es tut mir wirklich leid, dass du gehst.‹«

Barbara Castle hingegen war begeistert. »Gott sei Dank«, sagte sie. »Ich hatte schon Angst, du würdest eine langweilige kleine Vorstadthausfrau werden.«

Danach verlief alles reibungslos, bis auf einen Zwischenfall, der beinahe dazu geführt hätte, dass die Hochzeit abgesagt wurde. »Vater kam aus einer sehr männerdominierten Welt«, erzählte Kabir, »und er bat Mummy, ihm eine Orange zu schälen. ›Warum schälst du sie dir nicht selbst?‹, blaffte meine unabhängig denkende Mutter ihn an. Das war eine unerträgliche Beleidigung für Babas männlichen Stolz und sie gerieten in eine heftige Auseinandersetzung. Es eskalierte zu einem richtiggehenden Streit, bis beide schließlich einen Kompromiss fanden: Mummy war bereit, Orangen für ihn zu schälen, aber er würde sie nicht essen, bevor sie nicht auch für sich eine geschält hatte.«

Freda heiratete BPL am 12. Juni 1933 auf dem Standesamt von Oxford. Sie war zweiundzwanzig, er vierundzwanzig. »Es war eine unauffällige Angelegenheit. Nach Ende der Vorlesungen riefen wir meine Mutter und meinen Stiefvater, die Trauzeugen sein sollten, und BPL wandte sich an seinen Cousin, Kuldip Bedi. Die Zeremonie war einfach im tristen Standesamt, und anschließend hatten wir ein ganz gewöhnliches Hochzeitsfrühstück. Keiner von uns wollte eine große Party oder irgendwelches Tamtam«, erzählte Freda.

Die Lokalzeitung berichtete über das Ereignis – schließlich war es eine »Premiere«. Und das war erst der Anfang von vielen Premieren, die Freda für sich verbuchen konnte. Das Foto in der Zeitung zeigt einen lächelnden Bräutigam, wie er galant einen Regenschirm über seine Braut hält, die sittsam und schön aussieht in ihrem langen weißen Kleid mit kurzen Rüschenärmeln, einer großen Schleife am Rücken, weißen Handschuhen und einem kleinen Blumenstrauß am Mieder. Es war die letzte westliche Kleidung, die sie trug.

Seit ihrer Heirat trug sie gern indische Kleidung, in der sie sich nach eigenen Angaben vollkommen wohlfühlte. »Von meinem Hochzeitstag an betrachtete ich mich als Inderin«, erklärte sie. Die Metamorphose vom Provinzmädchen aus Derbyshire zur weltoffenen, politisch bewussten indischen Braut war vollzogen. Auch ihre Flitterwochen waren unorthodox – eine Campingtour durch Europa mit einem indischen Freund aus Uganda, dem das Auto gehörte. »Unterwegs sein und zelten – was könnte besser sein?«, schwärmte sie.

Ihre kreativen, radikalen Oxford-Tage waren vorbei. Sowohl Freda als auch BPL hatten ihr Studium erfolgreich abgeschlossen und ein ganz neues Leben tat sich vor ihnen auf. Es war jedoch nicht das, was Freda sich vorgestellt hatte. Sie hatte zwar einen Job als Nachwuchsreporterin beim *Derby Telegraph* ergattert, ihr erstes Sprungbrett in die Fleet Street (so wie sie es sich ursprünglich vorgestellt hatte). Doch stattdessen ging sie mit ihrem frischgebackenen Ehemann, dem für eine Doktorarbeit in Politikwissenschaft ein Humboldt-Stipendium an der Friedrich-Wilhelms-Universität in Berlin (heute Humboldt-Universität zu Berlin) bewilligt worden war, nach Deutschland.

»Bedi war zwar besorgt wegen Hitlers Aufstieg, aber er dachte, solange er keine Gelegenheit erhielt, Schimpfreden im Parlament zu halten, wäre es schon in Ordnung. Er wollte die Situation wachsam im Blick behalten«, sagte sie. Vierzehn Jahre sollte sie ihre Heimat nicht wiedersehen.

- 4 -

ÜBERGÄNGE

ALS FREDA IN BERLIN ANKAM, war sie schwanger und freute sich über die Aussicht, bald Mutter zu werden. BPL beschloss recht fürsorglich, dass sie nicht arbeiten, sondern in dem hübschen kleinen Häuschen, das sie am Wannsee gefunden hatten, ein ruhiges Leben führen sollte. »Es war wirklich ein bezaubernder Ort mit einem schönen Garten und wir verbrachten einige sehr glückliche Monate dort, in denen wir uns auf das Kind vorbereiteten«, erzählte sie. Sie beschäftigte sich damit, Babykleidung zu nähen, konnte aber nicht widerstehen, an der Berliner Universität Hindi bei einem Professor aus dem Punjab zu lernen – eine notwendige Vorbereitung, dachte sie, für ein Leben auf dem Subkontinent und als Gegengewicht zu dem ganz und gar häuslichen Leben, in dem sie sich wiederfand.

Als frischgebackene Ehefrau, die bald ein Baby bekam und in einem fremden Land lebte, vermisste Freda ihre Mutter sehr, fand jedoch Trost in den Geschenken von BPLs Mutter Bhabooji, die sie sehr lieb gewann.

»Sie war eine Witwe, die nach dem Tod ihres Mannes zu ihrer eigenen, sehr aufgeklärten Familie nach Pusla gezogen war. Natürlich muss die Vorstellung, dass ihr Sohn eine Ausländerin geheiratet hatte, ein ziemlicher Schock für sie gewesen sein. Mit der ihr eigenen Diplomatie akzeptierte sie jedoch die Situation und schickte sehr schöne Kleider für das Baby und auch für mich – Saris und Blusen –, ebenso wie Leckereien, die ihr Sohn, wie sie dachte, im Ausland vermisst haben musste. Er hatte immer seinen Spaß, wenn er diese Lebensmittelpakete durch den Zoll schleusen musste. Einmal ließ er den Zollbeamten einen der wirklich trockenen Dal-Kuchen probieren, um zu beweisen, dass sich so etwas in Deutschland nicht verkaufen ließe. Bhabooji war eine außergewöhnliche Frau. Immer wenn ich an sie dachte, hatte ich das Bild einer großen Patriotin vor Augen.«

BPL hielt sich in Deutschland von jeglicher politischer Aktivität fern, obwohl er sich über die *Free-India*-Bewegung in Indien auf dem Laufenden hielt. Ein häufiger Besucher im Haus der beiden am See war Subhash Chandra Bose, der später einer der prominentesten und umstrittensten Führer der Unabhängigkeitsbewegung wurde. Bose war in Cambridge ausgebildet worden und hatte ebenfalls eine europäische Frau – Emilie Schenkl, eine Österreicherin. Er legte Wert darauf, sympathisierende indische Studenten in Europa zu besuchen, und das Paar hatte viel mit Freda und BPL Bedi gemeinsam.

»Wir lernten Bose sehr gut kennen und es entstand eine tiefe Freundschaft«, sagt BPL. Bose war ein Hardcore-Kommunist, ein großer Bewunderer der Sowjetunion, und behauptete, nur ein autoritärer Staat, nicht eine Demokratie, sei in der Lage, Indien umzugestalten. (Später war er gezwungen, als Präsident des Indischen Nationalkongresses zurückzutreten, weil seine Form des gewaltsamen Widerstands mit Gandhis friedlichem Weg kollidierte.)

In Deutschland aber nahm Bose den jungen BPL ganz für sich ein. »Freda und ich waren beide beseelt von dem patriotischen Eifer, das Mutterland vom britischen Imperialismus zu befreien«, sagte BPL. »Als wir in Berlin waren, fragte mich einmal ein angesehener Journalist, was in Indien auf meiner Agenda stand. ›Gefährlich leben‹, antwortete ich. ›Gefährlich leben bei jeglicher Form der Ausbeutung von Menschen durch Menschen. Gefährlich leben bei jeglicher Form von Ungerechtigkeit. Gefährlich leben bei jeglicher Verletzung der Menschenwürde.‹«

Am 13. Mai 1934 brachte Freda nach nur vierstündigen Wehen einen Sohn zur Welt. Er wog acht Pfund und war vollkommen gesund. Freda und BPL waren vernarrt in ihr Baby. »Er schien mir das schönste Baby auf der ganzen Welt zu sein – das versteht sich von selbst! Er hatte rosige Wangen, eine kleine Kappe aus dunklem Haar und unglaublich schöne Wimpern«, schrieb Freda. Sie nannten ihn Ranga, nach dem indischen Staatsmann, der ihre Heirat zehn Monate zuvor gegenüber der politischen Opposition verteidigt hatte.

Der Nationalsozialismus war allgegenwärtig, aber Freda, die ganz in ihrer Mutterschaft aufging, lebte diesbezüglich offenbar in seliger Ahnungslosigkeit. »Eines Tages kam ich mit einigen schönen Jaffa-Orangen vom Markt, die ich meiner Vermieterin zeigte. Sie rümpfte die Nase und sagte: ›Jüdisches Obst esse ich nicht.‹ So erfuhr ich, dass sie eine Nazi-Anhängerin war. Das hatte ich gar nicht gewusst.« BPL war an der Berliner Universität zwar keinem politischen Club beigetreten und beteiligte sich auch nicht an politischen Aktivitäten, aber er spürte, dass die Spannungen zunahmen. Er war mit vielen indischen Studenten in den International Houses befreundet, die zunehmend von Anhängern der Nazis dominiert wurden.

Im August 1934 wurde Hitler zum Führer ernannt. An dem Morgen, als die Nachricht bekannt wurde, legte BPL seine Zeitung weg und verkündete: »Morgen steigen wir in den Zug und fahren nach Genf. Hier ist es nicht mehr sicher.«

»Er wusste, dass Hitler gegen die indischen Studenten vorgehen könnte, und genau das ist passiert«, erklärte Freda. Das dramatische, gefährliche Leben, das sie mit Bedi zu teilen gelobt hatte, begann. »Man kann sich vorstellen, in welchem Zustand ich war, als ich an einem Tag alles zusammenpacken und mit BPL Visa für die Schweiz besorgen musste. Aber schon am nächsten Morgen saßen wir im Zug!«, sagte sie.

Nach ihrer überstürzten Abreise verbrachten sie einige angenehme Wochen in Unterkünften, die ihnen ihr ehemaliger Oxford-Professor Alfred Zimmern vermittelt hatte. Er leitete dort eine Schule. Im Oktober 1934 beschlossen sie schließlich, nach Indien zu gehen und es zu ihrer dauerhaften Heimat zu machen. Sie reisten auf der *SS Conte Verde* von Norditalien nach Bombay, eine drei Wochen lange Reise. Für Freda war es eine schreckliche Erfahrung: Auf dem Weg zur Schiffsküche musste sie sich mit schrecklich vielen Kakerlaken herumschlagen, um die Milch zu holen, die sie für ihre eigene Ernährung brauchte, um Ranga zu stillen. Ihre

Abneigung gegen Schmutz und Unrat ließ sie nie los. Für den Rest ihres Lebens in Indien trug sie bei jeder Reise einen Beutel mit Waschutensilien bei sich und weigerte sich, an Straßenständen zu essen. Der Empfang bei ihrer Einreise in Indien war auch nicht viel besser. Die Nachricht von den politischen Aktivitäten in London und der Pro-Unabhängigkeits-Haltung der beiden hatte die Behörden dort erreicht und sie wurden Leibesvisitationen unterzogen. »Sogar die Windel des kleinen Ranga wurde abgenommen und durchsucht. Wirklich, es war einfach zu viel«, erklärte sie.

Eine empörte, zerzauste Freda kam nach einer anstrengenden zweitägigen Zugfahrt im Punjab an, dem Heimatland der Sikhs. Sie trug einen schmutzigen weißen Baumwollsari und hatte Baby Ranga in einem kleinen französischen Matrosenanzug dabei, der für Freda »sehr niedlich aussah«. Sie wurde von Bhabooji empfangen, die das klassische Witwengewand trug – weißer Schleier und Kurta mit schwarzer Hose –, und BPL lehrte Freda, die Füße seiner Mutter nach traditioneller Art als Zeichen des Respekts zu berühren. Da es BPLs Mutter war, kam Freda dem gerne nach.

Es folgte ein außergewöhnlich herzlicher, warmer Empfang, als die Familie Bedi den uralten Ritualen folgte, die Braut in das Haus des Bräutigams zu bringen. Der Großvater überreichte Freda die traditionellen elf Rupien, Bhabooji legte ihr eine traditionelle rote Dupatta (eine Art Schal) um die Schultern, und die ganze Familie verteilte Geschenke auf einem roten Schleier, der auf dem Boden ausgebreitet war. Eine Musikkapelle wurde hereingeführt und spielte extrem laute Musik; und von der Familie wurden etliche Köstlichkeiten serviert. Es war ein krasser Gegensatz zu der tristen Hochzeitszeremonie in Oxford. Freda wurden saubere, schöne Saris überreicht, und Bhabooji überzeugte sie taktvoll davon, Ranga aus seinem Matrosenanzug herauszuholen, indem sie ihm Kurtas und kragenlose Musselinhemden schenkte, mit der Begründung, dass sie mehr Schutz vor der Sonne boten. »Die ganze Veranstaltung war sehr schön. Und das Wichtigste: Es gab keine Spur von Feindseligkeit wegen meiner Herkunft«, sagte Freda.

Dabei hätte es auch ganz anders sein können. Freda war eine Tochter des Britischen Empires, des größten Weltreichs, das es je gab – viermal größer als das alte Rom, das ein Fünftel der Menschheit beherrscht hatte. Es war zudem eine kommerzielle Supermacht mit der gewaltigsten Marine- und Militärmacht aller Zeiten. Indien war das Juwel in ihrer glitzernden Krone. Wer als Engländer geboren wurde, stand im Leben auf der obersten Sprosse der Leiter, und Freda war obendrein noch eine frischgebackene Absolventin der ältesten, angesehensten englischen Universität, eine Frau von Format. In der Gesellschaft von »die« und »wir« waren die Inder nur allzu sehr an die hochmütige, überhebliche Art der Memsahibs gewöhnt, die sie herumkommandierten – und nahmen es ihnen zunehmend übel.

Zu ihrer Freude war Freda überhaupt nicht so. Sie trug einen Sari und versuchte, mit ihnen in ihrer eigenen Sprache zu sprechen. »Das hat sie wirklich umgehauen. Dass sie Hindi lernte, war ihr größter Coup – das hat ihnen den Gnadenstoß gegeben«, sagte Kabir. »Von dem Moment an, als sie Mummy kennenlernten, wurde sie herzlich als Tochter der Familie begrüßt.«

Freda hatte vielleicht ihre eigenen Gründe, nervös zu sein angesichts des Neulands, das sie nun betrat. Es war bekannt, dass Bräuten in Indien, mitunter auch westlichen, das Leben extrem schwer gemacht wurde, vor allem vonseiten der Schwiegermutter, die sie oft auf den Status einer Dienerin degradierte. Schläge und Schlimmeres waren keine Seltenheit. Die Bedis waren jedoch nicht so. Sie waren aufgeschlossen, kultiviert, individualistisch und außergewöhnlich unkonventionell.

Freda schlüpfte mit vollendeter Leichtigkeit in ihr neues indisches Leben. »Das Dorf, in dem das Haus von BPLs Vater stand, ist ein schöner Ort in der weiten Punjabi-Ebene, umgeben von Kornfeldern. Die schneebedeckten Himalaya-

Berge erstrecken sich in einer ununterbrochenen Linie in nur fünfzig Meilen Entfernung. Ihr Anblick in der glühenden Hitze eines Sommertages, gleichsam in einem Dunst aus heißer Luft schwebend, ist unvergesslich«, schrieb sie ihrer Freundin Olive. »Seltsamerweise bin ich hier glücklicher, trotz all der Härte, die das Leben aus einer an westliche Annehmlichkeiten gewohnten Perspektive mit sich bringt. Je mehr ich von Indien sehe, umso klarer wird mir, dass ich nicht für ein Leben im Westen geschaffen bin. Dieses Glück, das ich auf einem indischen Basar empfinde, habe ich auf einer englischen Straße nie gespürt. Ich lerne immer mehr Urdu und Punjabi und werde mich riesig freuen, wenn ich beides fließend spreche.«

Zunächst zogen sie in ein großes Haus in den Hügeln von Solan. Es gehörte BPLs Bruder, Trilochan Das (TD Bedi), einem Richter, und seiner modern eingestellten indischen Frau, die eine englische Bildung genossen hatte. »Es ist viel zu englisch«, beschwerte sich Freda. Nahezu sofort traten sie sowohl der Sozialistischen (CSP) als auch der Kommunistischen Partei (CPI) bei. Freda übernahm die zusätzliche Arbeit der Organisation der *Civil Liberties Union of the Punjab*. BPL machte sich frohgemut an die Arbeit, Demonstrationen zu organisieren, und benutzte das Auto seines Bruders, um von Treffen zu Treffen zu fahren. TD stand als Mitglied des elitären *Indian Civil Service* theoretisch auf der anderen Seite des Zauns, aber wie BPL war er eine unabhängige Persönlichkeit.

»Insgeheim war er ein Sympathisant. Er weigerte sich, den Generalgouverneur am Flughafen zu empfangen, mit der rechtlichen Begründung, die Judikative sei von der Exekutive getrennt und es bestünde deshalb für ihn keine Verpflichtung zu erscheinen. Wie mein Vater war er ein Rebell – er wurde mehrmals suspendiert, weil er im Gericht indische Kleidung trug«, sagte Kabir.

Nachdem sich Ranga akklimatisiert hatte, zogen sie in einen schönen Bungalow in Lahore, der Hauptstadt des

Punjab. Ihre starken Prinzipien wurden jedoch durch einen besonders eklatanten Vorfall auf die Probe gestellt, den BPL gegen Ende seines Lebens aufschrieb.

»Wir führten ein bequemes Leben mit Bediensteten und allem Luxus, den das Leben zu bieten hat. Eines Tages kamen einige Gefährten vom Lande zu Besuch. Es war ein sehr heißer Sommertag, und weil sie ungepflegt aussahen und einfache Menschen waren, sagten die Bediensteten: ›Sahib und Memsahib schlafen. Ihr müsst draußen im Garten bleiben.‹ Sie ließen sie nicht ins Haus. Als wir aufwachten, waren wir schockiert wegen dem, was geschehen war, und beschlossen noch am selben Tag einhellig, diese Lebensweise aufzugeben. Wir kehrten dem Bungalow den Rücken, gaben unsere Möbel weg und spendeten der Bibliothek in Lahore viele tausend Bücher, die wir aus unserer Zeit in Oxford mitgebracht hatten.«

Es war eine radikale, manche würden sagen heroische Haltung, aber wie Freda betonte, wurde sie durch die ganz praktische Tatsache bekräftigt, dass die Miete für den Bungalow hoch und ihr Einkommen erbärmlich niedrig war. Armut sollte sie ihr ganzes Eheleben lang begleiten, da sie ihre Prinzipien stets über finanzielle Sicherheit stellten.

Über Beziehungen seines Bruders wurde BPL eine Stelle als Professor für Wirtschaftswissenschaften am Khalsa College in Amritsar angeboten, Ort des Goldenen Tempels und spirituelle Heimat der Sikhs, doch er lehnte mit der Begründung ab, dass das College von Regierungsgeldern abhängig sei. Die Stelle anzunehmen hätte bedeutet, seinen Kampf für die Unabhängigkeit Indiens aufzugeben. Er wurde zunehmend dafür bekannt, dass er die Menschen zur Revolution anstachelte. Niemand wagte es, ihm Arbeit zu geben, aus Angst vor Repressalien seitens der Behörden.

»Das Leben ist eine einzige lange Arbeit mit eher wenig Lohn in Form von Geld, aber das ist unvermeidlich, wenn man in einem imperialistischen Land lebt und die Unverfrorenheit hat, gegen die Regierung zu kämpfen. Der Großteil aller bezahlten Jobs ist entweder in der Regierung oder setzt voraus, dass man vor der Regierung kriecht, wozu keiner von uns bereit ist«, sagte Freda. »Seelisch lebt man hier am Abgrund. BPL und ich sind beide überzeugt, dass unser Kampf für die indische Unabhängigkeit unser einziges Lebensziel ist. Es erwächst nichts Gutes und keine Zufriedenheit daraus, Geld und Besitz anzuhäufen – selbst wenn ich das wollte –, solange es jederzeit geschehen kann, dass Menschen mit einer unabhängigen politischen Meinung entweder ins Gefängnis kommen oder ihr Besitz konfisziert wird. Also leben wir unbekümmert von der Hand in den Mund und haben durchaus unseren Spaß.«

BPL wandte sich dem freiberuflichen Journalismus zu, gab ein Sportmagazin heraus und gründete dann *Monday Morning*, eine Zeitung, die unverblümte Artikel über Ungerechtigkeit veröffentlichte, wo immer er und Freda sie vorfanden. Gemeinsam starteten sie eine nationale, vierteljährlich erscheinende Zeitschrift, *Contemporary India*, in der Artikel über aktuelle Ideen und Auffassungen in Politik, Wirtschaft und Philosophie wie auch Kurzgeschichten von interessanten neuen Autoren erschienen. Ihr Einkommen war dürftig und unregelmäßig.

Von da an übernahm Freda die zusätzliche Verantwortung, die Hauptverdienerin der Familie zu werden, eine Funktion, die sie während ihrer gesamten Zeit mit BPL erfüllte. Ihre Arbeitsbelastung war immer enorm, da sie die vielen Bereiche ihrer Karriere und ihrer politischen Berufung, aber auch ihres Privatlebens und ihrer Aufgaben als Mutter managte. Sie schrieb Buchrezensionen, war Mitarbeiterin bei *All India Radio* und wurde Beraterin bei einer Frauenzeitschrift namens *Modern Girl*.

Sie liebte den Journalismus. Er erfüllte zwei Hauptfunktionen: ihre Botschaft zu vermitteln – in diesem Fall, junge indische Frauen über moderne Ideen aufzuklären – und ihren tief sitzenden Wunsch zu verwirklichen, das weibliche Geschlecht im Allgemeinen zu fördern. Inspiriert von der

Suffragetten-Bewegung und dem Marxismus (der sich gegen jegliche Ausbeutung von Menschen richtet) gehörte Freda zur Vorhut der feministischen Bewegung, lange bevor es diesen Begriff überhaupt gab.

Zwischendurch veröffentlichte Freda auch »Rhymes for Ranga«, ein Kinderbuch mit indischen Themen, das auch subtile politische Propaganda über das erhabene Leben der Bauern und über Gandhi enthielt und einen nationalen Preis für Kinderverse gewann.

»Schreiben macht mir selbst und vielen anderen Menschen Freude. Es ist erstaunlich, dass man sich noch nach vierzig Jahren an manche Artikel erinnert, die ich geschrieben habe«, sagte sie.

Um zusätzliches Geld zu verdienen, nahm sie eine Arbeit als Leiterin der Englischabteilung am *Fateh Chand College* an, der ersten nationalistischen Schule für junge Frauen. Sie fand die Arbeit eintönig und langweilig. »Ich habe das Unterrichten immer gehasst und daran hat sich nichts geändert, aber ich bin froh, dass ich es tue, weil ich dadurch mit den Mädchen in Kontakt komme und es schaffe, sie ein bisschen radikaler werden zu lassen. Ich hoffe, dass das in der Zukunft Früchte trägt«, sagte sie.

Die Stunden waren lang und die Bezahlung niedrig, aber Freda war trotz ihrer Vorbehalte eine erfolgreiche Lehrerin. Ihre Schülerinnenzahl wuchs von 26 an auf sechshundert. »Bei den Mädchen herrschte ein unstillbarer Durst nach Bildung vor. Ihre Familien erkannten: Wenn sie ihre Töchter nicht ausbilden ließen, würden ihre Söhne weiterhin im Ausland heiraten und ausländische Frauen nach Hause bringen«, stellte Freda pragmatisch fest.

Um das Problem einer Bleibe zu lösen, kamen Freda und BPL auf die Idee, in die neu entwickelte *Model Town* (»Modellstadt«) am Stadtrand von Lahore zu ziehen, die von Dewan Khem Chand nach den Idealen einer gesunden Ökologie und mit den Vorteilen des Gemeinschaftslebens entworfen worden war. Da sie sich keines der Häuser leisten konnten, nahmen sie ein Stück Land hinter den Wohnhäusern (das ihnen der Vermieter, ein Sympathisant, kostenlos zur Verfügung stellte) und bauten dort einen Hüttenkomplex aus Lehm und Stroh. Sie zogen zusammen mit Bhabooji und dem dreijährigen Barrinder ein, dem verwaisten Sohn naher Verwandter. Es war ein einfaches, naturnahes Leben – jenes einfache Leben, für das Gandhi sich einsetzte. Freda war im Himmel.

»Unter den Bäumen bauten wir Hütten mit strohgedecktem Dach und Lehmboden, die extrem schön waren. Und wir brauchten keine Miete zu zahlen. Unsere Wohnunterkunft bestand aus einer großen Hütte mit einem Esszimmer, einem Wohnzimmer und einem Schlafzimmer. Es gab noch eine weitere Hütte, in der Bhabooji und die Kinder schliefen, und eine Küchenhütte, über die unser großartiger Koch, Gut Singh, waltete, der etwa fünfzehn Jahre bei uns blieb. Ringsherum lagen Senffelder. Ein Bach floss durch unser Land, und wir hatten eine Büffelkuh, die uns mit Milch und frischer Butter versorgte. Wir züchteten Gemüse und ich legte einen Rosengarten an. Rückblickend hatte der Ort etwas Magisches, Paradiesisches an sich, das unseren Besuchern immer auffiel.«

Ranga, der heute achtzig ist und mit seiner Frau Umi, einer Künstlerin, in Bangalore lebt, denkt gern an seine Zeit im »Hut-System« zurück. »Es war ein großartiges Leben. Ich lief barfuß herum, spielte mit Papierschiffchen im Bach und schwang mich von einem über fünf Meter hohen Baum, sodass ich in hohem Bogen durch die Luft pendelte. Natürlich gab es keinen Strom – ich höre immer noch das Zischen der Ditmar-Petroleumlampen. Ich hatte alle nur erdenklichen Haustiere. Da war ein Pony, auf dem ich jeden Tag stundenlang ritt, zwei wunderbare Schäferhunde namens Pug und Smug, die so groß wurden, dass sie ein massives Kampfteam gegen alle räuberischen Tiere bildeten. Später kam Rufus hinzu, die Deutsche Dogge – Papa mochte nur große Hunde. Mummy liebte Tiere auch, aber sie zu füttern ... Sie hielt bei den Ausgaben die Fäden in der Hand! Wir hatten Kaninchen, Meerschweinchen und natürlich Hühner, um Papas

Verlangen nach frischen Eiern zu stillen. Die Büffelkuh war meine Milchquelle. Bhabooji weckte mich morgens um fünf, um zu melken und mir die warme, leicht salzige Milch direkt in den Mund zu spritzen. Das war für mich völlig in Ordnung. Um fünf Uhr aufzustehen, das war die Qual! In der Nähe lag einer der größten Bungalows, darin wohnte ein Junge, der ein Zimmer nur für seine Spielsachen hatte, aber obwohl mein Leben sehr ländlich-schlicht war, fühlte ich mich nie benachteiligt.«

Freda wurde wieder schwanger und am 28. November 1935 wurde der zweite Sohn, Tilak Zaheer, geboren; Ranga war achtzehn Monate alt. Beide Eltern waren überglücklich. »Tilak war einer der berühmtesten indischen Nationalisten und daher sollte er mit Zaheer als zweitem Namen ein ziemlich guter Revolutionär sein. Er ist ein sehr ernster junger Mann, ganz anders als Ranga, der fast seit seiner Geburt lächelt«, schrieb Freda an Olive.

Die Umgebung mag idyllisch gewesen sein, aber es war nicht alles gut im »Hut System«. Ranga erhielt, als er älter wurde, aus Geldmangel keine richtige Schulbildung und erkrankte durch verunreinigtes handgepumptes Wasser an Typhus. Ein Arzt riet Freda dringend davon ab, die Kinder unter solchen Bedingungen aufwachsen zu lassen, aber ihrer Gewohnheit entsprechend hatte sie sich ihre Ziele gesetzt und strebte sie unbeirrt an.

Dann geschah das Schlimmste. Der kleine Tilak starb während einer Epidemie, die im Punjab grassierte, an der Ruhr. Er war erst wenige Monate alt. Die Tragödie wurde noch dadurch verschlimmert, dass Freda zum Zeitpunkt seines Todes im Einsatz für die Unabhängigkeit auf dem Land unterwegs war und Tilak in den Händen seiner in ihn vernarrten Großmutter zurückgelassen hatte. Oberflächlich betrachtet, zeigte Freda eine bemerkenswerte Selbstbeherrschung.

»Du hast bestimmt von Tilak gehört«, schrieb sie an Olive. »Es war ein großer Schock, aber ich bin in diesen Dingen abgeklärt. Ich sehe zu viel vom Leben, um nicht zu glauben, dass solche Schwierigkeiten Teil des Lebens sind und dass ich loslassen muss. Der beste Trost ist, dass Ranga ein gesunder, übermütiger Junge ist und uns allen Freude macht.«

Unter Fredas höchst ungewöhnlicher Abgeklärtheit lagen jedoch echte Schuldgefühle, wie Ranga bezeugte: »Mummy hat sich den Tod von Tilak nie verziehen, weil sie nicht da war, um sich um ihn zu kümmern. Sie schwor sich damals, kein weiteres Kind zu bekommen, bis die Unabhängigkeit erreicht war.« Es war ein hoher Preis dafür, dass sie sich hin- und hergezogen fühlte: zwischen ihrem tief sitzenden Bedürfnis, für »die Menschen« da zu sein, und dem ebenso tiefen Wunsch, sich um ihre eigenen Kinder zu kümmern.

Was »The Huts« an modernen Annehmlichkeiten und Hygiene fehlte, wurde dadurch kompensiert, dass das Leben um Freda und BPL nie langweilig war. Die Bedis führten ein offenes Haus, und ein ständiger Strom faszinierender Besucher kam immer wieder vorbei und blieb, ermutigt durch die Begrüßung »Kommt herein, setzt euch und esst etwas«. Die meisten von ihnen waren führende Linke der damaligen Zeit – Künstler, Dichter und Politiker, darunter Gyani Zail Singh (der erste Punjabi, der Präsident Indiens wurde), I. K. Gujral (13. Premierminister Indiens), Hafeez Jullandhri (Dichter und Komponist der pakistanischen Nationalhymne) und Balraj Sahni (ein bekannter Film- und Theaterschauspieler). Und nicht zuletzt war auch der mächtige Sheikh Abdullah unter den Gästen, der selbst ernannte »Löwe von Kaschmir« und dreifache Präsident, der später eine so herausragende Rolle in ihrem Schicksal spielen sollte.

»Unser Zuhause wurde zu einem Zentrum für sehr viele Wahrheitssuchende«, sagte Freda. Doch das Leben wurde immer angespannter, sowohl außerhalb als auch innerhalb von »The Huts«, als die Offensive für ein freies Indien Fahrt aufnahm. Und BPL und Freda wurden direkt an die vorderste Front gedrängt.

Um 1900. Der kleine Uhrmacherladen in der Monk Street, Derby, England, wo Freda Houlston geboren wurde. Auf dem Bild sind ihr Großvater und ihr Vater zu sehen. »So reizvoll wie der ›Alte Raritätenladen‹ von Charles Dickens.« (Mit freundlicher Genehmigung von Pauline Watson)

Um 1910. Fredas Vater, Frank Houlston, der wenige Wochen vor Ende des Ersten Weltkriegs bei einem Gefecht ums Leben kam. »Sein Tod überschattete meine gesamte Kindheit.« (Mit freundlicher Genehmigung von Pauline Watson)

Die hier aufgeführten Daten sind ungefähre Angaben.

1919. Die kleine Freda, schon immer ein Bücherwurm, mit ihrer Mutter Nellie, einer versierten Schneiderin, und ihrem Bruder John, den Freda abgöttisch liebte. (Archiv der Familie Bedi)

1932. Freda mit Baba Phyare Lal Bedi (BPL), sechzehnter direkter Nachfahre von Guru Nanak, dem Begründer der Sikh-Religion, den Freda in Oxford kennenlernte und heiratete, was zu einem großen Skandal führte. »Du wirst unsere Ehe damit zubringen müssen, vor Gefängnismauern auf mich zu warten«, sagte er ihr.

1932. Die junge, verliebte Freda in aufregenden Oxford-Tagen. Aufgenommen von ihrem Verlobten BPL.

1935. Freda als frischgebackene Ehefrau in Indien; sie trägt einen Sari, ihr Hochzeitsgeschenk. Sie sollte nie wieder westliche Kleidung tragen.

1935. Freda in Lahore, Pakistan, eine Woche vor der Geburt ihres zweiten Sohns, Tilak. Er starb nach nur wenigen Monaten, während Freda im Einsatz für die indische Unabhängigkeit unterwegs war.

Alle hier gezeigten Fotos stammen aus dem Archiv der Familie Bedi.

1935. Freda, ganz in Khadi gekleidet, dem selbst gesponnenen Stoff der Gandhi-Anhänger. Sie wurde für die Sache Gandhis inhaftiert.

– 5 –

DIE FREIHEITS-KÄMPFERIN

NACHDEM SIE IHR ZUHAUSE und ihr Arbeitsleben etabliert hatte, stürzte sich Freda rückhaltlos auf ihre Mission, Indien vom Imperialismus zu befreien und den Armen und Unterdrückten Gerechtigkeit und Gleichberechtigung zu bringen. Sie reiste zu Fuß durch den ganzen Punjab – oft nahm sie Ranga mit –, lief von Dorf zu Dorf, nahm das Land und seine Menschen in sich auf und weckte deren Bewusstsein für den Kampf um Freiheit. Sie kam in ihre Hütten, aß ihr Essen, lernte ihre Lieder und hörte ihre Probleme. Jetzt war sie nicht mehr darauf beschränkt, nur zuzuschauen und zu reden, wie sie es als Studentin in Oxford getan hatte, sondern konnte handeln.

Diese Vertrautheit steigerte ihre Liebe zu Indien und schärfte ihren revolutionären Eifer. »Indien ist in einem sehr schlechten Zustand. Beschlüsse und Gesetze werden trotz des Aufhebens, das um sie gemacht wird, überhaupt nicht helfen. Es braucht etwas Radikaleres. Wenn man in die Häuser der Bauern kommt – eine unglaubliche Armut! Sie leben von drei Paisa pro Tag – einem Penny, wenn man es großzügig schätzt – und müssen alles davon bezahlen. Sie werden einfach vom Hunger und den Geldverleihern zermalmt«, schrieb sie an Olive. Später fügte sie hinzu: »Indien hat mir Qualen bereitet mit dem eiternden Geschwür seiner Armut, seinem Schmutz und seiner Verzweiflung und ich bin ein Element der zerlumpten Armee geworden, die dagegen ankämpft.«

Fredas Mitgefühl und Bewunderung für die Bauern geriet nie ins Wanken. In ihren Augen waren sie edle Seelen, die ein wahrhaftigeres Leben führten, im Einklang mit dem Boden und dem Rhythmus der Jahreszeiten, unbefleckt vom Materialismus. »Moderne Menschen würden wahrscheinlich Sicherheit ganz oben auf die Liste der Dinge setzen, die sie glücklich machen, doch die Bauern sind bescheidener und nüchterner angesichts der unvermeidlichen Unwägbarkeiten der Natur und des Lebens. Den Menschen aus den Dörfern, den ›Analphabeten‹ Indiens, ist dieses Genie der einfachen Leute zu eigen; sie urteilen nicht nach Worten, sondern nach dem Herzen, nach Gefühlen, nach Gesten, nach Instinkt. Wir sind es, die durch Worte abgestumpft sind, nicht sie sind dumpf.«

Auch Fredas Verbundenheit mit Frauen – vor allem Müttern – war stark. »Oftmals sah ich mich einer Dorffrau mit ihrem Kind gegenüber und die Frau warf nur einen Blick auf mich und meinen kleinen Jungen – und von derselben Minute an waren wir Freundinnen. Da ist etwas im gegenseitigen Verstehen zweier Frauen, zweier Mütter, das weit über Sprache oder Hautfarbe hinausreicht. Dieses Gefühl liegt oft ›zu tief für Tränen‹[3] und entspringt gemeinsamen Hoffnungen, Gebeten und Leiden.«

Zwei Ziele standen auf ihrer Agenda: die »kriegerischen Bauern des Punjab« aufzufordern, sich für eine Landreform und gerechtere Aufteilung der Bodenerträge starkzumachen und ihre Bürgerrechte einzufordern, besonders gegen die herzlosen indischen Polizisten, die sie regelmäßig schlugen. Sie machte die Behörden auf diese schreckliche Behandlung aufmerksam.

Die in einen Sari gekleidete Engländerin war schnell in aller Munde und ihre Zuhörerschaft wuchs von ein paar einsamen Gestalten zu riesigen Menschenmengen an, die neugierig waren, dieses Phänomen mit eigenen Augen zu sehen und zu hören. »Wenn ich sage, dass ich in jenen Tagen nicht nur zu Tausenden, sondern Hunderttausenden Dorfbewohnern gesprochen habe, sage ich nicht die Unwahrheit. Es wurde Teil meiner Lebensweise. Punjab-Bauern wurden mir nicht nur vertraut, sondern sie wurden zu Freunden.«

---

3) Eine Anspielung auf eine Zeile aus der »Ode« von William Wordsworth (*www.william-wordsworth.de/translations/ode.html; Stand: 28.03.202):* »To me the meanest flower that blows can give/Thoughts that do often lie too deep for tears.« Deutsch: »Die unscheinbarste Blüte kann Gedanken und Gefühle geben/so tief in mir, dass oft nicht mal der Tränen Sprache sie erreicht.« (Anm. d. Ü.)

Eine weitaus größere Herausforderung war es, die Studenten und Nationalisten in Lahore anzusprechen. Doch BPL drängte sie dazu. »Er sagte, es sei doch nichts dabei, ich solle mir einfach vorstellen, ich stünde vor dem Debattierclub in Oxford. Das erste Mal, als ich sprach, war ich starr vor Angst. 24.000 Menschen warteten. Und diese 24.000 Menschen hatten ganz bestimmte Ansichten darüber, was sie sich anhören sollten und was nicht. Sie waren dafür bekannt, dass sie mit Schuhen und Stöcken auf den Boden schlugen, wenn ihnen ein Sprecher nicht gefiel.

Ich stand auf der Plattform wie eine Märtyrerin, die auf ihre Hinrichtung wartet, und beschloss, sehr laut ins Mikrofon zu sprechen. Ich kann den Schreck immer noch spüren, der die gesamte Menge von 24.000 Köpfen durchfuhr, als diese eher schmale, westlich aussehende Frau sie plötzlich andonnerte. Ich merkte, dass ich weiterreden konnte und nicht mit Stöcken und Schuhen weggetrommelt wurde.«

Freda hatte ihre Stimme wirklich und wahrhaftig gefunden – für eine Frau in jeder Epoche ungewöhnlich. Sie war äußerst versiert in ihrer Muttersprache und liebte Worte, aber eine Rede auf Hindi zu halten (wenngleich mit britischem Akzent) war eine bemerkenswerte Leistung. Die Zuhörer und Zuhörerinnen waren zu Recht fasziniert von dieser Frau, die dem »Raj« – den britischen Kolonialherrschern – zuzurechnen war und doch die Ehefrau eines Mitglieds einer der bekanntesten Adelsfamilien des Punjab war und sie zur Rebellion aufforderte. Noch Jahrzehnte später erinnerten sich die Menschen an die Macht ihrer Rhetorik. Nach ihrer ersten Rede gab es donnernden Applaus und Rufe wie »Wir wollen Freiheit«.

Ihre Reden fanden besonders bei den Frauen Anklang, denen das Vorbild Fredas Mut machte. Freda berichtete, dass die Frauen auf die Straße hinausliefen, mit Steinen rasselten und die Pferde der englischen Soldaten erschreckten. »Die Frauen wurden zu Heldinnen. Mit einem Knüppel über der Schulter schritten sie an der Spitze der Dorf-›Armeen‹.

Nichts Dynamisches oder Grimmiges zeigte sich in ihren schüchternen Gesichtern. Doch im Inneren wusste ich, dass die Frauen sich nur nach außen hin so zeigten. Wenn die Zeit reif war, würden diese Frauen wieder auf den Straßen sein, niemals wankend, und ihr inneres Energiekraftwerk in eine andere große Volksbewegung einbringen. Frauen setzen ihre sprichwörtliche Geduld für viele Zwecke ein. Sie können warten.«

Natürlich reagierten die Regierungsinstanzen darauf. Alle in »The Huts« lebten in ständiger Anspannung und Angst. Die Hütten waren fortwährend vom Abriss bedroht; Freda und BPL (und alle, die mit ihnen zu tun hatten) standen unter ständiger Überwachung und wurden oft von der Polizei schikaniert.

»In Indien zu den Sozialisten zu gehören ist kein Spaß. Wir alle stehen mit einem Fuß im Gefängnis, und wie vorsichtig man auch sein mag, viel kann man nicht tun, wenn es dann doch zur Verhaftung kommt, denn die gesetzlichen Rechte stammen eher noch aus Prä-Cromwell-Zeiten. Es ist sehr schwierig, ein Bild von diesen schrecklichen Tagen zu zeichnen«, schrieb Freda an Olive.

Ranga erinnert sich noch an die Anspannung, die sie alle umgab. »Mummy wurde die ganze Zeit von Polizisten in Zivil beschattet. Weil sie ihre Arbeitsstelle verlieren sollte, musste das Fateh Chand College verschiedenste Schikanen und plötzliche Inspektionen über sich ergehen lassen, aber die Schule hat nie nachgegeben. Das war äußerst mutig von den Zuständigen, denn eine politische Aktivistin im Haus zu haben war eine strafbare Handlung. Kein anderes College wagte es, sie einzustellen, obwohl ein Master-Abschluss aus Oxford für eine Frau in Indien beileibe keine geringe Qualifikation war.

Sie verhörten sogar die Leute, die die Schulräume fegten, um herauszufinden, ob sie im Unterricht zu Aufruhr anstiftete! Als einmal einer dieser Leute auf die Polizeiwache gebracht und grob behandelt wurde, marschierte meine

Mutter mit mir im Schlepptau los und stellte den Polizeiinspektor zur Rede. Sie bestand darauf, einen Vermerk im Beschwerdebuch zu machen. Am selben Abend besuchte ein britischer Polizeibeamter das College und drohte, sie zu verhaften. Daraufhin schrieb sie einen Brief an die übergeordnete Polizeidienststelle in Lahore und schickte Kopien davon an die Zeitungen. Mummy war immer absolut furchtlos!«

Am meisten zermürbte Freda jedoch die Bedrohung, ins Gefängnis zu kommen. Alle bekannten Aufrührer, darunter natürlich auch Nehru und Gandhi, wurden ständig vor Gericht gezerrt und ins Gefängnis gesteckt. BPL war keine Ausnahme. Zum ersten Mal wurde er 1937 verhaftet, weil er bei einer Versammlung im Freien eine provokante Rede gehalten hatte, und Freda fand sich bald mit diesem sich wiederholenden Muster ab. Es war Teil des Deals, auf den sie sich beide eingelassen hatten, und es war das, was sie im Grunde wollten, um ihre Sache voranzubringen. Wie er bei seinem Heiratsantrag warnend angekündigt hatte, verbrachte Freda viel Zeit damit, ihn hinter Gittern zu besuchen. Auch hier war sie wieder stoisch-gelassen.

»Es ist nicht übermäßig repressiv und oft sind einige verständige indische Offiziere zuständig, die im Herzen Nationalisten sind und es den Gefangenen deshalb nicht unnötig schwer machen. Natürlich ist Haft eine Strafe und es ist leidvoll, nicht hinausgehen und ein normales Leben führen zu dürfen, aber BPL ist fröhlich und gelassen und hat meistens ein oder zwei gute Freunde im Gefängnis dabei. Meine Schwiegermutter gehört der vorhergehenden Generation an und leidet deswegen und aufgrund ihres Alters noch mehr darunter als ich. Wir sind gute Freundinnen und ihre liebevolle Anwesenheit macht einen großen Unterschied.«

Im Jahr 1939 heizte sich die Revolution auf und unter dem Einfluss von Bose favorisierten die Freiheitskämpfer Gewalt als Mittel, um ihr Ziel zu erreichen. Das war zu viel für Freda, die sich daraufhin vollständig Gandhi und seinem friedlichen Ansatz des zivilen Ungehorsams zuwandte.

BPL hingegen stürzte sich mit noch mehr Leidenschaft in die Sache und wurde prompt wegen gefährlicher politischer Aktivitäten verhaftet und zu vier Jahren Haft im Deoli-Gefängnis verurteilt (berühmt-berüchtigt dafür, dass der englische Begriff *doolally*, »verrückt«, dort geprägt wurde).

Deoli war trostlos, mitten in der Wüste Rajasthans gelegen, meilenweit von allem entfernt und von drei Schichten Stacheldraht und zahlreichen Wachtürmen umgeben. Ein Ausbrecher hätte tagelang laufen müssen, bevor er das nächste Dorf erreichte.

Es war die längste Strafe, die BPL je erhalten hatte, und für Freda am schwersten zu ertragen, nicht nur, weil sie allein und ohne die moralische und physische Unterstützung ihres Mannes dastand, sondern auch, weil sie zu Recht annahm, dass BPL hinter Gittern weiter agitieren würde. Sie lebte in einem Zustand der ständigen Sorge und Angst um ihn.

Da sie nun nicht mehr eigenständig in »The Huts« leben konnte, weil das zu gefährlich war, erhielt sie die Erlaubnis, in eines der Wohnheime des Fateh Chand College zu ziehen, und nahm Ranga mit. Kinder durften zwar normalerweise nicht mit in die Wohnheime, aber Freda war bei den Studentinnen und Mitarbeiterinnen gleichermaßen beliebt und hatte deren Bewunderung und Respekt gewonnen. Erneut stimmte das College tapfer zu. Da die vielen Mitarbeiterinnen sich nur zu gerne um Ranga kümmerten (und ihn verwöhnten), konnte Freda ihr volles Lehrprogramm fortsetzen und ihre eigene Revolution weiterführen.

Voller Sorge um BPL in Deoli setzte Freda den Gefängnisbehörden unablässig zu mit der Bitte, ihn besuchen zu dürfen. Nachdem zwei befreundete Anwälte, die am Punjab High Court tätig waren, über einen längeren Zeitraum ihre Beziehungen hatten spielen lassen, erhielt Freda schließlich die Genehmigung für einen »Familienbesuch«. Sie nahm Ranga mit. Es sollte zu einer dramatischen Geschichte werden, die nicht der Komik entbehrte.

Ranga erinnerte sich: »Mummy und ich fuhren in brütender Hitze mit dem Zug los, dritter Klasse, darauf bestand sie immer. Es dauerte Tage. Wir übernachteten in kleinen Gasthäusern entlang der Strecke, aßen an Bushaltestellen und mussten uns unterwegs bei verschiedenen Polizeistationen melden. Die ganze Zeit wurde Mummy schikaniert, damit sie die Reise abbrach. Schließlich wurden wir neben einem Feldweg abgesetzt und kamen nach einer Stunde Fußmarsch im Deoli-Gefängnis an, das von der Armee betrieben wurde, nicht von der Polizei. Man hatte sie nicht über unseren Besuch informiert und sie waren sichtlich pikiert bei dem Anblick von Mummy, der britischen Frau eines gefährlichen politischen Straftäters, in indischer Kleidung.

Nach einer Weile wurden wir zum Kommandanten eskortiert, einem strammen britischen Oberst, dessen Unbehagen noch größer war als das seiner Untergebenen. Er sagte, er könne den Besuch nicht ohne Bestätigung des Hauptquartiers erlauben. Außerdem, so fuhr er fort, käme es nicht infrage, der Frau und dem Kind eines problematischen Häftlings eine Unterkunft anzubieten oder für sie einen Transport in die nächste Stadt zu organisieren. Er wusste nicht, was er mit uns anfangen sollte. Wir konnten sehen, dass verunsichert und verwirrt war! Bei Sonnenuntergang lenkte er ein und erlaubte uns, in der Offizierssuite zu bleiben und uns am nächsten Morgen um neun eine Stunde lang mit Papa zu treffen. Am Ende erhielten wir die VIP-Behandlung, einschließlich einer Einladung zum Essen in der Offiziersmesse. Mummy lehnte höflich ab.

Mummy war bei Tagesanbruch wach, und nach dem Frühstück (das in unseren Räumen serviert wurde) wurden wir zurück zum Kommandanten eskortiert. Die Atmosphäre war angespannt. Der Oberst erzählte uns, es habe einen ›Zwischenfall‹ gegeben. Die politischen Gefangenen waren in Hungerstreik getreten, man habe sie zwangsernähren müssen – mit Ausnahme von Herrn Bedi, der sich aggressiv dagegen gewehrt habe. Sie hatten gegen die Zustände im

Gefängnis protestiert und behauptet, es werde wie ein Konzentrationslager geführt, in dem den Insassen die Rechte verweigert wurden, die politischen Häftlingen zustanden.

Die Nachricht von unserem Besuch hatte sich herumgesprochen, und um sechs Uhr morgens wurde ein weiterer Versuch unternommen, BPL zwangsweise Nahrung zuzuführen. Offenbar waren acht Leute in Papas Zimmer gegangen und fanden ihn ruhig und weitgehend kooperativ vor. Sie bauten den Fütterungsapparat zusammen, ohne dass Papa protestierte. Als sich der Sanitätsoffizier über ihn beugte, trat Papa in Aktion. Er versetzte dem Aufseher einen Tritt in den Unterleib, trug ihn zur Tür und warf ihn von der Veranda, wobei dieser sich die Schulter auskugelte. Zwei weitere Wärter wurden zu Boden geworfen und die anderen zogen sich zurück.

Mummy blieb ganz ruhig. ›Wussten Sie denn nicht, dass er den indischen Rekord im Hammerwerfen hält?‹, fragte sie. Da Papa wusste, dass wir da waren, sagte er, er würde freiwillig essen, aber nur, wenn er uns sehen könnte. BPL sagte zu dem Vorfall: ›Der Kampf dauerte nur zwei Minuten, meine Ehre wurde gewahrt.‹«

Die Geschichte ging in die Annalen der Familie Bedi ein. Freda und Ranga fanden BPL schließlich als einzigen Insassen eines drei Quadratmeter großen Raumes vor, dem letzten einer langen Reihe in einem barackenartigen Gebäude. Es gab eine Matratze auf dem Boden, keine Möbel, keinen Vorhang vor dem Fenster. Die Bücher, die sie ihm mitgebracht hatten, waren beschlagnahmt worden. Die Begegnung war herzlich, aber furchtbar kurz. Als sie herauskamen, kommentierte einer der begleitenden Beamten: »Mrs. Bedi, Ihr Gatte ist ein sehr starker Mann.« Freda, höflich wie immer und bereit, mit jedem in Kontakt zu treten, begann ein Gespräch mit ihm und war überrascht zu erfahren, dass er aus Derbyshire stammte.

Nachdem sie gegangen waren, dauerte BPLs Hungerstreik noch 25 Tage an, in denen er mehrmals geschlagen wurde.

Die Schläge hinterließen bleibende Schäden an seiner Wirbelsäule. Von da an ging er immer mit einem Gehstock.

Der Besuch markierte einen Wendepunkt in Fredas Leben. Ihre Ehe gründete auf dem Schwur, vereint mit BPL für die indische Unabhängigkeit zu kämpfen, was auch immer es koste. Sie beschloss nun, sich ihm im Gefängnis anzuschließen. Nachdem sie die Angelegenheit mit ihm in Deoli besprochen hatte, bewarb sie sich darum, eine von Gandhis handverlesenen Satyagrahis zu werden, jener auserwählten Gruppe von Protestierenden, die bereit waren, alles zu opfern, einschließlich ihres Lebens, um Indien von der Kolonialherrschaft zu befreien. Es war der radikale Schritt, sagte sie Olive, der nötig war, um die Arbeit zu erledigen und den Unterdrückten eine Stimme zu geben. Freda war entschlossen, ihre Überzeugungen voll und ganz zu leben, auch wenn das bedeutete, Ranga völlig elternlos zurückzulassen.

Die Idee der Satyagraha-Bewegung wurde konzipiert, als Gandhi Anwalt in Südafrika war, und sie wurde als eine Kraft definiert, die der Wahrheit, Liebe und Gewaltlosigkeit entspringt. Als seine Unabhängigkeitsbewegung immer mehr Unterstützung fand, ging Gandhi zu Recht davon aus, dass eine handverlesene Gruppe sehr engagierter, disziplinierter Einzelner – seine Satyagrahi – die öffentliche, offizielle Meinung mehr beeinflussen konnten als ein aufgebrachter Mob. Außerdem liefe er weniger Gefahr, in der Hitze des Gefechts die Kontrolle über die Menschen zu verlieren. Freda erklärte: »Die Idee war, dass nur wenige ins Gefängnis gingen, um für die vielen zu protestieren.«

Es war eine folgenschwere Entscheidung, vor allem in Anbetracht der Tatsache, dass Freda und BPL bereits ein Kind verloren hatten, während Freda unterwegs gewesen war, um ihre politischen Ziele zu verfolgen. Hin- und hergerissen zwischen dem Mitgefühl für die vielen und der Sorge um ihr Kind, entschied sich Freda für das größere Ganze. Sie argumentierte, dass die vielen, die Ausbeutung und Armut erleiden mussten, niemanden hatten, der sich für sie einsetzte, während Ranga von liebevollen Verwandten umgeben war, besonders Bhabooji. Am Ende folgte Freda, wie immer, der Kraft ihrer Überzeugungen.

»Ich wollte zwar die Situation zu Hause nicht verschlimmern, hatte aber andererseits das Gefühl, dass ich die nationalistische Bewegung auf jede noch so bescheidene Weise unterstützen sollte, auch wenn das bedeutete, einige Monate im Gefängnis zu erdulden. Außerdem wollte ich BPL unterstützen und das, was er durchmachte, mit ihm teilen«, argumentierte sie. Freda begann mit den Vorbereitungen. Sie sorgte dafür, dass BPLs Bruder, der Richter, ihre Familie finanziell unterstützte, während sie hinter Gittern war, und sie erklärte auch Ranga genau, was sie tun würde und warum.

»Mummy verpflichtete mich zur Verschwiegenheit. Ich durfte mit niemandem darüber sprechen! Ich hatte wirklich Angst. Ständig hatte ich ein banges Gefühl in der Magengrube. Ich erinnere mich an einen Vorfall, als Mummy mit mir zum Arzt ging, damit wir unsere Spritzen gegen Cholera und Typhus erhielten, und wie er dann sagte: ›Freda, diese Spritzen sind sehr sinnvoll vor dem Einsatz für Satyagraha‹, und wie sich das bange Gefühl verstärkte«, erinnerte sich Ranga.

In den nächsten Monaten nahm Freda ihren Sohn zu ausgedehnten Besuchen in Dera Baba Nanak mit, wo das Land der Familie lag und seine Großmutter väterlicherseits und deren Großfamilie lebten. So wollte sie ihn an die bevorstehende Trennung gewöhnen. Es war ein kluger Schachzug.

»Es gefiel mir bei Bhabooji. Ich erhielt einen endlosen Vorrat an Süßigkeiten, durfte lange aufbleiben und ausschlafen, bekam ein Wachtelpärchen und einen Papagei und wurde zum alleinigen Eiersammler ernannt. Nach meiner Rückkehr zum Fateh Chand College konnte ich es kaum erwarten, dass Mummy ihre Pläne in die Tat umsetzte.«

Freda musste einige Zeit warten, bis man sie auswählte, aber schließlich wurde sie von Gandhi als seine siebenundfünfzigste Satyagrahi akzeptiert – die erste britische Frau, die in seine handverlesene Gruppe aufgenommen wurde. Anweisungen kamen: Auf keinen Fall sollte sie sich wehren oder Widerstand leisten, wenn sie verhaftet oder geschlagen wurde. Das Hauptanliegen ihres Protests, ebenso wie das anderer Satyagrahis, war, sich gegen »das Verbrechen« auszusprechen, Indien in Großbritanniens Teilnahme am Zweiten Weltkrieg zu verwickeln, ohne vorher die gesetzgebende Versammlung zu konsultieren. Gandhi argumentierte, es sei inakzeptabel, in den Krieg eines anderen Landes ziehen zu müssen, ohne eine persönliche Entscheidung treffen zu können. (Paradoxerweise schien Freda nicht zu bemerken, dass Großbritanniens Krieg sich gegen den Faschismus richtete, also gegen das, was auch sie selbst ihren Aussagen zufolge verabscheute.)

Sie schrieb pflichtschuldigst an den Magistrat des Bezirks und teilte diesem mit, dass sie beabsichtigte, das Gesetz zu brechen, indem sie eine Massenkundgebung abhielt, bei der sie die Menschen auffordern wollte, den militärischen Einsatz so lange nicht zu unterstützen, bis Indien eine Demokratie würde und sie selbst wählen könnten. Doch trotz all ihrer äußeren Gelassenheit: Als der Tag herankam, gab Freda zu, dass sie Angst hatte.

»Plötzlich fühlte ich mich allein, qualvoll allein. Ich hätte schon deswegen weinen können, weil ich so allein war. Ich wollte mit BPL sprechen, seine heitere Stimme bei mir haben«, sagte sie. »Vermutlich kommt dieses Gefühl der Isolation in all unseren Lebenskrisen in uns auf, als würden wir trotz all der Liebe, die uns umgibt, ganz allein den Weg in die Zukunft beschreiten – wenn wir zum ersten Mal unser Zuhause verlassen, wenn wir heiraten, wenn wir an irgendeinem Scheideweg unseres Lebens eine Entscheidung treffen müssen. Vielleicht fühlen wir uns so, wenn wir dem Tode nahe sind. Und an der Schwelle dieses Alleinseins kommt ein anderes Gefühl auf: dass uns die Kraft gegeben wird weiterzumachen; dass wir nicht mehr allein sind.«

Freda wurde von der Tragweite ihrer Vision und der Revolution, die sie zu entfachen hoffte, beflügelt: »Dieser Funke wird so lange weiterbrennen, bis er ein Feuer entzündet, das größer ist als das, dem er entsprungen ist. Und du bist der Funke eines größeren Feuers, obwohl es dir kaum bewusst ist«, sagte sie.

Der 21. Februar 1941 war der Tag, den Freda für ihren bisher größten Protest wählte. Doch in den vorausgehenden Stunden spielte sich ein komisches Katz-und-Maus-Spiel mit der Polizei ab.

»Zuerst kam ein örtlicher Inspektor, um sich nach ihren Plänen zu erkundigen und ihr mitzuteilen, dass sie rund um die Uhr unter Bewachung stehe«, erzählte Ranga. »Dann umstellten mehrere Polizisten das Haus und das Gelände. Mummy reagierte darauf, indem sie ihnen alle paar Stunden Tee und Snacks schickte. In der Zwischenzeit versammelte sich eine riesige Menschenmenge und die Dorfbewohner errichteten, unbeeindruckt von der Polizeipräsenz, eine kleine Bühne, auf der Freda ihre Ansprache an die Versammelten halten konnte. Die Polizei versuchte die Bühne abzureißen, kam jedoch nicht nah genug heran. Ihr Plan war, Freda zu verhaften, bevor sie die Bühne erreichte.

Um vier Uhr morgens, es war noch dunkel, drang die Polizei ins Haus ein; Mummy war jedoch nirgends zu finden. Die Polizisten durchsuchten die umliegenden Farmhäuser, aber ohne Erfolg, sodass sie schließlich das Gerücht in die Welt setzten, sie sei bereits verhaftet worden, in der Hoffnung, dass die Menge sich zerstreute. Inzwischen waren aber etwa 40.000 Menschen mit dem Zug, Ochsenkarren oder zu Fuß gekommen, um eine Engländerin beim Darbringen von Satyagraha zu erleben, und es herrschte so etwas wie Karnevalsstimmung.

Plötzlich tauchte Mummy auf, wie aus dem Nichts. Sie hatte sich unter der Bühne versteckt. Es war das dramatischste Ereignis meiner ersten Lebensjahre. Mummy war vollkommen ruhig, aber ich zitterte. Sie sagte der Menge, jegliche Form von Gewalt oder Widerstand gegen ihre Verhaftung werde die Sache vereiteln, sie zutiefst enttäuschen und bewirken, dass sie ihre Mission als gescheitert betrachtete. Sie fuhr damit fort zu erklären, dass sie Dera gewählt habe, weil es die Heimat von Baba Nanak und dem Bedi-Clan sei. Dann kam Mummy zu mir herüber und umarmte mich ganz fest.«

Freda erzählte: »Ein lokaler Polizist mit Bart trat höflich vor. ›Ich bedaure, aber ist es meine Pflicht, Sie zu verhaften‹, sagte er. Zu seiner Rechten stand der englische Polizeiinspektor aus Amritsar, der dort war, weil sie nicht wussten, wie eine Engländerin auf ihre Verhaftung reagieren würde. Er war erstaunlich klein, trug ein unförmiges Toupet und hatte einen Schnauzbart wie ein Walross. Er sah aus wie Old Bill.[4] Ich musste lachen und meine Mundwinkel zuckten. ›Ich bin bereit. Nehmen Sie mich mit‹, sagte ich.«

Freda und die Polizisten brauchten mindestens dreißig Minuten, um sich einen Weg durch die vielen Menschen zu bahnen, die alle riefen, »Freiheit für Indien! Lang lebe Gandhiji! Lang lebe Genossin Bedi! Lasst die Gefangenen frei!«, und Girlanden auf das wartende Auto warfen. »Girlanden sind nicht erlaubt«, sagte Old Bill. Die Dorfbewohner blickten verwundert in das Auto, als es mit Freda davonbrauste.

Auf der Polizeistation setzte sich die Komödie fort. Gemäß dem üblichen Prozedere fragte Old Bill nach ihrer Nationalität. »Englisch.« Wo wurde sie geboren? »Derby.« Welche Farbe, würde sie sagen, hatten ihre Augen? »Man könnte sie blaugrau nennen.« Sie wurde zügig in den Gerichtssaal geführt. Die Verhandlung dauerte fünfzehn Minuten und ein

4) Eine Cartoon-Figur, die 1914–15 vom Karikaturisten Bruce Bairnsfather geschaffen wurde. Old Bill wurde als älterer, pfeifenrauchender britischer »Tommy« mit einem Walrossschnurrbart dargestellt. https://en.wikipedia.org/wiki/Old_Bill_(comics) (Stand: 28.03.2022) (Anm. d. Ü.)

verlegener, rotgesichtiger junger Richter, gerade frisch aus England eingetroffen, gestand ihr: »Ich finde das genauso peinlich wie Sie.«

Freda blickte ihm direkt in die Augen und erwiderte: »Keine Sorge, ich finde es überhaupt nicht unangenehm. Behandeln Sie mich wie eine indische Frau, dann bin ich schon zufrieden.«

Nachdem er in seinem »Defense of India«-Gesetzbuch herumgeblättert hatte, verkündete der Richter ihr das Urteil: sechs Monate verschärfte Haft im ›weiblichen‹ Gefängnis von Lahore.

»Sicher meinen Sie das *Frauen*gefängnis von Lahore«, erwiderte Freda schelmisch, die sich an seiner Grammatik störte. Das Urteil war außergewöhnlich hart – keine andere Satyagrahi hatte eine so lange Haftstrafe erhalten. Freda reagierte mit ihrer üblichen Gelassenheit, ohne Zorn oder Groll. Da war sogar Freundlichkeit. »Vielleicht lag es daran, dass sie an mir ein Exempel statuieren wollten, weil ich Engländerin war und womöglich die erste westliche Frau, die Satyagraha darbrachte. Oder vielleicht lag es an der Unwissenheit des jungen Beamten, der den Vorsitz im Prozess führte. Er verkündete das Urteil bedauernd und mit vielen Entschuldigungen. Er war ein anständiger Mann«, sagte sie.

Freda war gerade dreißig Jahre alt, als sie ins Gefängnis kam. Von der kleinen Uhrmacherwerkstatt in Derby hatte sie einen weiten Weg zurückgelegt. In diesen Jahren war sie zu einer Wegbereiterin geworden, die sich durch ihre Heirat mit einem Sikh über Erwartungen und Konventionen hinwegsetzte, in einer linksgerichteten Gemeinschaft lebte und mit der Kraft ihrer Redekunst Tausende Menschen dazu brachte, sich zu erheben – alles im Namen von Menschlichkeit und Gerechtigkeit.

– 6 –

IM GEFÄNGNIS

ALS STRÄFLING NR. 3613 begann sie ihre Haftstrafe hinreichend rebellisch, indem sie sich weigerte, ihren Ehering abzugeben, der als Schmuckstück eingestuft wurde. Seit dem Tag ihrer Heirat mit BPL hatte er ihren Finger nicht mehr verlassen und sie war nicht bereit, sich jetzt von ihm zu trennen. Sie richtete sich zu ihrer vollen Größe auf und zitierte mit ihrem ausgeprägtesten englischen Akzent ihre Rechte als politische Gefangene der Kategorie A, in denen nicht aufgeführt war, dass »Schmuck« abgegeben werden musste. Sie gewann.

Im nächsten Schritt wurde eine Karte mit ihren persönlichen Angaben erstellt: Gewicht: 132 Pfund; Größe: 1,73 m; Beruf: Englischlehrerin; Verbrechen: politisch; Urteil: sechs Monate »verschärfte Haft«. Anschließend musste sie erst durch ein vergittertes Außentor hindurchgehen und dann durch eine eiserne Innentür, die ihr das Gefühl vermittelte, einen Panzerschrank zu betreten. So trat sie ihre Haft an.

Es war nicht das feuchte, rattenverseuchte Höllenloch, an das man hätte denken können. Ihre Zelle war ein Zimmer, das sie mit anderen Satyagrahis teilte – allesamt indische Frauen, die sich selbstlos für die Sache aufgeopfert hatten und die berühmt-berüchtigte weiße Frau herzlich in ihrer Mitte willkommen hießen. Ihre Zeit als Gefangene hielt Freda in einem Tagebuch fest, das später in dem von ihr geschriebenen Buch »Behind Mud Walls« (»Hinter Lehmmauern«) veröffentlicht wurde.

»Meine Zellengenossinnen sind ruhige, entschlossene Seelen, keine lauten Rebellinnen – der Stoff, aus dem Gandhis kleine Armee gemacht ist. Es sind keine Berufspolitikerinnen, sondern Witwen und verheiratete Frauen, die Kinder, Mann und Haushalt zurückgelassen haben, um sich für ihr Land (durch ihre Verhaftung) zu opfern.«

Freda rollte ihr Bettzeug auf dem Boden aus und begann ihr Leben hinter Gittern. Sie passte sich relativ leicht an die Haftbedingungen an, die für westliche Verhältnisse bemerkenswert locker waren. Gemeinsam kochten die Frauen ihre eigenen Mahlzeiten auf einem Holzfeuer mit Lebensmittel-Grundrationen, die vom Gefängnis ausgegeben wurden: Fett zum Kochen, Zucker, Mehl, Brot, Gemüse, Milch, Tee und Gewürze. Gelegentlich wurde ihr Speiseplan durch Vorräte »aufgepeppt«, die ihnen ihre Familien oder Freunde geschickt hatten und die sie miteinander teilten. Freda erhielt Körbe mit Früchten und – was in größtem Kontrast zur Umgebung stand – Blumen von Bewunderern und Gratulanten. Ein spezieller Strauß aus Kapuzinerkresse, Wicken und Kornblumen führte zu einem ekstatischen Tagebucheintrag: »Blumen im Gefängnis! Nur wer Gefangenschaft kennt, weiß, was das bedeutet.«

Es war ein außerordentlich geselliges Umfeld. Mütter hatten ihre Babys bei sich im Gefängnis und Freundinnen leisteten ihren Lieben manchmal freiwillig drinnen Gesellschaft. Wenn die Frauen nicht arbeiteten, sangen und tanzten sie mit wirbelnden Tüchern und Gewändern, Trommeln schlagend, besonders an Festtagen. Freda bemerkte, dass die laxen Regeln hervorragend dazu geeignet waren, Spannungen in Schach zu halten und die Gefangenschaft erträglich zu machen. (Zudem half es, dass die stellvertretende Vorsteherin eine von Fredas Schülerinnen gewesen war.) Die Wachen drückten sogar ein Auge zu oder hörten weg, wenn revolutionäre Lieder mit dem Thema der Unabhängigkeit gesungen wurden.

»Es war der Startschuss zur Revolte – dazu, uns mit jeder Faser unseres Seins der Autokratie zu widersetzen – und zum Kampf für die höchsten menschlichen Werte und die Freiheit des menschlichen Geistes«, sagte Freda.

Die »Schwerstarbeit« ihrer verschärften Haft bestand nicht darin, dass sie Ziegelsteine schleppen oder Felsgestein zerschlagen musste. Stattdessen arbeitete sie vormittags von acht bis zwölf und dann wieder von eins bis fünf am Nachmittag im Gefängnisgarten. Es war ein Geschenk des Himmels. Sie machte sich an die Arbeit, bearbeitete den Boden, kümmerte sich um die Pflege der Obstbäume und der Gemüsebeete mit Kürbissen, Gurken, Zwiebeln, Okras, Zitronen, Mangos und Maulbeeren. Von Pflanzen und Vögeln umgeben war die mystische Freda oft so hingerissen, dass sie die Gefängnismauern vergaß. In ihrem Tagebuch hat sie festgehalten, wie sehr sie der frühe Ruf einer Eule, die Zärtlichkeit eines Papageienpaares beim Liebesspiel und die zielstrebig nach Hause fliegenden Krähen faszinierten. Und als der Garten blühte, geriet sie geradezu in Ekstase.

»Der Garten am frühen Morgen ist traumhaft mit seinen jungen Blättern, dem Duft der Orangenblüten und den purpurroten Rosen, die himmlisch duften. Ich habe in meinem Leben noch nie so viele Rosen gesehen wie in den letzten zwei Wochen. Ich habe sie in Steinguttöpfe und Messingschalen getan und nun ist nichts mehr da, woraus ich essen oder worin ich kochen kann.«

Doch Freda war stets gut darin, selbst den schwierigsten Situationen (und Menschen) eine positive Wendung zu geben, und ein späterer Tagebucheintrag aus der Zeit, als der Sommer angebrochen war, zeigt, wie sehr ihr Überleben im Gefängnis von der heilenden Kraft, die sie in der Natur fand, abhing. »Bin raus in den Garten gegangen, als der Mond und der Abendstern zusammen am Himmel standen. Es war überall ein weiches, dunkles Grün nach dem Gewitter und Regen letzte Nacht – und wie immer hat es mich getröstet. Ich kann ohne Grün nicht leben. Hätte ich nicht einmal dieses bisschen trockenen Dschungel hier gehabt, wäre ich selbst vertrocknet und krank geworden«, gestand sie.

Wenn sie nicht draußen war, beschäftigte Freda sich anderweitig. Sie unterrichtete Englisch, hielt Vorträge über Marx und spann Garn – wie von Gandhi gefordert – für Stoff. Anfangs fand Freda es beruhigend, doch sie spann mit solch begeisterter Hingabe, dass sie ein Ekzem an den Händen entwickelte.

Das Leben hinter Gittern bestand nicht nur aus Gesang, Tanz und Lernen. Die harte Realität der Haft schlug bald zu. Sie vermisste Ranga furchtbar und beantragte die Erlaubnis, dass er sie besuchen dürfe. Nach langem Warten wurde diese erteilt. Die Erfahrung war schwierig. »Ranga blieb über Nacht. Er schlief, seine kleinen Arme schlaftrunken um mich geschlungen, und schuf eine Nacht von bittersüßer Intensität, bevor er wieder weg und ich wieder allein war«, sagte sie.

Von Anfang an wurde Freda fortwährend von Angst und Sehnsucht nach BPL geplagt, der in seiner eigenen Gefängniszelle eingesperrt war, meilenweit entfernt. Sie vermisste ihn sehr und schrieb ihm viele Briefe und Telegramme, in denen sie nach seinem Befinden fragte. Anfangs kam nur Schweigen zurück. Tag für Tag berichtet ihr Tagebuch davon, wie sehr sie sich nach ihm sehnte, besonders am 5. April, seinem Geburtstag.

»Ich bin körperlich und geistig von ihm abgeschnitten und dadurch noch mehr auf mich selbst zurückgeworfen. Seine und meine Gefängniswärter können mich nicht davon abhalten, an ihn zu denken; meine Gedanken brennen wie eine Flamme, sodass wir manchmal nicht mehr voneinander getrennt sind. Ich versuche, meine Liebe in seine Richtung zu senden, um ihn zu stärken und zu schützen«, schrieb sie.

Schließlich erreichte sie ein Telegramm: »Meine Liebste, Brief folgt, Millionen Tonnen Liebe.« Es kam so plötzlich, dass sie völlig überrascht war. Vier Tage später traf der Brief ein. Als sie ihn in den Händen hielt, war Freda innerlich völlig aus dem Häuschen. In echter BPL-Manier teilte er ihr unbekümmert mit, dass er ein zehn Tage altes verwaistes Rehkitz und eine Ziege als Pflegemutter erworben hatte! Freda entspannte sich. Wenn ihr Mann sich um Tierbabys kümmern konnte, war er glücklich, das wusste sie.

Die Wochen vergingen und eine immer größere Hitze breitete sich aus, sodass das Leben für Freda in jeder Hinsicht härter wurde. Im Garten begann die »Schwerstarbeit« ihren Namen zu verdienen. Bei Temperaturen von bis zu 45 Grad Celsius erschöpfte und zermürbte sie die sengende Hitze. Das Wasser zur Versorgung der Pflanzen, die sie so fleißig gehegt und gepflegt hatte, versiegte und das ruinierte ihren Garten. Sie sah, wie sich die Erde in Staub verwandelte und verschrumpelte kleine Zitronen zu Boden fielen. Ihre Nerven, schon immer empfindlich, waren nun zum Zerreißen gespannt. Als ihre Bitten um mehr Wasser auf taube Ohren stießen, verlor die zurückhaltende, höfliche Freda ausnahmsweise einmal die Beherrschung und brüllte die Wachen an. Hinterher schämte sie sich.

Schlaflosigkeit verschlimmerte ihre Situation zusätzlich. Wegen der Hitze konnte sie nicht nur nachts nicht schlafen; auch ein Mittagsschlaf war wegen der lärmenden Tauben über ihr auf dem Dach unmöglich. »Ich hätte all meine Gelübde der Gewaltlosigkeit an ihnen brechen können«, sagte sie. Die Hitze machte auch die Toiletten für Freda mit ihrem Abscheu vor Schmutz nahezu unerträglich. Sie waren uralt, verdreckt, nicht abgedeckt und boten nur durch einen flatternden Vorhang etwas Privatsphäre. Sie hatte also die Wahl, entweder den Kopf in den widerlichen Vorhangstoff zu stecken oder einen Schirm als Schutz vor den Elementen über sich zu halten, was wiederum bedeutete, dass sie den Vorhang beiseiteschieben und riskieren musste, gesehen zu werden. Sie tat ihr Bestes, um die Gerüche und den Anblick auszublenden, aber es funktionierte nicht. »Würde ich mich gehen lassen und meinen wahren Empfindungen nachgeben, dann müsste ich mich jedes Mal übergeben, wenn ich in die Nähe dieses Ortes komme«, sagte sie.

Die Nachricht, dass die Insassen von Deoli mit einem weiteren Hungerstreik drohten, steigerte Fredas Anspannung noch weiter. Sie gestand, dass sie buchstäblich krank vor Sorge war und sich häufig erbrach. Und zu wissen, dass dort eine Hitzewelle herrschte, machte es auch nicht gerade besser. »Sie haben keine Ventilatoren in Deoli. Ich wünschte, die Dinge könnten sich ohne solchen Kummer regeln«, klagte sie.

Im Gefängnis reichten Fredas Sorge und Mitgefühl über ihren Mann hinaus. Im Garten hatte sie mit einer bunten Reihe nichtpolitischer weiblicher Gefangener zu tun, die natürlich nicht die friedlichen Satyagrahis waren, mit denen sie sich das Zimmer teilte. Sie lernte sie alle kennen: Drogenschmugglerinnen, Vagabundinnen, Frauen, die Geld veruntreut hatten, und Mörderinnen. Sie hörte sich ihre Geschichten von Entführung und Armut an, wobei diese oft einfach auf das schreckliche finanzielle Elend, zu viele Mädchen zur Welt gebracht zu haben, zurückging; was sie mit Mitleid, Verständnis und Empörung erfüllte.

»Diese Frauen im Gefängnis – es zerreißt mir das Herz. Sie mögen zwar schuldig sein, doch was bedeutet das hier wirklich? Entweder, dass sie einen anderen Mann geliebt haben und mit ihm durchgebrannt sind – was im Westen Hunderte und Tausende Male passiert – oder dass sie das hilflose Werkzeug eines arglistigen Mannes waren. Viele Frauen haben sich bewusst fürs Gefängnis entschieden, weil ihnen das noch lieber war als das Leben mit einem despotischen, ausbeuterischen alten Mann. Es ist tragisch, dass sie nichts dagegen ausrichten können und wie gewöhnliche Verbrecherinnen leiden müssen«, sagte sie.

Sie versuchte zu helfen, indem sie mit ihnen die »Schönheit« des Sozialismus und die Schrecken des Faschismus teilte, und manchmal gab sie sogar Rechtsberatung. »Es gibt hier ein sechzehnjähriges Mädchen, deren siebzigjähriger Ehemann sie zum Betteln und zur Prostitution auf die Straße geschickt hat. Er hat ihr auch das Ohr abgebissen. Als sie weglief, brachte er sie vor Gericht. Ich empfahl ihr, über einen Anwalt die Scheidung zu beantragen. Alles ist besser, als mit so einem Lustgreis zu leben.«

Ihre Sorge und ihr Mitgefühl reichten jedoch sehr viel weiter als die Gitterstäbe des Gefängnisses. Sie wusste nur zu gut, dass der Zweite Weltkrieg in Europa eskalierte, und das verstärkte ihre Angst vor dem Leid, das wie ein Flächenbrand um sich griff. Jenen, die so weit weg waren, konnte sie nicht helfen. »Manchmal empfinde ich die furchtbaren Todesqualen der Welt wie eine dunkle Wolke über meinem Kopf. Der Gedanke an die Grausamkeiten und Torheiten, die

Menschen ihren Mitmenschen antun, ist beinahe unerträglich«, sagte sie. Später wurden diese umfassende, tiefe Einfühlung in den Schmerz anderer im Allgemeinen und der Wunsch, dass er aufhören möge, als echte Zeichen eines weiblichen *Bodhisattva* angesehen – einer buddhistischen Praktizierenden, beseelt von der uneigennützigen Absicht, alle Wesen von ihrem Leid und ihrer grundlegenden Unwissenheit zu befreien, die sie daran hindert, die wahre Natur der Wirklichkeit und die ihnen innewohnende großartige Buddha-Natur zu erkennen.

Ihre besondere Sorge galt ihrer Mutter, die in England zurückgeblieben war – nur zu gut wusste Freda, wie traumatisch der Verlust ihres Mannes im Ersten Weltkrieg für ihre Mutter gewesen war und welche Zerstörung der Krieg anrichtete. Ein Brief von Nellie erreichte sie schließlich im Gefängnis. Er enthielt einen Zehn-Schilling-Schein (ein verspätetes und sehr willkommenes Geburtstagsgeschenk) und die Nachricht, dass die Gefangenschaft von Freda und BPL es in die britischen Zeitungen geschafft hatte. Freda konnte sich vorstellen, wie schockierend die Berichte gewesen sein mussten (nach dem Motto »Britin wird zur Verräterin«), und war erleichtert, dass Nellie über den neuesten Skandal ihrer eigenwilligen Tochter nicht übermäßig entsetzt zu sein schien:

»Jetzt, da ich weiß, dass Mutter es so gut verkraftet, ist es leichter für mich«, sagte sie, bevor sie in einem unbeugsameren Ton, der ihre unerschütterliche Hingabe an ihre Überzeugungen unterstrich, fortfuhr: »Nicht, dass ich meine Vorgehensweise geändert hätte, aber ich hasse es, ihr Schmerz zuzufügen. Ich weiß, dass sie darunter leidet, aber sie ist nicht in Panik und von Freunden umgeben. Darüber bin ich froh, denn nur wenige haben wohl verstanden, worum es bei dem Ganzen überhaupt ging. Wir sind antifaschistisch, und das schon seit Jahren, doch für britische Durchschnittsbürger, die sich nicht besonders für Politik interessieren, ist schwer zu verstehen, was Widerstand gegen den Imperialismus bedeutet, was Indien wirklich fühlt, wie schwer das Land in seiner Selbstachtung verletzt wurde und wie sehr es bereit und willens ist, gegen Unterdrückung und Aggression zu kämpfen, um die ihm verweigerte nationale Unabhängigkeit geltend zu machen.«

Im Mai kamen Freda Gerüchte zu Ohren, dass rechtliche Schritte in die Wege geleitet wurden, um ihre vorzeitige Entlassung zu erwirken. Sie waren zutreffend. Ein gewisser Richter Bhide fällte vor dem Obersten Gericht ein findiges Urteil, demzufolge es an sich kein Vergehen darstellte, einen Brief, in dem man die Absicht kundtat, das Gesetz brechen zu wollen (wie Freda es getan hatte), an den Magistrat zu schicken. Vielmehr, so argumentierte er, bedeute es, ein Verbrechen zu verhindern! Im Lauf der folgenden Tage wurde die Gewissheit, dass diese Nachricht stimmte, immer größer. Am 23. Mai wurde Freda mitgeteilt, dass sie schon am nächsten Tag entlassen werden sollte. Die anderen Insassinnen waren traurig, dass Freda fortging, und veranstalteten reihum Abschiedspartys.

Als sich die Gefängnistüren am 24. Mai 1941 kurz nach der Mittagszeit öffneten und Freda in die Freiheit entlassen wurde, hieß eine kleine Gruppe Unterstützer des Indischen Nationalkongresses sie begeistert willkommen. Zu ihren Ehren war eine große Party organisiert worden, bei der gespeist und Reden gehalten werden sollten, doch Freda lehnte ab. Sie wies jedoch darauf hin, dass sie bereitwillig tun würde, was auch immer der Indische Nationalkongress von ihr wollte. Falls dieser von ihr verlangte, wieder ins Gefängnis zu gehen, würde sie dem mit Freuden zustimmen. Für ihre Überzeugungen ins Gefängnis zu gehen hatte ihr ein Gefühl tiefer Zufriedenheit, Erfüllung und Stärke vermittelt.

Sie schickte Telegramme an BPL und ihre Mutter, in denen sie sie über ihre Freilassung informierte, und machte sich dann auf den Weg zurück nach Dera Baba Nanak, dem Familienstammsitz der Bedis, wo sie verhaftet worden war.

Ihre triumphale Heimkehr ist Ranga lebhaft im Gedächtnis geblieben. »Eines späten Nachmittags kam eine Nachricht aus Lahore, dass Mummys Freilassung unmittelbar bevorstehe und sie direkt zu uns nach Dera käme. An einem regnerischen Nachmittag hörten wir, dass in einiger Entfernung Slogans gerufen wurden. Ich rannte direkt durch das Eingangstor und über die Felder, wo ein Ochsenkarren herankam. Mummy hatte sich unter einem Schal zusammengekauert, umgeben von einigen anderen, die sich alle in dem Wagen drängten. Ein großer Sirdar (Sikh) hob mich hoch und setzte mich neben sie. Sie zog mich unter ihren Schal und umarmte mich ganz fest.

Mummy begrüßte Bhabooji, indem sie auf traditionelle Weise ihre Füße berührte, und dann begann der Alptraum. Innerhalb einer Stunde kamen Dutzende Verwandte, begleitet von anderen. Am nächsten Morgen wurde es noch schlimmer – Hunderte von Ochsenkarren, beladen mit Familien und Dorfbewohnern, kamen zum Darshan (Segnung). Es wurde beschlossen, dass eine weitere Plattform vor dem Tor gebaut werden sollte, auf der Mummy sitzen und die Menschen segnen konnte. Zwei Tage lang defilierten die Menschen an ihr vorbei – und am vierten und letzten Tag wurde Mummy auf einem Ochsenkarren durch das Dorf gefahren.«

Für die Menschen war Freda mehr als eine politische Aktivistin geworden, man hatte sie quasi seliggesprochen. Von nun an wurde Freda zu einer nationalen Heldin, und ihr Ruhm, ihr Einfluss und ihre Macht wuchsen von Tag zu Tag. Das sollte sich für die vor ihr liegende Arbeit noch als von unschätzbarem Wert erweisen. Persönlich hatte sie jedoch keine Freude an dem Aufhebens um sie und dem Wirbel, mit dem man sie nach ihrer Entlassung aus dem Gefängnis empfing. Stattdessen empfand sie es nach der Enge ihrer kleinen Welt hinter Gittern als äußerst anstrengend. Sie sehnte sich nur noch danach, mit Ranga allein zu sein und ein kühles Bad zu nehmen.

Freda hatte die Hälfte ihrer sechsmonatigen Strafe abgesessen. In dieser Zeit hatte sie ein Kilo zugenommen (vom vielen Stillsitzen) und ihre Spinnleistung von 205 Meter mit Garnstärke 14 pro Stunde auf 354 Meter mit Garnstärke 18 verbessert. Sie hatte auch erreicht, dass der Name des Gefängnisses von dem ärgerlichen grammatikalisch falschen *Lahore Female Jail* in *Lahore Women's Jail* geändert wurde. Sie besaß drei Rupien.

Das Gefängnis, so ihr Fazit, habe sie viel gelehrt, vor allem über sich selbst. »Ich habe entdeckt, dass es mir nichts ausmacht, nur wenig Platz zur Verfügung zu haben. Vor meiner Entlassung hatte ich mir immer vorgestellt, dass ich mich danach sehnen würde, wieder in der weiten Welt jenseits der Mauern zu sein. Aber so ist es nicht. Vielleicht bin ich etwas einsiedlerisch veranlagt und lebe viel in mir selbst. Was auch immer der Grund sein mag, ich war nicht ärgerlicher, als wenn ich in einem kleinen Dorf gewesen wäre und nicht in die Stadt hätte gehen können (was ich ohnehin nie besonders mochte).

Am meisten störte mich, dass ich nie allein war. Ständig von plappernden, singenden, lachenden Frauen umgeben zu sein war die reinste emotionale und geistige Folter. So nett sie auch waren, ihre Anwesenheit ging mir unter die Haut und ich begann, mich selbst zu verlieren.« Ihre Worte deuteten auf den Weg hin, der ihr endgültiges Schicksal sein sollte – der Weg einer Nonne.

Kurz nach ihrer Entlassung hörte Freda Gerüchte, dass ihr Mann aus Deoli verlegt werden sollte, weil das Gefangenenlager für Kriegsgefangene vorbereitet wurde. Man ging davon aus, dass BPL in ein anderes Gefängnis verlegt werden würde, doch sehr zur Verwunderung der Familie stand er eines Abends einfach in Dera Baba Nanak vor der Tür. Dieselben Siegesparaden, die Freda bei ihrer Rückkehr bejubelt hatten, wurden nun für BPL inszeniert, aber diesmal stand das Paar auf dem Ochsenkarren Seite an Seite.

- 7 -

KASCHMIR

ALLES ANDERE ALS GEBEUGT von ihrer Zeit im Gefängnis, verstärkte Freda in den nächsten vier Jahren ihre Bemühungen, dem indischen Subkontinent Freiheit zu bringen. Sie hielt weiterhin Reden in Städten und Dörfern, setzte sich für die Ausgebeuteten ein, kämpfte gegen Ungerechtigkeit und arbeitete rund um die Uhr, um den Lebensunterhalt für die Familie zu verdienen. Ihre Aufmerksamkeit wurde zunehmend von Kaschmir angezogen, jenem ausnehmend schönen, aber politisch unbeständigen Staat im Nordwesten Indiens, der wegen seiner schneebedeckten Gipfel, grünen Wiesen und dem Dal-See mit seinen charmanten Hausbooten Berühmtheit erlangt hat.

»Lockvogel« war gewissermaßen ihr enger Freund Sheikh Mohammad Abdullah, Präsident der ersten politischen Partei Kaschmirs, der *National Muslim Conference*, von ihm im Jahr 1932 gegründet. Im Juni 1939 änderte er den Namen der Partei in das säkularer klingende *All Jammu and Kashmir National Conference*. Die Bedis und Sheikh Abdullah hatten viel gemeinsam. Sie glaubten an gleiche Rechte für alle Teile der Gesellschaft, unabhängig von Kaste, Glaube oder Religion. Beide waren felsenfest entschlossen, den Imperialismus zu stürzen – in Sheikh Abdullahs Fall in Form des Maharajas von Jammu und Kaschmir, Hari Singh, den das »Raj« (die britischen Kolonialherrscher) ernannt hatten. Selbstbestimmung war das gemeinsame Ziel.

Sheikh Abdullah war eine herausragende Persönlichkeit. Er trug lange majestätische Gewänder und nannte sich »der Löwe von Kaschmir«. Wie BPL war er charismatisch, kraftvoll und extrem entschlossen. Er war auch ein Mann, der gejagt wurde. Der Maharaja war hinter ihm her, ebenso wie die Gesetzeshüter des britischen »Raj«. Als ihm die Einreise nach Kaschmir verboten wurde, suchte er eilig Zuflucht bei Freda und BPL in »The Huts«. Mit ungeheurem Mut nahmen sie ihn bei sich auf.

Freda ging jedoch noch einige Schritte weiter. Um Sheikh Abdullahs Nachrichten seinen vielen Tausend Anhängern zukommen zu lassen, entschied sie sich, sie selbst zu überbringen, verkleidet mit einer Burka. Natürlich wurde sie entdeckt und man gab ihr 48 Stunden Zeit, um Kaschmir zu verlassen. »Ich werde nichts dergleichen tun«, verkündete Freda und überbrachte weiter heimlich Nachrichten.

In diesen Jahren, in denen sie für Kaschmir kämpfte, wurden Fredas Durchhaltevermögen und ihr Mut legendär. Als die Polizei herausfand, dass sie in einem Hotel wohnte, das einem Sympathisanten von Sheikh Abdullah in Srinagar gehörte, stürmte sie es und zwang Freda, es zu räumen. Sie fand Zuflucht bei einem Hausbootbesitzer auf dem Dal-See, der sie in der Küche versteckte. Die Polizisten waren ihr hart auf den Fersen; als sie ihr Versteck entdeckte, verprügelten sie den Hausbootbesitzer und seine Familie. Als Freda von ihrer Mission zurückkehrte, fand sie sie in Tränen aufgelöst vor, während sie sich auf die Brust schlugen. Ohne einen Moment zu zögern, trat sie in Aktion.

»Mummy stieg sofort in ein Ruderboot, das sie ans Ufer brachte. Dort kletterte sie in eine Tonga (eine zweirädrige Pferdekutsche), um nach den Polizisten zu suchen«, berichtete Ranga. »Sie fand sie in einem Teeausschank. Nachdem sie sie gefragt hatte, warum sie die Familie so übel behandelt hatten, zog sie ihren Schuh aus und begann, sie zu schlagen. Sie rannten um ihr Leben, völlig perplex, dass eine britische Frau sie schlug.

Mummy rechnete stark damit, erneut verhaftet zu werden, und war darauf vorbereitet, aber der Maharaja entschied sich dagegen. Er wollte den Skandal nicht, der mit ihrer Verhaftung einhergehen und das, was sie getan hatte, öffentlich machen würde – es ließ die Polizei zu dumm dastehen.«

Bei einer anderen Gelegenheit wurde Freda selbst verletzt – und dieses Mal hatte sie Ranga mitgenommen. Sie waren in Srinagar bei einer Bootsprozession auf dem Jhelam-Fluss, um zu feiern, dass Sheikh Abdullah den Namen seiner Partei als Hinweis auf ihre nicht-sektiererische Basis von *Muslim Conference* in *National Conference* umbenannt hatte. Sheikh

Abdullah war willens, alle Glaubensrichtungen in seine Sache miteinzubeziehen. Als die Boote mit Freda, Ranga, BPL und den fähigsten Mitstreitern von Sheikh Abdullah den Fluss hinunterfuhren, sahen sie, wie sich die Leute des Maharajas am Ufer versammelten, um zu protestieren.

»Als die Boote unter den Brücken hindurchfuhren, warfen sie Steine auf uns, auch auf Mummy, die sich auf mich legte, um mich zu schützen. Viele wurden verletzt, aber ich war okay. Und Mummy – sie hat einfach weitergemacht. Sie war absolut furchtlos«, sagte Ranga.

Ein anschauliches Beispiel dafür, dass Freda sich durch Gefahr nicht beirren ließ, war, als sie Ranga zum Zelten hoch in die Berge mitnahm, um der sengenden Sommerhitze des Punjab zu entkommen. Sie erreichten Pahalgam, einen wunderschönen abgelegenen Ort auf einer Höhe von 2750 Metern, und schlugen ihre Zelte auf.

»Es war atemberaubend und ganz einsam. Wir waren völlig allein dort oben – das nächste Haus war ein kleiner Laden in etwa drei Meilen Entfernung. Papa war nicht bei uns und ich genoss es sehr, Mummy einmal für mich allein zu haben. Eines Morgens wachten wir auf und stellten fest, dass die obere Lasche an einem der Zelte zerrissen war. Ein Bär war in der Nacht da gewesen. Statt aber sofort zusammenzupacken und abzureisen, zündete Mummy jede Nacht ein Lagerfeuer zwischen den Zelten an und meinte, das würde reichen. Ich hatte keine Angst. Mummy war immer ruhig und unerschütterlich, und das gab mir festen Halt, trotz der ständigen Dramen, die in ihrem Leben abliefen«, sagt Ranga.

Während ihrer Wanderungen in den kaschmirischen Bergen lernte Freda die berühmte britische Schriftstellerin Rumer Godden kennen (Autorin von »Schwarzer Narziß« und »Unser Sommer im Mirabellengarten« und weiteren angesehenen literarischen Werken), die in einem zauberhaften rosa-grauen Haus namens »Dove House« (»Taubenschlag«) lebte. Es lag am Abhang, auf halbem Wege zu der Obstplantage, in der Freda ihr Zelt aufgeschlagen hatte. Ihre außergewöhnliche Gabe, die Berühmten, Talentierten und Unkonventionellen in ihren Bann zu ziehen, führte dazu, dass die beiden Frauen enge Freundinnen wurden. Freda freute sich.

Sie hatten viel gemeinsam. Beide Frauen waren literarisch interessiert, liebten Kunst, hatten Kinder und besaßen keinen Cent. Rumers Mann hatte sie verlassen und ihr einen Schuldenberg hinterlassen, den sie mit dem Erlös aus ihren Büchern abzahlte. Wie Freda lebte sie in einer romantischen, von einem Dichter gebauten Behausung ohne fließendes Wasser, ohne Elektrizität oder irgendeine Form von Heizung – ein gravierender Nachteil in den schneereichen Wintern Kaschmirs. Wie Freda zog sie Bizarres und Gefährliches an. Sie entdeckte, dass ihr Koch ein gemeingefährlicher Irrer war, als ihr Pekinesenwelpe starb und sie und ihre Familie schreckliche Halluzinationen bekamen: Der Koch hatte pulverisiertes Glas, Marihuana und Tollkirsche in die Mittagsmahlzeit aus Reis und Dal gemischt.

Eine weitere illustre Persönlichkeit, die zu jener Zeit in Fredas Leben trat, war Jawaharlal Nehru, der später der erste Premierminister Indiens werden sollte. Er hatte Freda in den frühen 1930er-Jahren bei einer Versammlung der Kongresspartei kennengelernt und bewunderte sie sehr, besonders nach ihrer Inhaftierung. Neben der indischen Selbstregierung interessierte er sich auch sehr für den Sozialismus und die Frauenemanzipation. Nehru liebte Kaschmir, die Heimat seiner Vorfahren, leidenschaftlich und nahm jede Gelegenheit wahr, um dorthin zu reisen. Bei solchen Anlässen schaute Freda dann oft vorbei. Sie freundete sich eng mit seiner Tochter Indira an, die nur sechs Jahre jünger war als sie und ebenfalls in Oxford studiert hatte. Besiegelt wurde die Beziehung dadurch, dass Freda und BPL zu Indiras Hochzeit mit Feroze Gandhi (nicht verwandt) im Jahr 1942 eingeladen wurden.

Ranga war bei der Feier dabei. »Ich erinnere mich, dass sie in einem großen Haus stattfand – und Mummy war das einzige britische Gesicht dort. Später gingen wir, um mit Nehru zu frühstücken. Wir blieben alle über Jahre hinweg Freunde. Indiras Söhne, Rajiv und Sanjay, wurden unsere Spielkameraden. Viele Jahre später war Indira auch Gast bei meiner Hochzeit mit Umi.«

Es wäre jedoch falsch zu denken, Freda hätte wegen all ihrer politischen Arbeit, ihrer Lehrtätigkeit, ihrer Familie, ihrer Ehe und ihren Schreibaktivitäten die spirituelle Suche aufgegeben – weit gefehlt! Wenn überhaupt, hatte das Leben in Indien ihre tiefe Sehnsucht nach spiritueller »Nahrung« und Bildung nur noch verstärkt. Sie machte Yoga (sogar im Gefängnis) und las auf der Suche nach den ewigen Wahrheiten jenseits von Dogmen so viel spirituelle Literatur, wie sie konnte, einschließlich des Korans, der Bhagavad Gita und der Bibel. »Ich gehe das Alte Testament noch einmal durch, lasse die fünf Bücher Mose und die Abstammungslinien aus. Die Gita sagt, dass alle Wege zu Mir führen. Das glaube ich«, sagte sie. Was sie suchte, war ein Weg, dem sie all ihre Aufmerksamkeit und Energie widmen konnte. Er lag jedoch immer noch in weiter Ferne.

Sie meditierte allein auf sich gestellt, unter dem Drang, einen Raum innerer Stille zu finden, der, so sagte sie, für ihr geistiges Wohlbefinden unerlässlich sei. Meditation wurde tatsächlich zum Treibstoff für all ihre vielen Bestrebungen. Wie schon als junges Mädchen wusste sie immer noch in gewisser Weise intuitiv, dass die Antworten, die sie suchte, letztlich nicht zwischen den Seiten eines religiösen Buches zu finden waren, sondern durch unmittelbare persönliche Erfahrung.

»Als ich meine Kinder großzog und mein Leben als Lehrerin, Autorin und Rednerin weiterführte, stellte ich fest, dass ich ohne diese Zeit der Stille nicht in die tiefsten Tiefen meines Geistes vordringen und das volle Potenzial des Geistes sich nicht entfalten konnte. Die Fragen verfolgten mich immer wieder: Was ist der Sinn des Lebens? Warum ist es so beschaffen? Wie können wir es verstehen? Wer könnte uns das sagen? Wir können es nicht aus Büchern lernen. Wir können es nur von innen heraus erfahren. Das hat mich angetrieben«, sagte sie.

Ein interessanter Nebeneffekt von Fredas täglicher Meditationspraxis war, wie sie sagte, eine Zunahme ihrer Hellsichtigkeit: »Ich hatte viele innere Offenbarungen, sogar Visionen«, sagte sie später in einem Radiointerview in New York. Sie fand heraus, dass sie zum Beispiel über Träume Botschaften empfangen konnte. Bei einer Gelegenheit konnte Freda eine frühere College-Freundin, die bei Kriegsausbruch in Malaysia lebte, beruhigen, dass ihr vermisster Ehemann nicht tot war, wie diese befürchtete, denn Freda hatte in einem Traum gesehen, wie die Freundin, ihre beiden Kinder und ihr Mann den Japanern entkamen. Und tatsächlich tauchte der Ehemann vier Jahre danach wieder auf – aus dem Dschungel, wo er sich versteckt gehalten hatte – und wurde aufs Neue mit seiner Familie vereint.

Um 1943 trat im Krieg gegen Deutschland eine Wende ein und zwei Jahre später, im Mai 1945, wurde schließlich der Frieden erklärt, der weltweit Schrecken, Zerstörung und Tod beendete. Freda begann sich zu entspannen. Sie spürte, dass auch für Indien Freiheit in der Luft lag – das Ziel, dem ihr Leben geweiht war, seit sie in Indien angekommen war. Zwölf Jahre lang hatten sie und BPL geduldig darauf gewartet, ihre Familie zu vergrößern und ein Geschwisterchen für Ranga in die Welt zu setzen. Jetzt, so empfand sie es, war ihre Aufgabe beinahe vollendet und es wäre unbedenklich, ein weiteres Kind zu haben. Nun hatte sie genügend Zeit und Energie, sich um ein Baby zu kümmern, anders als bei Tilak. Prompt wurde Freda schwanger.

Sie hatte einen weiteren prophetischen Traum, in dem sie eine tibetische Gestalt sah, die einen Jungen vor sich hielt und sagte: »Kümmere dich um ihn.« Damals kannte sie jedoch noch keine Tibeter – sie waren noch nicht aus ihrer Heimat ins Exil geflohen. Der Traum war ein Vorbote künftiger Geschehnisse.

Am 16. Januar 1946 brachte Freda ihren zweiten Sohn zur Welt, den sie Kabir nannte, nach dem viel geliebten mystischen Dichter und Heiligen aus dem 16. Jahrhundert, der vom Frieden zwischen Hindus und Muslimen und der Einheit aller Religionen predigte. Von Anfang an betrachtete Freda Kabir als ein Kind, das etwas Besonderes an sich hatte. Sheikh Abdullah schickte ein Glückwunschtelegramm aus dem Riasi-Gefängnis, wo er eine seiner zahlreichen Gefängnisstrafen verbüßte. »Ich bin sicher, dass er ein sehr hübscher Junge wird, und an seiner Stirn kann man sehen, dass er ein großer Denker und Revolutionär sein wird. Möge er ein langes, glückliches Leben haben.«

Kabir fügte sich fröhlich in die Gemeinschaft von »The Huts« ein, wo er von der Dogge Rufus (seinem *Chowkidar* – »Bewacher« –, wie BPL ihn nannte) beschützt wurde, Milch von Clarabelle, der Büffelkuh, erhielt und von Ranga umsorgt wurde. 1947, als die Unabhängigkeit näher rückte, kehrte Freda nach England zurück. Sie wollte an einer großen sozialistischen Konferenz teilnehmen und ihre Mutter besuchen, um ihr ihren zweiten Sohn vorzustellen. Am 15. August 1947, um Mitternacht, während sie in England war, wurde die indische Unabhängigkeit erklärt. Nach all ihrer Arbeit und Aufopferung hatte Freda sie paradoxerweise verpasst. Jawaharlal Nehru, Indiens führender Staatsmann und erster Premierminister, hielt eine der eloquentesten Reden der Geschichte. Er sagte: »Vor langen Jahren haben wir eine Verabredung mit dem Schicksal getroffen, und nun ist die Zeit gekommen, da wir unser Versprechen einlösen werden, nicht gänzlich oder in vollem Umfang, aber im Wesentlichen. Wenn es Mitternacht schlägt und die Welt im Schlaf liegt, wird Indien zum Leben und zu Freiheit erwachen.«

Liebend gern wäre sie dort gewesen, um mit ihrem Mann und all ihren Freunden zu feiern, aber BPL hatte sie gewarnt, sie solle besser wegbleiben. Die Spannungen zwischen Hindus und Muslimen nahmen bereits zu, und BPL sah das

Blutvergießen, das sich schon anbahnte, voraus. Er hatte ihr einen eindringlichen Brief geschrieben, in dem es hieß: »Was auch immer du tust, komm jetzt nicht zurück nach Lahore.«

Er sollte Recht behalten. Zur selben Zeit, als ein unabhängiges, freies Indien geboren wurde, entstand auch ein brandneues Land: der muslimische Staat Pakistan. Und zwar aus dem, was früher der Punjab gewesen war.

Es hatte ein Moment großer Freude und des Feierns sein sollen. Stattdessen erwachte Indien in einem Blutbad. Statt unter dem Banner der Freiheit vereint zu sein, wurde der Subkontinent abrupt auseinandergerissen – auf Grundlage der Religionszugehörigkeit. Eine massive Völkerwanderung setzte ein, mit Tausenden Muslimen, die aus Indien nach Pakistan flohen; und Hindus und Sikhs, die in die entgegengesetzte Richtung, nach Indien, unterwegs waren. Am schlimmsten betroffen war der Punjab. Lahore, die Hauptstadt (und die Heimat der Bedis wie auch das Zuhause Fredas), befand sich auf der pakistanischen Seite der Grenze, während Amritsar (der heiligste Ort der Sikhs) ein paar Kilometer weiter östlich in Indien lag.

Während Nehru seine Rede hielt, war Lahore in Aufruhr, und in den Straßen kam es zu Ausschreitungen, als Sikh- und Muslimbanden aufeinandertrafen. Am 15. August stand Lahore in Flammen. In den darauffolgenden Tagen wurde es nur noch schlimmer. Muslime, Sikhs und Hindus metzelten andere nieder, vergewaltigten und verübten Blutbäder. Züge voller Flüchtlinge, die unterwegs entführt worden waren, kamen mit Leichnamen gefüllt an ihrer Station an. Frauen wurden nackt ausgezogen und anschließend durch die Straßen geführt und zur Schau gestellt; vergewaltigt und mit den Namen ihrer Vergewaltiger tätowiert. Leichen stapelten sich an Straßenecken. Dorfbewohner wurden in Stücke gehackt, Babys verbrannt. Tempel wurden dem Erdboden gleichgemacht. Die öffentliche Ordnung brach völlig zusammen, denn die Polizei sah entweder tatenlos zu oder machte mit, je nach Religionszugehörigkeit. Der Gestank von Tod und Verbranntem erfüllte die Luft. Schätzungen zufolge wurden dabei über eine halbe Million Menschen getötet und über eine Million obdachlos.

Für Freda war es physisch, emotional, ethisch und spirituell verheerend. »Ich hatte nie das Gefühl gehabt, dass es einen Unterschied zwischen Hindus und Muslimen gibt«, sagt sie. »Wir lebten in einer Gesellschaft, die Menschen aller Religionen, Kasten und Glaubensrichtungen respektierte. Aber als der Punjab aufgeteilt wurde, machten wir die traumatische Erfahrung, dass sich zwischen Menschen Gräben und Spalten auftaten, die einem gähnenden Abgrund gleichkamen, und sie zu Gegnern machte. Es war schockierend und schrecklich für uns, die wir in einer Atmosphäre der Harmonie gelebt hatten.«

Kabir zufolge stellte sich der stets zuversichtliche BPL der Krise offen entgegen. »Vater war in Lahore, direkt an der Grenze. Er half den Menschen in beide Richtungen! Er gab sich jeweils als jemand aus, der in dem betreffenden Moment nützlich sein konnte – er sprach alle Sprachen –, und redete sich jedes Mal, wenn er beargwöhnt wurde, aus der Situation heraus.«

Eine der größten Tragödien der indischen Unabhängigkeit war die, dass die Sikhs ihre Heimat verloren – eine Ironie, die den Bedis, die sich mit Leib und Seele dem Kampf verschrieben hatten, nicht entging. Sie konnten nicht mehr in Lahore bleiben, das die *Times of India* inzwischen als »Totenstadt« bezeichnete. Nehru war selbst dorthin gereist, um sich für Frieden einzusetzen – vergeblich –, und erklärte, ihm sei »übel vor Grauen« beim Anblick Tausender, zumeist Sikhs und Hindus, die nach der Raserei des Tötens tot dalagen.

Sie packten ihre wenigen Habseligkeiten und zogen allesamt – Freda, BPL, Ranga und Baby Kabir – nach Kaschmir, dem schönen Land nördlich des Punjab. Das idealistische, romantische, einfache und gemeinschaftliche Leben in »The Huts« war vorbei. Eine neue Ära begann.

– 8 –

DAS LEBEN DANACH

IN DEN ERSTEN WOCHEN DES JAHRES 1947 zogen die Bedis in ein schönes Giebelhaus am Rande des Dal-Sees, das mit Annehmlichkeiten ausgestattet war, die in »The Huts« undenkbar gewesen waren. Nicht die Landschaft hatte sie hierhergezogen, sondern ihr guter Freund Sheikh Abdullah, der nun Premierminister des Unionsstaates Jammu und Kaschmir war. Er versprach alles, woran sie glaubten – religiöse Harmonie zwischen Muslimen, Sikhs, Hindus, Christen und Harijans (den Unberührbaren), Frauenemanzipation und eine Landreform. Sie freuten sich, ihn unterstützen zu können. In den Augen Fredas war Sheikh Abdullah geradezu ein Heiliger.

»Er ist eine Persönlichkeit wie Moses. Zusammen mit seiner Partei hat er die Kaschmiris aus der royalen Herrschaft des Maharaja, die faktisch auf Sklaverei hinauslief, zu einer verantwortungsvollen Regierung geführt und diesem begabten Volk neue Selbstachtung gegeben. Er und seine Regierung haben diesem Land, dessen Schönheit sich tragisch von der großen, beständigen Armut seiner Bauern und arbeitenden Klassen abhebt, neuen Glauben und einen neuen Ansatz gebracht«, sagte sie.

Insgeheim verfolgte Freda jedoch noch höhere Ambitionen. Mit ihrer sanft lenkenden Hand, so hoffte sie, könnten Kaschmir und der dazugehörige Staat Jammu zum Vorbild für den Rest des neuen Indiens werden, die das Modell nachbilden könnten. Es war politische Ideologie auf höchstem Niveau, ein kühner, möglicherweise arroganter Traum, der nicht von der Gier nach politischer Macht getrieben wurde, sondern von einem uneigennützigen Ideal, jene bessere, gerechtere, glücklichere Welt zu schaffen, der sie seit Oxford nachgejagt war.

Im Moment steckten ihr Held und sein Staat in großen Schwierigkeiten. Zehntausende Stammeskrieger strömten von Pakistan aus über die nordwestliche Grenze und waren wild entschlossen, Srinagar mit seinem Flughafen einzunehmen und zu besetzen. Es waren Pathanen, die wildeste islamische Kampftruppe der Welt. Aus Rache für die an ihren muslimischen Brüdern und Schwestern verübten Massaker in den Grenzgebieten vergewaltigten und plünderten sie und hackten alle Ungläubigen, die sie fanden, zu Tode. In Baramulla, einer Stadt einige Meilen flussaufwärts von Srinagar, wurden sie gestoppt, aber nicht, bevor sie die Stadt in Schutt und Asche gelegt und ihre Bewohner und Bewohnerinnen – einschließlich der irischen Nonnen im Baramulla-Kloster, eines Priesters und der Krankenschwestern im Baramulla-Krankenhaus – abgeschlachtet hatten.

Freda und BPL eilten großherzig zur Rettung herbei. »Wir beschlossen, dass wir in Kaschmir am nützlichsten sein konnten und unsere Kraft dort, wo unsere Freunde in Gefahr waren, einbringen sollten, in einen Kampf, den wir im Grunde schon seit sehr vielen Jahren führten«, sagte Freda. »Seit unserer Heirat im Jahre 1934 war es uns nie vergönnt gewesen, unter den damaligen politischen Bedingungen in Indien ein besonders sicheres Leben zu führen, und wir hatten gehofft, dass wir mit der Unabhängigkeit die Gelegenheit erhielten, eine solide, konstruktive Arbeit zum Aufbau eines freien Indiens zu tun, zusammen mit so vielen Millionen unserer Landsleute. Aber es lag noch eine Strecke voller Gefahren und Schwierigkeiten vor uns, die überwunden werden mussten.«

Anspannung lag in der Luft. Kaschmir balancierte gefährlich nah am Abgrund, während es mit der Entscheidung rang, wo es sich einordnen sollte – ob es sich mit den Muslimen im neu gegründeten Pakistan zusammentun oder sich Indien anschließen sollte. Das Tauziehen war nervenaufreibend, leidenschaftlich und brutal.

Freda gab in einem Brief an Olive zu, wie erbarmungslos es war. »Es war eine neue Welt, erschütternd und inspirierend zugleich. Wie du dir vorstellen kannst, war die Situation aufgeheizt. Die angreifenden Stämme (die durch reichlich pakistanisches Benzin, moderne Schusswaffen und einen harten Kern pakistanischer Offiziere und anderer

Männer unterstützt wurden) konnten nur wenige Hundert Meter vor Srinagar von den ersten indischen Truppen aufgehalten werden, die in letzter Minute eingeflogen worden waren. Wir schlugen in unserem neuen Haus in Srinagar mehr oder weniger unser Lager auf, zusammen mit unserer Dogge, dem Familienhund, der dieselbe Farbe hat wie ein junger Löwe und auch so aussieht.«

Freda machte sich sofort daran, die chaotische, gefährliche Situation wieder in Ordnung zu bringen:

»Das Erste, was Mummy tat, als wir in Kaschmir ankamen, war, eine Gruppe zusammenzutrommeln und zur Kirche zu gehen, um dort aufzuräumen. Ich war bei ihr. Statuen waren verunstaltet worden und lagen zertrümmert da. Sie kniete sich hin, um das Blut vom Boden und von den Wänden zu entfernen. Die Plünderer hatten Macheten benutzt – überall war Blut. Das Entsetzen darüber trieb sie nur noch mehr an«, erinnert sich Ranga, der damals vierzehn Jahre alt war.

Als Zweites eilte Freda den vielen Flüchtlingen zu Hilfe, die täglich in einem ständigen Strom des Elends ankamen. »Flüchtlinge strömten nach Srinagar aus allen feindlich besetzten und umkämpften Gebieten; einige wenige mit ein paar armseligen Habseligkeiten, die meisten nur mit dem, was sie auf dem Leib trugen, und diese zumeist baumwollene Sommerkleidung war angesichts des nahenden Winters völlig unzureichend. Allein in der Stadt Srinagar waren es an die 17.000, keine geringe Zahl in Anbetracht dessen, dass sie während dieses langen, trostlosen Winters – dem schlimmsten seit vierzig Jahren, wie es der Zufall wollte – untergebracht, ernährt und bekleidet werden mussten. Es schneite drei volle Monate. Weil der einzige verbliebene Pass zugeschneit war, waren wir komplett abgeschnitten und kein Flugzeug konnte landen.«

Freda konzentrierte sich auf die Frauen und Kinder, richtete 23 Nothilfezentren ein und rekrutierte eine Gruppe junger Kaschmiri-Frauen als Helferinnen. »Wir alle verhielten uns wie ältere Schwestern für Tausende Kinder und Frauen, die in der furchtbaren Kälte nicht nur körperliche Entbehrungen erlitten, sondern oft auch seelische Qualen durchgemacht hatten, wenn Angehörige und Kinder auf dem elenden Treck in sicheres Gebiet getötet, entführt worden oder verloren gegangen waren«, sagte sie. »Es war eine anstrengende Arbeit – Zeit zum Durchatmen gab es nicht.«

Ranga war Zeuge dessen, was seine Mutter durchlebte. »Es war ein Albtraum. Völliges Chaos. Alles hatte zugemacht, auch die Schulen. Mummy arbeitete rund um die Uhr, verließ morgens um sieben das Haus und kam abends gegen zehn nach Hause. Sie organisierte alles: die Lager, Nahrung, Medikamente, Zelte. Freiwillige kamen von überall her und Mummy organisierte auch sie. Sie war absolut zupackend.«

Freda war nicht die einzige namhafte Engländerin, die Flüchtlingen half. Edwina Mountbatten, die Frau des letzten Vizekönigs von Indien, arbeitete nach der Unabhängigkeit unermüdlich mit den Vertriebenen und Verwundeten und auch sie erschien an Fredas Seite. Sie zeigte sich tief erschüttert von dem, was sie in Srinagar sah, war aber voller Bewunderung beim Anblick der Frauen, die sich in der Hilfsaktion engagierten. »Es ist immer so, dass aus Schlechtem Gutes entsteht, und zweifellos hat diese Krise Frauen dazu gebracht, ihre Rolle in den Angelegenheiten ihres Landes voll und ganz auszufüllen, wozu sie sonst Jahre der Entwicklung gebraucht hätten«, schrieb Freda in einem Brief an Sheikh Abdullah.

Edwina Mountbatten und Freda Bedi waren sich in ihren Anschauungen und ihrer Mission offensichtlich einig. Edwinas nächster Schritt trug die Handschrift von Fredas Überzeugungskraft. Zurück in Delhi überredete sie Nehru (dem sie besonders nahestand), den Kaschmir-Flüchtlingen mehr staatliche Hilfe zukommen zu lassen, was er auch tat. Freda scheute sich nie, ihre Kontakte zu den Mächtigen zu nutzen, um ihre Ziele zu erreichen – eine Eigenschaft, die sich für den Rest ihres Lebens immer wieder zeigte.

In Srinagar hatte man zwar die marodierenden Horden der Stammeskrieger davon abgehalten, bis zu seinen Toren vorzudringen, doch sie waren nie weit weg und drohten, auf die schlimmste nur vorstellbare Weise bestialisch zu töten und zu verstümmeln. Freda war besonders verwundbar. BPL war weit weg in Delhi und arbeitete daran, die seit dem Krieg stillgelegten Handelsverbindungen und die Infrastruktur wiederherzustellen, die für die Wirtschaft Kaschmirs lebenswichtig waren. So war sie mit Ranga und Kabir allein, mit Rufus, der Dogge, als einzigem Schutz.

Um sich und ihre Familie zu verteidigen, tat Freda das Undenkbare. Sie griff zu den Waffen und schloss sich einer Frauenmiliz an – dem Women's Self Defence Corps –, gegründet von einigen kämpferischen Mitgliedern der Kommunistischen Partei, die mit Sheikh Abdullahs National Conference Party verbunden war. Angesichts der unzähligen Frauen, die um sie herum vergewaltigt, entführt und getötet wurden, verlangten sie, ausgebildet zu werden und Waffen zu erhalten. Für Freda, eine Gandhi-Anhängerin, war das ein radikaler, aber notwendiger Schritt. Sie verbrachte Stunden auf dem Exerzierplatz, lernte mit einem Gewehr zu schießen und eine Granate zu werfen, zusammen mit siebzig anderen Frauen, Freiwillige aus allen Schichten, die sich dazu verpflichtet hatten, nicht nur sich selbst, sondern auch die Bürger und Bürgerinnen von Srinagar zu schützen. Diese Schwesternschaft brach mit allen kulturellen, sozialen und historischen Traditionen auf dem Subkontinent, wo Frauen den Konventionen entsprechend eine gefügige Rolle einnahmen (zumindest in der Öffentlichkeit). Es war ein »Knüller« und mit Stolz wurde in *The People's Age* darüber berichtet, einer Zeitung, für die auch BPL schrieb.

»Zum ersten Mal wird auf dem Boden Indiens eine Armee von Frauen aufgebaut, die im Umgang mit dem Gewehr und anderen modernen Kriegswaffen ausgebildet sind. Die Frauen von Kaschmir bilden als erste in Indien eine Frauenarmee, die geschult darin ist, ein Gewehr zu benutzen.

Durch ihr Beispiel haben sie indische Geschichte geschrieben, unsere Brust mit Stolz erfüllt und das Banner unseres Landes unter den großen Nationen der Welt höher erhoben.«

Das Geschriebene entspricht in all seinen Merkmalen der kommunistischen Rhetorik BPLs und beinhaltet damit einhergehend das Versprechen, die Frauenemanzipation zu verwirklichen.

Nehru kam, um das Women's Self-Defense Corps zu inspizieren, und Pressefotos zeigen Freda selbstsicher aufrecht stehend mit dem Gewehr in der Hand, das einzige weiße Gesicht in einem Meer von dunkleren Gesichtern. Das Training nahm zwar Stunden ihrer kostbaren Zeit in Anspruch, aber am Ende brauchte sie doch niemals jemanden zu erschießen.

Anfang 1949 beruhigte sich die Lage etwas. Am 1. Januar war im Anschluss an die Verurteilung der Kaschmirkrise durch die Vereinten Nationen ein Waffenstillstand vereinbart worden. Der Maharaja, Hari Singh, war geflohen, und sehr zu Fredas Freude lebten Hindus, Muslime, Sikhs, Harijans und Christen zusehends friedlich Seite an Seite, zumindest in der Hauptstadt. In den nächsten Jahren machten sich Freda und BPL daran, eine neue »aufgeklärte« Gesellschaft aufzubauen. »Kaschmir mit seiner sozialistischen Regierung und seinen jungen Führungspersönlichkeiten kann Indien leiten und dieses leidgeprüfte Land wieder aufbauen. Ich habe großes Vertrauen in Kaschmir und liebe es auch. Es ist wunderschön, reich an Begabungen und natürlichen Ressourcen«, schwärmte sie.

Zum ersten (und letzten) Mal verdiente BPL ein regelmäßiges Gehalt – angestellt in verschiedenen Funktionen von Sheikh Abdullahs Regierung. Fredas Leistungsspektrum war enorm. Sie setzte nicht nur ihre Arbeit mit den Flüchtlingen fort, sondern gründete auch eine Schule für die Kinder arbeitsloser Hausboot- und Haushaltsbediensteter, also jene Klassen, die der Wegfall des lukrativen Fremdenverkehrs hart getroffen hatte, und verschaffte ihnen eine technische Ausbildung. Sie freute sich, dass die Ausbildung dort mit einer monatlichen Bargeldzahlung für jedes Kind verbunden war, sodass die schwer getroffenen Familien etwas zu essen kaufen konnten.

Sie und BPL schrieben auch mehr als neunzig Schul- und College-Lehrbücher um. »Kaschmir war der erste Teil Indiens, der sein Lehrmaterial umgestaltet hat, damit die Bücher in die neue Welt und das neue freie Indien passten, in dem unsere Kinder jetzt leben«, sagte sie stolz.

In einer kurzen Atempause von ihrer schweren Arbeitsbelastung wurde Freda erneut schwanger. Das Motiv hinter dem Entschluss, ein weiteres Kind zu bekommen, war jedoch nicht mütterliche Sehnsucht, sondern die Überlegung, dass Kabir sich allein fühlen könnte. Sie schrieb an Olive: »Die neueste Familiennachricht ist, dass wir Anfang September eine Schwester (endlich eine Schwester) für die Jungen erwarten. Ein Baby mitten im heutigen Kaschmir in die Welt zu setzen ist wirklich keine kleine Aufgabe, aber Kabir braucht jemanden in seinem Alter und es gibt einen schönen Garten, in dem man sich entspannen und manchmal die Streitereien und das Elend der Welt vergessen kann. Also mache ich weiter und nähe Babykleidung. Der schlanke Ranga mit seinen braunen Augen und dem schwarzen Haar ist jetzt Schulsprecher an der Hadow-Schule und macht nächstes Jahr seinen Abschluss. Kabir ist im Kindergarten.« (Woher Freda wusste, dass ihr ungeborenes Baby ein Mädchen war, ist nicht bekannt.)

Am 15. September 1949 brachte Freda ein Mädchen zur Welt. Sie nannten sie Gulhima (abgekürzt Guli), was »Schneerose« bedeutet, ein passender Name, so dachte Freda, für ein Kind, das in jenem Himalaya-Tal geboren wurde, das für seinen Schnee, seine Blumen und seine Gärten berühmt ist. »Sie ist ein fröhliches, unabhängiges kleines Wesen mit goldenem Haar und schwarzen Augen«, sagte sie.

Da Mutterschaft für sie nie ein Grund gewesen war, ihre Berufung zu vernachlässigen, war Freda schon im nächsten

Jahr wieder bei der Arbeit, diesmal als Mitglied des Ausschusses für Studien in Englisch und Philosophie an der neu gegründeten Universität von Jammu und Kaschmir. Im Herbst 1950 übernahm sie zusätzlich die Rolle einer Gastprofessorin an dem zukunftsweisenden College, das in Srinagar speziell für Kaschmiri-Mädchen gegründet worden war, die ihren Bachelor-Abschluss machen wollten. Sie arbeitete bis spät in die Nacht und benotete fleißig alle Arbeiten.

»Wir hoffen, dass wir bis zum Sommer 1952 unsere ersten Absolventinnen heranbilden können. 160 Mädchen studieren am College, was für einen Teil der Welt, in dem früher alles getan wurde, um Frauen von höherer Bildung abzuhalten, eine recht gute Zahl ist«, sagte sie.

Doch es stand noch mehr Arbeit an. 1950 kam es in ganz Nordindien zu furchtbaren Überschwemmungen. Freda wurde Sekretärin des Fluthilfe-Komitees der Regierung für Srinagar und seine Vororte. Im selben Jahr erkrankten Kabir und Guli an Keuchhusten. Trotz alledem konnte Freda immer noch Positives sehen. »Über Bergen und Seen liegen überall geheimnisvolle Nebelschleier und Farben. Am Rande eines der größten Vulkane der Welt zu leben hat auch seine Vorteile«, schrieb sie Olive.

Auch für ein gesellschaftliches Leben blieb genügend Zeit. Freda war in ganz Kaschmir hoch angesehen, und mit ihren Verbindungen wurden die Bedis zu einem gefeierten Paar, das viele Cocktailpartys der High Society besuchte.

»Mrs. Bedi war eine ganz reizende, auffallend gut aussehende Frau, sehr bescheiden und im ganzen Kaschmirtal wohlbekannt«, sagte Pran Nath Jalali, eine Mitschwester im Women's Self-Defence Corps, zu deren Freundeskreis die Bedis zählten. »BPL war ein sehr lustiger Mensch, ein unbekümmerter Typ. Ich sah ihn nie grübeln. Man konnte ihn jederzeit ansprechen und war willkommen.«

Das Haus der Bedis mit seinen schönen Gärten, die an den Dal-See grenzten, dessen Tür stets anderen offenstand, wurde zum Anziehungspunkt für viele Geschäftsleute, internationale Reisende, Pädagogen und Pädagoginnen, Journalisten und Journalistinnen gleichermaßen, darunter auch die berühmte amerikanische Fotojournalistin Margaret Bourke-White vom bekannten *Life* Magazin. »Sie war eine Dame mittleren Alters, die ständig am Telegrafen hing, damit sie ihre Story bekam«, erinnerte sich Ranga.

Trotz ihres außerordentlichen Arbeitspensums, zu dem noch Mann und Kinder hinzukamen, verfolgte Freda weiterhin ihre spirituelle Suche und versuchte, einen Weg zu finden, der all ihre tiefsten Sehnsüchte nach letztendlicher Wahrheit und Freiheit erfüllte. Ihre Suche war außergewöhnlich akribisch. Ihrer nicht-sektiererischen Neigung folgend beschloss sie, sich nacheinander jeweils gründlich mit einer Religion auseinanderzusetzen. Ein Jahr lang praktizierte sie den Islam, betete fünfmal am Tag und hielt die Feiertage ein. Als ein kanadischer jüdischer Professor und seine Frau Kaschmir besuchten, studierte sie das Judentum mit einer in grünes Leder eingebundenen Thora, die sie ihr schenkten. Danach hielt sie die hinduistischen Fastentage ein und studierte die Götter; Shiva, Ganesh, Krishna – alle waren für sie gleich wichtig. Und natürlich machte sie sich gründlich mit dem Sikhismus vertraut, der Religion der Vorfahren ihres Mannes.

Eines Tages traf sie in Srinagar einen tibetisch-buddhistischen Lama, Oberhaupt eines ladakhischen Klosters, der zu Besuch gekommen war. Es war nur eine kurze Begegnung, aber etwas löste einen tiefen Widerhall in Freda aus. »Sie spürte, dass er irgendwie etwas Besonderes war. Für mich blieb davon nur eine verschwommene Erinnerung an eine Robe«, sagte Kabir.

1951 hing die heikle politische Frage der Volksabstimmung, in der die Bevölkerung von Kaschmir entscheiden sollte, ob sie sich Pakistan anschließen oder zu Indien gehören wollte, drückend in der Luft. Freda war hin- und hergerissen: Sie glaubte zwar an das Recht des Volkes zu wählen, war aber entschieden gegen die pakistanische Propaganda mit ihrem

Aufruf zur islamischen Separation und den Massakern, die ihren Befürchtungen nach darauf unwiderruflich folgen würden, mit Hindus und Sikhs als Verlierern.

»Es wird einen harten Kampf geben, wenn – und für den Fall, dass – eine Volksabstimmung stattfindet. Die andere Seite benutzt hinterhältige Mittel – einen Appell an religiösen Fanatismus und Hass, der immer Gehör findet. Wir dagegen kämpfen mit sauberen Händen. Als Demokratin bin ich zufrieden, wenn Kaschmir abstimmt und die Richtung einschlägt, die es selbst will, aber ich weiß, dass ein pakistanischer Sieg ein Massaker und eine Massenabwanderung von Hindus und Sikhs bedeuten würde – und damit will ich ganz und gar nicht konfrontiert werden. Gott bewahre, dass das passiert«, sagte sie.

Zum ersten Mal ließ sie den Anflug einer antikommunistischen Haltung erkennen. »Ich habe das Gefühl, dass die britische Presse – mit Ausnahme unseres Freundes Norman Cliff vom *News Chronicle* – für Pakistan ist, und obwohl mir klar ist, dass Pakistan und die Ölinteressen im Nahen Osten verknüpft sind, halte ich das für eine große Ungerechtigkeit gegenüber Kaschmir. Obwohl in einer sehr brutalen Invasion und mit viel Propaganda von pakistanischer Seite aus versucht worden ist, dem Staat eine kommunistische Einstellung einzuimpfen, hat er doch tapfer an seinen demokratischen Ideen festgehalten und diese sehr kriegsgebeutelte hungrige Welt aufgebaut.«

BPL trug tapfer seinen Teil dazu bei, die Gegenpropaganda voranzutreiben (eine Rolle, die ihm von Sheikh Abdullahs Regierung übertragen worden war), indem er unablässig Werbung und Artikel produzierte, sowohl in Delhi als auch in Kaschmir. Doch eines Tages im Jahr 1952 ging etwas katastrophal schief. BPL hatte einen heftigen Streit mit seinem alten Freund Sheikh Abdullah, der gerade eine Rede zur Ratifizierung der Volksabstimmung halten wollte.

Kabir sagte: »Mein Vater warnte ihn, Indien werde einen solchen Schritt niemals akzeptieren und Sheikh Abdullah ins Gefängnis stecken. Er fürchtete auch, dass eine Volksabstimmung die bestehende Spaltung des Staates vertiefen und das Werk zunichtemachen könnte, das er, Mummy und andere in den prekären ersten Jahren sorgfältig aufgebaut hatten, um Eintracht zu fördern und die Lebensbedingungen *aller* Menschen zu verbessern. Kaschmir hatte zwar eine massive muslimische Mehrheit, aber auch antipakistanische Stimmungen waren dort sehr ausgeprägt. Genau daran hat mein Vater gearbeitet, vor allem mit seiner Gegenpropaganda. Letztendlich waren sein Engagement und seine Hoffnung darauf gerichtet, dass Kaschmir an das säkulare Indien mit seinen demokratischen Prinzipien angeschlossen würde. So endete die beste aller Freundschaften leider in einer erbitterten Auseinandersetzung.«

Direkt nach seinem Streit mit Sheikh Abdullah ging BPL nach Hause, sorgte dafür, dass die Familie alles zusammenpackte und innerhalb von 24 Stunden mit all ihrem Hab und Gut nach Delhi zog. Er konnte nicht länger in einem Kaschmir bleiben, das nach seiner Einschätzung auf Probleme zusteuerte, und weiterhin in den Diensten eines Mannes bleiben, an dessen Politik er nicht mehr glaubte. Seine Vorhersage war richtig. 1953 wurde Sheikh Abdullah als Premierminister abgesetzt, wegen Verschwörung gegen den Staat verhaftet und für elf Jahre ins Gefängnis gesteckt. In Delhi ersuchte BPL unablässig in Petitionen um seine Freilassung.

Es war ein unschöner Abschied von dem Kaschmir, das sie liebten und dem sie über fünf Jahre lang gedient hatten, und er schmeckte bitter nach Groll. Dennoch war Freda stolz auf das Erbe, das sie hinterlassen hatte.

»Es ist viel getan worden, um das feudale Gesicht dieser traditionell rückständigen Gegend zu verändern. Das Recht auf den Boden wurde denjenigen zugesprochen, die das Land bestellten, auswärtige Grundbesitzer waren nicht mehr zulässig. Grundbesitzern wurden jeweils 22 Morgen Land, ihre Obstgärten und ihre Bäume gelassen, damit sie ein zwar anständiges, aber nicht ausbeuterisches Leben führen konnten. Der Handel wurde in Warenhäusern organisiert, die inzwischen dank der Arbeit BPLs in ganz Indien zu finden sind und den begabten Künstlern und Kunsthandwerkern Kaschmirs dringend benötigte Einnahmen bringen. Für Bildung wurde ein größerer Teil des Staatshaushaltes aufgewendet als in fast jedem anderen Teil Indiens. Wir haben ein sehr dynamisches Bildungsministerium, haben bürokratische Hürden abgebaut und erledigen anstehende Aufgaben viel schneller. Ein Plan zur Errichtung von Jugendherbergen, Erholungszentren und Jugendcamps wurde ebenfalls auf den Weg gebracht.«

Sie hätte noch viele weitere Errungenschaften auf ihre Liste setzen können, nicht zuletzt ihre Pionierarbeit für die Gleichberechtigung der Frauen.

Freda und BPL haben in Kaschmir sicherlich ihre Spuren hinterlassen, aber die strittige Frage, zu wem es gehörte wurde nicht geklärt – und der Konflikt dauert bis heute an.

Wieder einmal begaben sich Freda und ihre Familie ins Ungewisse.

Die hier aufgeführten Daten sind ungefähre Angaben.

Alle hier gezeigten Fotos, sofern nicht anders genannt: Archiv der Familie Bedi

1948. Freda trägt als Mitglied des Women's Self-Defence Corps in den blutigen Nachwehen der Teilung eine Waffe – ein radikaler Schritt für eine Verfechterin der Gewaltlosigkeit. Auf dem Bild zu sehen mit Ranga, Kabir und der Dogge der Familie, Rufus.

1946. Die Söhne Kabir und Ranga mit ihrer Mutter auf den Wiesen von Lahore in der Umgebung rund um die Stroh- und Lehmhütten, in denen die Familie bis zur Unabhängigkeit ein naturverbundenes Leben führte. Freda war im Himmel.

Zurück in England, stellt Freda Kabir ihrer Mutter Nellie und ihrem Bruder John vor.

1950. Der erste Auftritt von Gulhima – »Schneerose« –, Fredas Tochter, geboren am 15. September 1949 in Kaschmir. Hier auf dem Bild mit ihrem Bruder Kabir vor ihrem für ihre Verhältnisse eher konventionellen Haus.

1960. Freda, BPL, Kabir und Guli auf den Stufen der kleinen Wohnung in Delhi mit frisch »adoptierten« Familienmitgliedern, Chögyam Trungpa Rinpoche und Akong Rinpoche, die Freda in einem der Flüchtlingslager gefunden hatte. Sie lebten mehrere Jahre lang zusammen.

1961. Freda, immer noch eine berufstätige Frau, in Delhi mit ihren beiden Lieblingsschützlingen: Chögyam Trungpa Rinpoche (links) und Akong Rinpoche (rechts).

1963. Die Young Lamas Home School, Dalhousie, Indien. Freda mit den reinkarnierten tibetischen Lamas, die sie in moderner Geschichte und Englisch unterrichtete, damit sie den Buddhismus in die Welt tragen konnten. (Mit freundlicher Genehmigung von Faith Grahame)

1963. Eine der vielen westlichen Freiwilligen unterrichtet draußen vor der Young Lamas Home School, Dalhousie, Indien.

1963. »Mit meinem Lama-Sohn, Trungpa Tulku.« Freda, immer noch in Laienkleidung, mit Chögyam Trungpa Rinpoche.

1966. Die Familie Bedi, Freda nun in ihren buddhistischen Gewändern und mit rasiertem Kopf. Der Übergang ist vollzogen.

- 9 -

WENDEPUNKT

DER ABRUPTE UMZUG von ihrem Haus am See mit den schneebedeckten Bergen im Hintergrund in das Gewimmel der heißen, staubigen, schmutzigen Stadtlandschaft Delhis war ein harter Schock. Die Bedis waren mittellos, obdachlos und ohne Arbeit. Außerdem musste Freda sich um die vierjährige Guli und den sechsjährigen Kabir kümmern. Ranga war bereits in Delhi und studierte Geschichte und Wirtschaft am St. Stephen's College.

In ihrer Not griffen die Bedis zunächst auf die bewährte Praxis des Zeltens zurück, statt eine Unterkunft zu kaufen oder zu mieten. Am Rande der geschäftigen Hauptstadt befand sich ein ummauertes Gelände, etwa fünf Morgen groß, das einer Freundin von Freda, der Weißen Maharani von Patiala (im Punjab), gehörte. Ein Teil davon wurde vom Ashoka Vihara Center, einer Mönchsgemeinschaft, genutzt, doch der Rest war offenes Gelände, zum Teil mit Ruinen. Es war sehr nach ihrem Geschmack.

Die Bedi-Zelte hatten Stil. Sie waren groß, mit Netzfenstern, um die Moskitos abzuhalten, und schönen Kaschmiri-Teppichen auf dem Boden (eine Leihgabe der Maharani). Ihre Nachbarn bildeten einen gemischten Haufen exzentrischer, bunter Charaktere. Für Guli und Kabir war es ein magischer Spielplatz. Sie brieten Tauben über dem Gemeinschaftsfeuer und schlossen Freundschaft mit allen streunenden Hunden. Als Erwachsene gaben sie zu, dass ihre Kindheit zwar unsicher, sogar gefährlich gewesen sein mochte, aber nie langweilig.

Arbeit zu finden war die nächste Notwendigkeit. Nach seiner Erfahrung in Kaschmir behauptete BPL, er sei nicht in der Lage, unter jemandem zu arbeiten. Er war jedoch stets optimistisch, dass das Leben für sie sorgen würde. Dann machte er sich daran, die mystische Poesie von Guru Gobind Singh (dem letzten der zehn Sikh-Gurus) und Bhai Nand Lal (einem Dichter des Punjab aus dem 17. Jahrhundert, der auf Persisch und Punjabi schrieb) ins Englische zu übersetzen und östliche Religionen zu erforschen.

Wieder einmal fiel Freda die Rolle der Hauptverdienerin zu. Sie hätte sich eine der hoch bezahlten politischen Spitzenpositionen aussuchen können (ihr Lebenslauf war beeindruckend, sie genoss ein enormes Ansehen und hatte hervorragende Verbindungen). Stattdessen entschied sie sich für eine Tätigkeit für die Regierung als Redakteurin von *Social Welfare*, dem Organ des Central Social Welfare Board, der Zentralen Behörde für Sozialfürsorge, die zum Bildungsministerium gehörte. *Social Welfare* wurde auf Englisch geschrieben und ins Hindi übersetzt, um so viele Menschen wie möglich zu erreichen. Sie wählte mit ihrem Herzen – immer noch wollte sie den Armen und Bedürftigen helfen. Die Bezahlung war zwar gering, aber mit ihrer Tätigkeit hatte sie das Recht auf eine Wohnung für Staatsbedienstete.

»Sie war furchtbar«, sagte Kabir. »Sie lag in einer Kolonie am Stadtrand – mit einer Terrasse, auf der wir schliefen, und einem sehr billigen fleckigen Zementboden. Wir waren alle eingepfercht – Mummy, Papa, Guli, ich, Großmutter, die inzwischen bettlägerig war, und die Dogge. Die Ironie war, dass Papa sich einen großen gebrauchten Packard angeschafft hatte, den er über alles liebte (angeblich hatte er einmal Gandhi gehört). Aber er hatte kein Geld, um ihn zu reparieren oder zu warten, also stand der Packard einfach draußen auf der Straße. Er baute auch einen Hühnerstall im Hinterhof, damit er einen frischen Vorrat an seinen geliebten Eiern hatte. Ich erinnere mich, dass Mummy eines Tages nach Hause kam und kein einziges Huhn im Hof vorfand. ›Bedi, wo sind die Hühner?‹, fragte sie. ›Freda, eines von ihnen ist krank geworden und ich musste sie alle töten!‹, antwortete er. Dann bemerkte sie, dass die Küche voller Gläser mit Chicken Pickles war, und wusste sofort Bescheid. Papa machte die besten Chicken Pickles, die man sich vorstellen kann.«

Abermals war Fredas Arbeitspensum immens. Sie war dafür zuständig, die zahlreichen Sozialprogramme auf dem gesamten Subkontinent zu koordinieren und darüber zu berichten. Das bedeutete, dass sie von Kerala im südlichsten Zipfel bis nach Himachal Pradesh im Norden reiste, um neue Projekte zu betreuen, die sie mit ins Leben rief, und um eine Gruppe von freiwilligen Sozialarbeitern und Sozialarbeiterinnen anzuleiten. Die Arbeit war anspruchsvoll und sie liebte sie.

»Ich lege immer besonderen Wert darauf, durch die Dörfer zu unseren abgelegeneren sozialen Hilfsprojekten zu wandern, um die Probleme der Dorfbewohner aus erster Hand zu verstehen. Mein Ziel ist es, die Alphabetisierung der Frauen zu fördern, ihnen kunsthandwerkliche Tätigkeiten beizubringen, mit Informationen über Geburtshilfe und Kindererziehung zur Seite zu stehen und sie beim Betreiben von Kindergärten und Kinderfreizeitgruppen zu unterstützen. Eine solche Arbeit wird überall gebraucht, da sie das einfache Dorf, den Grundpfeiler der indischen Wirtschaft, fördert«, sagte sie.

»In einem Jeep zu fahren ist holprig, macht aber auch viel Spaß. Ich werde das Gefühl nicht los, dass es im Vergleich wichtiger ist zu sehen, was an Orten passiert, zu denen die ›Großen‹ der Welt nur selten vordringen, als die größeren und viel besuchten Einrichtungen in den Städten zu besuchen.«

Kabir, der Freda manchmal auf diesen Ausflügen begleitete, bemerkte: »Mummy hatte mehr als ein soziales Gewissen, alle lagen ihr wirklich am Herzen. Sie wurde ein Teil ihres Lebens und half den Leuten immer wieder. Sie sah ihre guten Eigenschaften. Ihre Arbeit als Redakteurin von *Social Welfare* war viel mehr als Journalismus. Ihre Texte wurden zu einem Protokoll der sozialen Verhältnisse in ganz Indien und zu einem Sprachrohr für sozialen Wandel und Ermutigung.«

Auf diesen enormen Arbeitseinsatz, noch einmal eine weitere Karriere aufzubauen, und die heroische Leistung, ihre Familie aufs Neue an eine andere Lebensweise zu gewöhnen, sollte eine drastische Veränderung folgen. 1953, kurz nach ihrer Ankunft in Delhi, entsandte Nehru Freda als indische Repräsentantin einer UNESCO-Mission nach Burma (heute

Myanmar). Zum ersten Mal in ihrem Leben fand sich Freda in einem reichen buddhistischen Land wieder. Das wirkte sich umgehend und durchschlagend auf sie aus. Umgeben von Hunderten Pagoden und Tausenden Mönchen, die in safranfarbenen Roben durch die Straßen zogen, hatte sie sofort das Gefühl, nach Hause gekommen zu sein.

»Als ich den Fuß auf diesen Boden setzte und den Goldenen Tempel und die Mönche mit ihren Bettelschalen sah, hatte ich plötzlich ein Déjà-vu. Ohne viel vom Buddhismus zu verstehen, wusste ich: Das ist *Der Weg*, das ist es, wonach ich gesucht habe. Ich habe es alles gesehen«, sagte sie. Freda war 42 Jahre alt. Ihre lange, unablässige Suche nach ihrem wahren spirituellen Weg war endlich vorbei. 38 Jahre hatte diese Suche gedauert, seit jenen Tagen, als sie erstmals vor der Schule in ihrer örtlichen Kirche in Derby gesessen und versuchte hatte zu meditieren. Seltsamerweise war sie trotz ihrer bemerkenswerten Bemühungen und ihrer Gründlichkeit beim Suchen und Ausprobieren der großen religiösen Traditionen der Welt noch nie zuvor auf den Buddhismus gestoßen, obwohl der Buddha in Indien geboren worden war, dort gelehrt und die Erleuchtung erlangt hatte. Seine Botschaft hatte sich dort über zweitausend Jahre gehalten, bis die Moguln im 16. Jahrhundert einfielen. Sie waren turko-mongolischer Abstammung und drangen von Zentralasien her ein, zerstörten die berühmte Nalanda-Universität, die als größtes Zentrum der Gelehrsamkeit in Asien galt, und setzten die größte buddhistische Bibliothek der alten Welt in Brand – drei Monate lang soll sie in Flammen gestanden haben. Tausende buddhistische Mönche und Gelehrte, die in Vergessenheit geraten sind, flohen in die Himalaya-Königreiche, von wo aus sich der Buddhismus in den Fernen Osten und nach Südostasien verbreitete.

Burma konnte sich damals einiger der fähigsten buddhistischen Meditationsmeister auf dem Planeten rühmen. Freda verschwendete keine Zeit, sie aufzusuchen. Wie gewöhnlich wandte sie sich direkt nach ganz oben.

Sayadaw U Thittila Aggamahapandita war Vizepräsident der *World Fellowship of Buddhists* und sprach ausgezeichnetes Englisch. Er erklärte sich bereit, Freda acht Wochen lang persönlich zu unterrichten. Die Regeln waren streng und außergewöhnlich genau; sie verlangten von ihr, sich jedes Detail bei jeder Aktivität bewusst zu machen – beim Gehen, Essen, Zähneputzen, Schuheanziehen, Blinzeln. Jeder Atemzug wurde von achtsamem Gewahrsein begleitet. Und dann wurde das Gewahrsein selbst wiederum von Gewahrsein beobachtet.

Diese Achtsamkeit wird, wenn in der Meditation angewandt, *Vipassana*- oder Einsichtsmeditation genannt: Man wendet sich nach innen, um die innere Landschaft des eigenen Geistes zu betrachten; die Reaktionen auf emotionale, physische und mentale Erscheinungen. Diese Meditation wurde durch die Meditation der »Liebenden Güte« ergänzt, bei der man – bei sich selbst beginnend, dann fortschreitend zu Menschen, denen man neutral gegenübersteht, bis hin zu »Feinden« – eine freundlich-wohlwollende Haltung einnimmt und positive Wünsche sendet. Letztendlich führt der Prozess zum Erwachen aus dem tiefen Schlaf des Nichtwissens, in dem alle fühlenden Wesen sich befinden. Doch wenn sie den Pfad der Suche einschlagen, haben sie den ersten Schritt getan, um zum Erwachen zu gelangen.

Freda lernte schnell, indem sie ihre Meditationspraxis mit ihrem Arbeitseinsatz verband. »Ich erinnere mich, dass Sayadaw U Pandita mir sagte: ›Wenn du eine Realisation hast oder dir blitzartig etwas aufscheint, dann sitzt du vielleicht nicht auf deinem Meditationskissen vor einem Bild des Buddha. Es geschieht wahrscheinlich irgendwo dort, wo du es am wenigsten erwartest.«

Und genau das passierte. Freda hatte das, was sie ihr Erleuchtungserlebnis nennt, »während ich mit der Kommission durch die Straßen von Kyaukme, im Norden Burmas, ging. Plötzlich sah ich den Fluss der Dinge, den Sinn und Zusammenhang. Es war der erste wirkliche ›Blitz‹ des Verstehens. Ich kann nicht genau erklären, was es war, denn es war jenseits von Worten. Aber es öffnete so viele Tore und zeigte mir Dinge, die ich schon sehr lange versucht hatte zu finden«, erklärte sie. Einigen engen Freunden und Freundinnen vertraute sie an, dass ihr Damaskuserlebnis – das Erlebnis, das so eine einschneidende Wende in ihrem Leben und ihrer Einstellung bewirkte – stundenlang andauerte und von großer Glückseligkeit begleitet war.

Ein Fenster hatte sich geöffnet, ein transzendentales Fenster, das einen kurzen Blick in eine andere Realität ermöglichte. Die Nachwirkung war dramatisch: »Wir erhielten einen Anruf aus Delhi, Mummy sei zusammengebrochen und wir müssten sie sofort aus Burma nach Hause holen«, sagte Ranga. »Natürlich hatten wir kein Geld, also gingen wir zu Nehru und Indira und die besorgten dann das Flugticket, um sie nach Hause zu bringen, und einen Krankenwagen, der sie am Flughafen abholte.« An eine Fortsetzung ihrer Reise war nun nicht mehr zu denken.

»Als sie ankam, war es schockierend. Mummy erkannte niemanden. Wochenlang blieb sie im Bett und stand nur auf, um ins Bad zu gehen. Weiter ging sie nicht. Sie sprach nicht und nahm die Außenwelt nicht wahr. Sie aß das, was man ihr vorsetzte, wie ein Automat. Wenn man sie ansah, war es, als blickte man auf eine Steinmauer. Sie hat einen nie wirklich gesehen. Als wäre sie katatonisch. Es war für uns alle beängstigend – außer für Papa. Er schien überhaupt nicht besorgt zu sein. Er sagte, alles geschähe so, wie es geschehen sollte, und alles würde wieder gut. Er hatte recht. Nach etwa sechs Wochen zeigten sich bei ihr erste Anzeichen einer Besserung. Ihr Gesicht wurde ausdrucksvoller und sie begann, mit uns zu interagieren. Aber es dauerte etwa drei Monate, bis sie wieder normal war.«

Allmählich nahm sie ihre Arbeit wieder auf und versuchte, in ihr altes Leben zurückzukehren, doch sie hatte sich unwiderruflich verändert. Nach Burma hatte sie eine andere Richtung eingeschlagen und nichts sollte mehr so sein wie zuvor. Der Erste, der die Auswirkungen zu spüren bekam, war BPL.

Ihre zwanzigjährige Ehe hatte auf Liebe, intellektuellem Einklang und ihrer gemeinsamen Vision eines unabhängigen Indiens beruht. Diese Aufgabe war nun erledigt. Freda wusste mit Gewissheit, dass diese Phase ihres Lebens vorbei war. Ihr Herz und ihr Weg waren nun dem Buddha gewidmet.

Ruhig setzte sie sich zu ihrem Mann und verkündete: »Ich habe mein ganzes Leben lang gesucht, aber erst die buddhistischen Mönche konnten mir das zeigen, wonach ich gesucht habe. Ich bin von nun an Buddhistin – und ich habe ein persönliches Brahmacharya-Gelübde abgelegt.« Damit bezog sie sich auf das Enthaltsamkeitsgelübde, das spirituelle Reinheit bewirken soll.

BPL nahm die Nachricht bemerkenswert gut auf. Die Beziehung zwischen Freda und ihm hatte stets auf Toleranz und Respekt für die starke, aber unterschiedliche Persönlichkeit des jeweils anderen beruht. Und das Recht auf persönliche Freiheit war ein Grundsatz, der ihnen beiden sehr wichtig war, sowohl auf persönlicher als auch auf politischer Ebene.

Kabir erklärte: »Es war eine sehr gute Ehe. Gelegentlich gab es in unserem Haus zwar kleinere Auseinandersetzungen, aber nie ernsthaften Streit, obwohl Mummy sich über Papa ärgern konnte – zum Beispiel darüber, dass er kleine Tiere einsammelte, die dann wuchsen und sehr groß wurden. Es gab keinen Zweifel daran, dass beide füreinander jeweils die Liebe ihres Lebens waren. Papa akzeptierte Mummys Entscheidung, und soweit ich mich erinnern kann, grollte er ihr deswegen überhaupt nicht. Ich glaube nicht, dass es jemals eine spirituelle Trennung zwischen ihnen gab.«

Ein weiterer Grund dafür, dass BPL die Nachricht von Freda so gelassen aufnahm, war der, dass auch sein Innenleben in parallelen Bahnen verlief. Seit einiger Zeit ging er seiner eigenen spirituellen Suche nach und hatte ebenfalls eine Erleuchtungserfahrung gehabt. Sie trug den Stempel seiner Originalität. »Stundenlang saß er still, ohne sich zu bewegen. Er brabbelte mit Stimmen, die wir nicht verstanden. Er ging aufs Dach, stand stundenlang da und streckte seine Arme in

Richtung des Schreins eines Sufi-Heiligen aus«, sagte Kabir. »Wir riefen den Arzt, aber Papa lächelte ihn nur an. ›Das, was ich durchlebe, übersteigt Ihre Möglichkeiten‹, sagte er ihm. Der Arzt bestand dennoch darauf, ihn zu untersuchen. ›Sie werden keinen Puls finden‹, sagte Papa. Und das stimmte. Der erstaunte Arzt ging wieder.

Vater begann, Spaziergänge zu machen, entdeckte die Gräber der Sufi-Heiligen in der Gegend und sagte uns, wo sie sich befanden, sowohl solche, die als Grab gekennzeichnet waren, als auch nicht gekennzeichnete. Er begann mit dem automatischen Schreiben. Das sprach sich herum, und allmählich kamen Leute mit ihren Problemen ins Haus. Papa hörte ihnen erst zu, begann dann zu schreiben und gab ihnen schließlich Blätter mit Antworten auf ihre Probleme. Mit der Zeit wurde er regelrecht zu einem Heiler, bekannt als Baba Bedi, ein Name, den man einem heiligen Mann gibt.«

In den späten 1950er- und frühen 1960er-Jahren kamen die ersten Hippies und die Beat-Generation nach Indien. Viele fanden ihren Weg zu BPLs Tür. »Dann war das Haus voll mit wirklich seltsamen Leuten. Papa machte ihnen aber immer klar, dass er kein Heiliger sei und sich auch nicht wie einer verhalte. ›Ich werde meine Zigaretten rauchen und meinen Whiskey trinken – und mich von niemandem einengen lassen‹, sagte Papa. Nach und nach hörte er auf, automatische Botschaften zu schreiben, und begann, Worte zu sprechen, die durch ihn hindurchflossen. Zuerst waren seine Stimme und seine Sprechweise merkwürdig, aber dann entwickelte sich die Ausdrucksweise und er sprach wie er selbst«, sagte Kabir.

Die Familie bemerkte eine subtile, aber eindeutige Veränderung bei Freda nach ihrer Burma-Erfahrung. »Sie war ruhiger«, sagte Ranga. »Mummy stand immer ziemlich unter Strom und konnte ungeduldig werden, wenn jemand etwas nicht auf Anhieb begriff. Nicht, dass sie jemals barsch gewesen wäre. Nach Burma war sie ›weicher‹ und nahm sich Zeit zum Erklären. Als Vater seine religiöse Erfahrung gemacht hatte, war hinterher überhaupt keine Veränderung erkennbar.«

Das nächste Ereignis, das Schockwellen durch die Familie sandte, war, als Freda aus Gründen, die nur sie selbst kannte, Guli auf ein Internat schickte, das weit weg in Nordindien lag. Ihre Tochter war gerade mal fünf Jahre alt. Es schien nicht nur grausam, sondern auch eine schreckliche Vernachlässigung ihrer mütterlichen Pflichten zu sein und entsprach eigentlich nicht ihrem freundlichen, fürsorglichen Wesen. Außerdem tat sie es – so wirkte es zumindest – auch noch auf eine besonders brutale Weise.

Guli, heute eine hochgewachsene, ungezwungene Frau, die ihr Leben dem Unterrichten von Kindern mit besonderem Förderbedarf gewidmet hat, lebt in Nashua, New Hampshire, außerhalb von Boston, Massachusetts. Sie erinnert sich an jedes Detail des traumatischen Ereignisses. »Als Mummy mir von ihrem Vorhaben erzählte, sagte ich ihr rundheraus: ›Ich gehe nicht ins Internat!‹ Wir Kinder waren alle starke Charaktere, die man gelehrt hatte, ihre Meinung zu sagen. Sie organisierte alles sehr gut. Wir gingen oft auf Reisen, und in diesem Jahr nahm Mummy mich mit zu einer alten Freundin der Familie, Tante Mera (die dreizehn Kinder adoptiert hatte) in Nainital, in den Ausläufern des Himalaya in Uttar Pradesh. Als wir dort ankamen, fragte sie mich, ob ich die *All Saints School* sehen wollte, die in der Nähe lag und von christlichen Nonnen geleitet wurde. Ich sagte Ja. Ich erinnere mich an die Eiche im Garten, die riesig war, und ich wurde sehr munter und plauderte mit den Nonnen. Dann drehte ich mich um, um Mummy etwas zu sagen, und sie war weg. Ich war absolut niedergeschmettert. Ich weinte drei Tage lang. Die Nonnen, britische anglikanische Missionarinnen, waren sehr nett. Sie kümmerten sich wirklich um mich.«

Doch mit der Zeit lernte sie ihre Schule lieben. »Es erwies sich als eine sehr gute Erfahrung. Ich studierte die Heilige Schrift und weiß *alles* über die Bibel. Ich liebte die Kirchenlieder und die Stimmung in der Kapelle – nicht dass ich jemals das Bedürfnis gehabt hätte, Christin zu werden. Von einem Übertritt war nie die Rede! Natürlich vermisste ich meine Mutter und ich glaube, sie hatte ein bisschen Schuldgefühle. Sie schrieb mir jede Woche. Ich bekam immer einen Brief. Darauf konnte ich mich verlassen. Und wenn ich die Ferien bei der Familie verbracht hatte und anschließend wieder zurückfuhr, freute ich mich immer, in den Zug zu hüpfen, um wieder zur Schule zu gehen. Als ich älter war und Mummy nach Dalhousie zog, fragte sie mich, ob ich die Schule wechseln wollte, um in ihrer Nähe zu sein, und ich sagte Nein. Ich wollte nicht weg. Ich glaube, sie war ein bisschen sauer.«

Doch das Rätsel, warum Freda sie in so jungem Alter fortgeschickt hatte, blieb. Und es kam mit aller Macht wieder an die Oberfläche, als Guli selbst Mutter wurde. Schließlich konfrontierte sie Freda direkt damit. »Als ich zum ersten Mal selbst ein Baby hatte, verstand ich nicht, wie sie das überhaupt über sich bringen konnte. Ich war erst fünf Jahre alt, um Himmels willen! Ich schrieb ihr unverblümt: ›Was für eine tolle Mutter! Wie konntest du nur mit all deinen spirituellen und religiösen Überzeugungen dein Kind im Stich lassen?‹ Sie hat es nie wirklich zugegeben. ›Ich habe deinen Brief erhalten – danke‹, war ihre einzige Antwort.

Später antwortete sie mir richtig, persönlich. ›Du hast nie verstanden, warum ich dich ins Internat geschickt habe. Ich habe viele Jahre lang im sozialen Bereich gearbeitet und wurde Zeugin der absoluten Tragödie junger Mädchen, die von Dienstboten und Familienmitgliedern sexuell belästigt wurden. Dein Vater war ein liebevoller Mann, aber er hat diese Dinge nicht verstanden. Ich hatte Angst, er würde dich allein lassen, wenn ich nicht da war, um dich zu beschützen. Das ist der Grund, warum ich dich ins Internat geschickt habe.«

Guli akzeptierte die Argumentation ihrer Mutter vollkommen. »Ich habe es verstanden. Bis dahin waren mir selbst schon viele Fälle von misshandelten Kindern begegnet. Zum Glück wurde ich nie sexuell missbraucht.«

Nach außen hin ging das Leben in Delhi für den Bedi-Haushalt wie gewohnt weiter: Freda arbeitete rund um die

Uhr, BPL schrieb freiberuflich, die beiden jüngeren Kinder wurden in ihren jeweiligen Schulen unterrichtet, Ranga war inzwischen erwachsen und ging seiner gewählten Karriere im Teeanbau nach. Wie immer war das Geld beängstigend knapp und die Lebensumstände der Familie waren chaotisch.

»Ich hatte nie ein festes Elternhaus. In Delhi zog die Familie von Regierungswohnung zu Regierungswohnung, sodass ich bei der Rückkehr aus dem Internat nie wusste, wo ich wohnen würde. Die längste Zeit, die ich irgendwo blieb, war ein Jahr«, sagte Guli. »Und wir waren immer knapp bei Kasse. Mein Vater war ein wundervoller Mann, aber er hatte diese Nach-mir-die-Sintflut-Einstellung ›Das Geld wird schon kommen‹. Er war ein echter Freigeist und der optimistischste Mensch, den ich je getroffen habe. Er war superklug, charismatisch und hatte eine starke Ausstrahlung. Ich konnte verstehen, warum Mummy sich in ihn verliebt hatte. Papa hat in seinem Leben nie eine verantwortungsvolle Rolle übernommen. Jetzt würde ich ihm gern mal einen kleinen Tritt versetzen.

Dann schaue ich mir Mummy an. Sie musste das Schulgeld bezahlen und uns ernähren. Mummy musste so hart arbeiten. Ich weiß nicht, wie sie das geschafft hat. Ihr Leben war *wirklich* beschwerlich – es war kein Zuckerschlecken. Ich erinnere mich an ein Jahr, in dem ich mir zu Weihnachten – Weihnachten feierten wir immer – ein Malset wünschte, ich wollte es unbedingt haben. Es kostete fünfzig Rupien. Mummy sagte, dass sie es sich nicht leisten konnte. Ich weinte. Noch nie hatte ich gehört, wie sie sagte, sie hätte kein Geld. Aber als dann Weihnachten herankam, lag das Malset unter dem Baum. Die Strapazen, die sie durchstehen musste ... «, sagte Guli.

»Sie waren sehr liebevolle Eltern, und uns wurde beigebracht, jeden zu lieben. Sie führten ein sehr freigebiges Haus. Was immer sie hatten, gaben sie. Eines Tages kamen wir nach Hause und mussten feststellen, dass Einbrecher uns beraubt hatten. Alle Saris von Mummy hatten die Diebe gestohlen. ›Ist schon gut, meine Lieben‹, sagte sie. ›Wer auch immer das getan hat, braucht sie mehr als wir.‹ Mrs. Gandhi schenkte ihr immer wieder die elegantesten, schönsten Saris, aber sie verschenkte sie oft. ›Irgendein armes kleines Mädchen im Büro braucht den Sari‹, sagte sie dann.«

Was Geld betraf waren sie zwar arm, aber das gesellschaftliche Leben der Bedis unter Künstlern, Schriftstellern, Diplomaten, Politikern und Hippies war überaus reich. Zu Premierminister Nehru und seiner Tochter Indira hatte Freda nach wie vor eine starke Verbindung, und das Paar und die jungen Bedi-Kinder waren häufige Besucher in deren Haus.

»Bei den Paraden zum indischen Unabhängigkeitstag waren wir mit in ihrer Loge und wir wurden zu den Geburtstagsfeiern von Indiras Söhnen eingeladen«, sagte Kabir. »Sanjay und Rajiv hatten ein Zimmer nur für ihr Spielzeug. Es füllte den ganzen Raum – Modelleisenbahnen, Metallbaukästen – alles Geschenke von ausländischen Amtsträgern. Sie hatten auch zwei Hunde, Pepe und Maddho. Pepe hat Guli einmal in den Po gebissen«, erinnerte er sich lachend.

»Mummy hat die Freundschaft nie ausgenutzt. Sie hat nie um etwas gebeten. Sieben Jahre haben wir auf einen Telefonanschluss gewartet – sie hätte es Indira nur zuflüstern müssen und wir hätten sechs Telefone bekommen. Aber sie tat es nicht. Deshalb vertraute Indira ihr«, sagte er.

Freda war sicherlich weder ein Snob, noch hat sie jemals ihre sozialistischen Prinzipien aufgegeben. Die Familienmitglieder erinnern sich lebhaft an die Gelegenheit, als der burmesische Botschafter und andere Diplomaten zum Abendessen eingeladen waren und es an der Tür klingelte. Es war ein Bediensteter, der seit vielen Jahren bei ihnen war, aber kam und ging, wie es ihm gefiel. Diesmal war er über ein Jahr weg gewesen und erwartete nun, seinen Job zurückzuerhalten. Freda ließ ihn herein, zog einen zusätzlichen Stuhl an den Tisch heran und setzte den Mann neben den Botschafter.

Trotz ihres ausgefüllten weltlichen Alltags und gesellschaftlichen Lebens fand Freda noch Zeit, die Meditation zu praktizieren, die sie bei Sayadaw U Pandita gelernt hatte. Wann immer sie konnte, reiste sie nach Burma, um ihr Meditationstraining unter seinem strengen, wachsamen Auge fortzusetzen. Manchmal nahm sie Kabir, ihr »Kind mit besonderen Eigenschaften«, mit und ermutigte ihn, sich den Kopf rasieren zu lassen und als Kindermönch eine buddhistische Robe anzulegen. Insgeheim hoffte sie, er würde eines Tages die Ordination erhalten. Dieses Schicksal sollte ihm jedoch nicht beschieden sein.

– 10 –

BEGEGNUNG MIT DEN TIBETERN

AM 31. MÄRZ 1959 verließ der 14. Dalai Lama voller Trauer und Erschöpfung sein Heimatland und begab sich ins Exil nach Indien. Fortgegangen war er nur auf Drängen des tibetischen Nechung-Staatsorakels, das schon die früheren aufeinanderfolgenden Dalai Lamas in seinen medialen Trancezuständen angeleitet hatte. Das Staatsorakel war eine einzigartige Institution und die tibetische Regierung traf keine wichtigen Entscheidungen, ohne es vorher zu konsultieren. Nun verkündete das Orakel, das Leben des Dalai Lama sei in großer Gefahr und er könne mehr tun, um seinem bedrängten Volk zu helfen, wenn er die Notlage Tibets in der Weltöffentlichkeit bekannt machte. Seine Flucht aus Tibet war gefährlich, er überquerte die höchsten Gebirgsketten der Erde, während die chinesischen Truppen ihm auf den Fersen waren. Schließlich erreichte er Indien und fand dort Zuflucht – der Geburtsort des Buddha war bereit, ihm Zuflucht zu gewähren.

Ermuntert von seiner Tochter Indira (die möglicherweise von Freda dazu angeregt worden war), bereitete Premierminister Nehru dem 24-jährigen geistlichen und weltlichen Führer Tibets einen herzlichen Empfang mit der Begründung, dass Indien und Tibet gemeinsame kulturelle und spirituelle Bande hatten, die seit Jahrhunderten bestanden. In Tibet verbreitete sich schnell die Nachricht, dass der Dalai Lama nicht tot war, wie manche befürchtet hatten, sondern dass er lebte und in Indien war. Tausende von Mönchen und Laien flohen ebenfalls ins Exil. Sie folgten nicht nur ihrem Oberhaupt, sondern einer Person, die nach ihren Glaubensüberzeugungen die Verkörperung des Buddha des Mitgefühls war, eine Gestalt, die ihre einzigartige buddhistische Lebensweise bewahren würde, die gerade von den chinesischen Truppen der Volksbefreiungsarmee systematisch zerstört wurde. Die tibetische Diaspora hatte begonnen.

Traumatisiert, hungernd, krank, schmutzig und völlig desorientiert kamen sie in Indien an. Ihre Flucht in die Freiheit war mit unvorstellbarem Horror verbunden gewesen –

Schnee, Eis, Gletscherspalten, die sich plötzlich unter ihren Füßen auftaten, und chinesische Truppen, die auf sie schossen, sobald sie sie sahen. Sie hatten gesehen, wie viele ihrer Landsleute ihr Leben verloren. Um das Problem eines solch großen Zustroms an sich verloren fühlenden, geschundenen Menschen zu lösen, wandte Nehru sich an die Person, von der er wusste, dass sie dazu qualifiziert war, um hier zu helfen: Freda Bedi. Nehru wusste aus erster Hand, dass sie nach der Teilung Indiens mit hervorragendem Geschick zur Bewältigung der Flüchtlingskrise in Kaschmir beigetragen hatte, dass sie eine exzellente Organisatorin war und außerdem gerade auf dem gesamten Subkontinent soziale Arbeit leistete. Er hatte auch gehört, dass sie nicht lange vorher ihre Affinität zum Buddhismus entdeckt hatte. Dementsprechend ernannte er sie zur Beraterin für tibetische Flüchtlinge im Außenministerium. Sie stimmte bereitwillig zu.

Ein Brief, den sie an Olive schrieb, legt jedoch die Vermutung nahe, dass sie es war, die Nehru auf subtile Weise auf die Idee gebracht hatte. »Ich hatte das Gefühl, dass ich als Buddhistin und Mitglied des *Social Welfare Board* – mit einem besonderen Interesse an Frauen und Kindern – eine Rolle dabei spielen könnte, ihnen und den Lamas wieder auf die Füße zu helfen. Pandit Nehru pflichtete mir bei, dass es nützlich sein könnte, wenn eine Frau ein Auge darauf hätte.«

Sie machte sich sofort auf den Weg nach Missamari und Buxa in Westbengalen, wo der Großteil der Flüchtlinge untergebracht war. T. C. Tethong, der spätere Staatssekretär des Dalai Lama, war ein 24-jähriger Tibeter, der im nahe gelegenen Darjeeling Medizin studierte, als der Dalai Lama nach Indien gelangte. Er wurde gebeten, als Dolmetscher vom Tibetischen ins Englische zu fungieren, und erinnerte sich lebhaft daran, wie Freda die Bühne betrat. »Als sie das erste Mal kam, um zu helfen, hatte sie sich so beeilt, dass ihr noch die Genehmigung fehlte, die sie brauchte, um die Lager zu betreten – wegen der heiklen politischen Situation waren sie zum Sperrgebiet erklärt worden. Also kehrte sie mit den richtigen Papieren zurück und machte sich nach einer Bestandsaufnahme der Situation an die Arbeit. Sie setzte sich auf großartige Weise für humanitäre Belange ein. Alle, die sie kannten, respektierten sie sehr. Sie half, wem auch immer sie helfen konnte, wann immer sie es konnte, und bemühte sich unablässig, die richtigen Personen nachdrücklich um Hilfe zu bitten.«

Die Situation, in der sich Freda befand, war überwältigend und chaotisch. Bauarbeiter arbeiteten fieberhaft Tag und Nacht, um Bambushütten zu errichten, die jeweils fünfzig bis siebzig Flüchtlinge beherbergen konnten. Anfangs waren es über 7000 Menschen, fast alles Männer – Mönche, Regierungsbeamte und Freiheitskämpfer. Aber T. C. Tethong erinnerte sich auch, dass sich unter den vielen Menschen ein Angehöriger des chinesischen Militärs mit seiner Familie befand. Sie waren nach Tibet entsandt worden und hatten die Gelegenheit genutzt, um ebenfalls zu fliehen. Die zweite Welle von Flüchtlingen kam über Nepal, Bhutan, Sikkim, Ladakh und Kinnaur. Für sie alle musste ein Platz gefunden werden. Viele wurden in Siedlungen in Südindien untergebracht. Der Strom der Flüchtlinge riss nicht ab und ihre Zahl stieg von 30.000 auf 70.000 an.

Es war ein trostloser, mitleiderregender, überwältigender Anblick, der Freda bei ihrer Ankunft begrüßte. Die Tibeter waren krank, hungrig, desorientiert und schwer traumatisiert. Der Weg aus ihrer Heimat heraus war lang und voller Gefahren gewesen. Sie betraten Indien mit wankenden Schritten in ihrer ungeeigneten schweren Woll-, Pelz- und Lederkleidung, die nun stank und schmutzverkrustet war, und sie fanden eine fremde Welt vor, die genauso erschreckend war wie die, die sie hinter sich gelassen hatten.

Schon allein das Klima war unerträglich heiß für Menschen, die in der sauberen, klaren, kalten Luft des tibetischen Hochlands geboren und aufgewachsen waren. Sie waren es gewohnt, hauptsächlich Gerste (Tsampa), Yakfleisch, -butter und Joghurt zu essen (die einzigen Nahrungsmittel, die das

Land ihnen bot), aber die ungewohnte Nahrung und die scharfen Gewürze verursachten ihnen Beschwerden. Auch das Wasser konnten sie nicht sicher trinken. In der Folge wurden sie krank, holten sich Tropenkrankheiten und im schlimmsten Fall Tuberkulose, die unter ihnen grassierte.

Niemand weiß, ob Freda erkannte, wie paradox es war, dass ausgerechnet der Sozialismus, für den sie und ihr Mann eingetreten waren, in Form des chinesischen Kommunismus das größte Leid verursachte, das das tibetische Volk je erlebt hatte, und sein wertvollstes Gut zerstörte: seine einzigartige Religion, den Glauben, zu dem Freda sich nun stolz bekannte.

Freda krempelte die Ärmel hoch und machte sich an die Arbeit. Sie pendelte zwischen den Lagern in Missamari, Buxa, Sikkim und Kalimpong hin und her und arbeitete rund um die Uhr: Sie begrüßte die Neuankömmlinge mit einer Tasse Tee und tröstenden Worten, kümmerte sich um ihre Verletzungen und Krankheiten und versuchte, ihre emotionalen Wunden zu lindern. Für die Flüchtlinge muss sie ein ungewöhnlicher Anblick gewesen sein. Tibet war Außenstehenden jahrhundertelang verschlossen gewesen, und seine Einwohner hatten in der Regel noch nie einen Menschen aus dem Westen gesehen. Außerdem hatten sie gelernt, Fremden, die keine Anhänger der Lehre des Buddha waren, mit Misstrauen zu begegnen und sie als »primitive« Wesen zu betrachten, die nicht durch den Buddhadharma geläutert worden waren. Doch jetzt öffneten sie ihr Herz für die große, hellhäutige Freda, die ihnen so selbstlos half. Einstimmig nannten sie sie »Mummy« und dann »Mummy-la« (»la« ist ein wertschätzendes höfliches Suffix).

Freda war gerührt. Sie erfuhr, dass in der tibetischen Kultur das ethische Gebot herrschte, die Mutter zu ehren. Eine Mutter gibt ihrem Kind das Leben, nährt es mit ihrem Körper und ist bereit, ihr Leben für sein Wohl hinzugeben, kurzum: Die Mutter war das höchste Beispiel auf Erden für selbstlose Liebe. Freda war bereit, diesen Titel anzunehmen.

»Technisch gesehen war ich Sozialberaterin des Ministeriums; in Wirklichkeit war ich die Mutter eines Lagers voller Soldaten, Lamas, Bauern und Familien. Es gab kaum mehr als 1300 Frauen und Kinder, aber wie wertvoll waren sie, denn von ihnen hing der Fortbestand der alten tibetischen Kultur ab. Wir bemühten uns mit handelsüblicher Babymilch und Gerste, die Babys zu retten, wenn die Milch ihrer Mutter auf der Flucht oder infolge ihrer Leiden versiegt war. Andere hatten Würmer oder Krankheiten, die sie sich auf der beschwerlichen Reise zugezogen hatten. Bürozeiten gab es nicht. Der Sonnenaufgang war das Signal für die ersten Besucher«, schrieb Freda an Olive.

»Wir hatten keinen Strom, also verlangsamte sich die Arbeit, wenn es dunkel wurde. Aber auch danach gingen wir mit Freiwilligen und Dolmetschern durch die Baracken und in die Krankenhäuser, um die Kranken abzuholen und die Probleme des Tages zu lösen. Ich kann dir noch nicht mal annähernd sagen, welche tragischen Geschichten sie alle in ihrem Herzen getragen haben. Wir haben sogar absichtlich vermieden nachzufragen, damit alte Wunden nicht wieder aufgerissen wurden, und haben ihnen stattdessen Positives und Hoffnungen auf Arbeit und Neuansiedlung vermittelt. Einen großen Teil meiner Zeit verbrachte ich damit, Freunde und Familiengruppen zusammenzuhalten, wenn es zur Verteilung auf die Arbeitsplätze und Zentren kam. Für diejenigen, die ihr Zuhause, ihr Land und fast allen Besitz verloren haben, sind Familien- und Dorfbande alles, was ihnen noch geblieben ist, und haben deshalb eine enorme Bedeutung.«

Die Tibeter taxierten die ungewohnte Gestalt einer weißen Frau, und Freda beobachtete sie ihrerseits bestimmt ebenfalls eingehend. Ebenso wie andere Menschen des Westens war sie den Tibetern und ihrer Kultur noch nie begegnet. Abgeschottet hinter seiner mächtigen Himalaya-Festung war das verbotene Land Tibet jahrhundertelang ein Geheimnis für den Rest der Welt geblieben. Seit 1950 wurde diese Isolationspolitik durch den Einmarsch der Chinesen unsanft durchbrochen, sodass die Tibeter schließlich 1959 in die Welt hinausgestoßen wurden. Ihr Äußeres mag schmutzig und zerlumpt gewesen sein, ihre Körper gebrochen und ihr Gebaren völlig desorientiert, doch Freda war unmittelbar und tief von einer bestimmten Qualität beeindruckt, die ihr vorher nicht begegnet war.

Es war der Mahayana-Buddhismus, der auf Liebe, Güte und Mitgefühl gegenüber allen basiert, selbst gegenüber Feinden. Über die Jahrhunderte hinweg war er in den Boden Tibets eingesickert und seinen Bewohnern in Fleisch und Blut übergegangen. Nun kam er ihnen in ihrer größten Stunde der Not zu Hilfe. Im Mahayana ist es nicht genug, nur für sich selbst das Nirvana, die Befreiung aus dem Kreislauf der endlosen Wiedergeburten, anzustreben. Denn wie könnte man selbst Befreiung erlangen, während unzählige andere noch in Unwissenheit verharren und leiden? Praktizierende des Mahayana geloben dementsprechend, so lange auf ihre eigene Befreiung zu verzichten, bis alle Lebewesen befreit sind. Und so hängten die Tibeter ihre Gebetsfahnen auf Berggipfeln auf, sodass der Wind ihre Botschaften zu den Wesen in alle zehn Richtungen tragen konnte, und sie drehten ihre Gebetsmühlen zum Wohl aller. Und jeden Tag äußerten sie ihren Wunsch, dass jedes Lebewesen frei von Leid sein und in dauerhaftem Frieden und Glück leben möge.

Während die religiöse Aktivität der normalen tibetischen Bevölkerung in der Regel nicht darüber hinausging, verbanden die Lamas diese altruistische Absicht mit tiefer Gelehrsamkeit und einer außergewöhnlichen Palette an Meditationstechniken, die sie praktizierten, um ihr Ziel – universelles Erwachen – zu erreichen. Diejenigen, die sich in ihrer Praxis wirklich engagieren wollten, machten sich auf zu abgelegenen Berghöhlen, wo sie in Isolation über Jahre, ja Jahrzehnte hinweg meditierten. Als Ergebnis brachte Tibet eine beispiellose Anzahl von Menschen mit einem hohen Grad der Verwirklichung hervor. Das war Tibets größte Errungenschaft und jetzt sein Geschenk an die Welt.

Freda hatte etwas Vergleichbares noch nie erlebt. Bei den Flüchtlingen nahm Freda kaum eine Spur von Bitterkeit, Groll oder Wut wahr, sondern dass sie umso inniger beteten. Das fand tiefen Widerhall in Fredas innewohnender mitfühlender Natur und entsprach ihrem neu erweckten buddhistischen Weg. »Jeden Morgen und jeden Abend erfüllte der Sprechgesang der Lamas mit ihren unglaublich beruhigenden rhythmischen Gebeten die Luft. Jede Hausgruppe hatte ihren privaten Altar, und es wurden Butterlampen angezündet, auch wenn dafür Verpflegung geopfert werden musste. Ihre Frömmigkeit und Hingabe bedeuteten ihnen mehr als Brot«, sagte Freda. »Die Tibeter sind ehrliche, mutige, wunderbare Menschen. Unter den 5000 Lamas, die mit ihrem geistigen Erbe zu uns gekommen sind, befinden sich einige der bemerkenswertesten, spirituell fortgeschrittensten Mönche und Lehrer, denen zu begegnen mir je vergönnt war.«

Fredas spirituelles Leben nahm nun an Fahrt auf. Bald sollte Spiritualität nicht nur ein wichtiger Bestandteil ihres Lebens sein; sie sollte ihr Leben werden.

Freda, die nicht daran glaubte, ihre Kinder vor den harten Realitäten des Lebens schützen zu müssen, insbesondere dann nicht, wenn andere in Schwierigkeiten waren, nahm Kabir und Guli während der Schulferien mit zur Arbeit in den Flüchtlingslagern. Es war ein hartes Erwachen, selbst für Kinder, die an prekäre Situationen gewöhnt waren. »Es war schockierend«, sagte Guli. »Manchen fiel die Nase ab, weil sie Erfrierungen hatten. Es gab so viel Leid. Alles war überwältigend, vor allem der Geruch. Die indische Regierung tat ihr Bestes, aber es war wirklich eine chaotische, kritische Situation.«

»Die Verhältnisse waren furchtbar«, sagte Kabir. »Mir war die Arbeit zugewiesen worden, Wunden abzutupfen, obwohl ich keine medizinische Ausbildung hatte. Ich fuhr auch hin und wieder zurück nach Delhi und besuchte Hilfsorganisationen, um mehr Unterstützung zu erhalten, versorgt mit Namen von Personen, die Mummys Einschätzung nach spenden konnten. Es gab weder Verbandszeug, Medikamente noch sonst etwas. Ich habe mir auch selbst Tuberkulose eingefangen. Mummy behandelte alle, aber sie hatte eine besondere Affinität zu Frauen und Kindern. Sie erzählte mir, dass es die Frauen gewesen waren, die die Männer unterwegs aufrechtgehalten hatten. Sie waren das stärkere Geschlecht; aber als sie sich in Indien niederließen, brachen sie zusammen und die Männer übernahmen.«

Doch schließlich forderten die Strapazen monatelanger Arbeit in den verschiedenen Lagern unter entsetzlichen Bedingungen ihren Tribut. Die empfindsame, hochsensible Freda erlitt einen weiteren Zusammenbruch und wurde ins Krankenhaus eingeliefert.

»Es war ernst«, sagte Guli. »Ich wurde aus dem Internat geholt und Kabir auch, um sie im Willingdon Nursing Home in Delhi zu besuchen. Es war ziemlich luxuriös, mit Klimaanlage, und ich glaube, dass Mrs. Gandhi das arrangiert haben könnte. Meine Mutter war seelisch und körperlich völlig erschöpft. Die Ärzte meinten, sie würde es schaffen, wenn sie unsere Gesichter sähe. Ich erinnere mich, dass alle Vorhänge zugezogen waren. Ich saß auf der einen Seite des Bettes und Kabir auf der anderen. Vater sagte: ›Die Kinder sind da.‹ Sie öffnete die Augen und drückte meine Hand. Es war das erste Lebenszeichen von ihr überhaupt. Am nächsten Tag saß sie aufrecht im Bett und war auf dem Weg der Besserung.

Das Problem war, dass sie nicht ertragen konnte, was sie da sah. Sie *musste* etwas dagegen tun, war aber an einem Punkt angelangt, an dem sie es nicht mehr bewältigen konnte. Mummy hat sich nie etwas gegönnt – sie lebte immer wie die Menschen aus dem Volk. Das gehörte zu ihrem persönlichen Ethos. Sie reiste zum Beispiel immer dritter Klasse und lebte in Hütten und Zelten. Auf einer Ebene zeichnete sie sich durch enorme Stärke aus, aber sie war auch zerbrechlich. Und sie arbeitete so hart. Sie hörte nie auf.«

Als es Freda besser ging, machte sie sich noch eifriger an die Arbeit.

Eines Tages, als sie in Sikkim arbeitete, dem wunderschönen Land an der Grenze zu Nepal, das als eines der letzten Shangri-La – einer der letzten idealen Rückzugsorte – des Himalaya bezeichnet wird, besuchte sie einen alten Freund der Familie, Apa Pant, einen dort stationierten indischen Diplomaten. Er sagte ihr, sie könne Sikkim unmöglich wieder verlassen, ohne den Karmapa getroffen zu haben, der gerade aus Tibet eingetroffen war. Freda hatte noch nie vom Karmapa gehört und auch keine Ahnung, welch imposante Gestalt er – von allen verehrt und respektiert – in der tibetischen buddhistischen Hierarchie war. Die Begegnung sollte ihr buddhistisches Schicksal besiegeln und den gesamten weiteren Verlauf ihres Lebens bestimmen.

Viele Jahre später erzählte sie die Geschichte in einem Radiointerview in New York, das der bekannte Autor und Religionswissenschaftler Lex Hixon mit ihr führte.

»›Wer ist der Karmapa?‹, fragte ich Apa Pant. ›Er ist ein ganz wunderbarer Lama, aber er lebt weit draußen auf dem Land in einem Kloster in Rumtek. Es gibt keine Straße, also müssen Sie dorthin reiten.‹ ›Das ist kein Problem‹, antwortete ich. Ich bin es gewohnt, in den Bergen zu reiten.‹ Ich besorgte mir einige Ponys und einen guten Dolmetscher und machte mich auf den Weg in die Berge.

Wir waren etwa drei Stunden geritten, als wir ein Pferd auf uns zukommen sahen, mit einem farbenprächtigen tibetischen Teppich auf dem Rücken. Es war der Tee-Einschenker des Karmapa, ein bärtiger Mönch, dessen Aufgabe es war, ständig zur Stelle zu sein, um den Tee des Karmapa einzugießen. Er hatte die Nachricht erhalten, dass wir auf dem Weg waren, und ritt uns entgegen. Er legte den Teppich aus, wir stiegen ab und ich erhielt einen so köstlichen Salzbuttertee, wie ich ihn noch nie zuvor gekostet hatte, und Kekse. Schon begann das Gefühl von Rumtek, mich zu durchdringen.

Wir ritten einen wirklich zauberhaften Weg entlang, durch den Wald an einem Bach entlang, bis wir am Kloster anlangten. Es war ein kleines Holzhaus, das von einer der früheren Inkarnationen des Karmapa gebaut worden war. Inzwischen war es heruntergekommen und seine Farben waren verblichen, dafür wirkte er aber umso schöner. Ich wurde die Treppe hinauf zu einem kleinen Raum im Dachgeschoss geführt, und dort saß der Karmapa auf einem hohen Brokat-Bodenkissen. Er war umgeben von religiösen tibetischen Stoffmalereien (Thangkas) an den Wänden und vielen Vögeln in Käfigen, die nach Herzenslust sangen. (Später wurde mir bewusst, dass Vögel sein Markenzeichen sind – er liebte sie einfach. Sie sangen sehr viel in seiner Gegenwart.)

Ich hatte ein wunderbares Gespräch mit ihm, hauptsächlich über Flüchtlingsangelegenheiten und was ich tun konnte, um zu helfen, doch dann kam ich auf das Thema Meditation zu sprechen. An jenem Punkt in meinem Leben war ich sehr traurig, weil die Tore von Burma geschlossen worden waren und ich von meinen burmesischen Gurus, die mich Vipassana lehrten, abgeschnitten war. Ich fühlte mich wie ein Waisenkind, allein und verlassen, durch einen undurchdringlichen Bambusvorhang abgetrennt, mit ihnen auf der einen Seite und mir auf der anderen. Ich wandte mich an den Karmapa und sagte: ›Es entspricht meiner Neigung, Mantras zu rezitieren und beim Beten die Perlen an der Gebetskette zu zählen, aber wie kann ich meine Einsichtsmeditation, Vipassana, aufrechterhalten?‹ Der Karmapa antwortete: ›Oh, einfach achtsam bei den Perlen bleiben.‹ Das war natürlich die perfekte Antwort.«

Gegen Ende des Interviews, in einer fast beiläufigen Bemerkung, lieferte Freda noch einen Knaller: »Als ich mich zum Gehen bereit machte, stand er auf und manifestierte sich mir gegenüber als Buddha. Es war das erste Mal, dass er das tat. Er stand in der Ecke des Raumes und hob eine Hand zum Segen, wie man es bei den exquisiten Gandhara-Buddha-Skulpturen sieht. Er tat es ganz natürlich und blitzartig geschah wieder dasselbe wie in Burma. Ich habe es gesehen. Von da an war er in meinem Herzen als der eine, der Besondere. Es passierte einfach und war doch auch ganz seltsam.«

Seine Heiligkeit Gyalwa Karmapa Rangjung Rigpe Dorje war das Oberhaupt einer der vier Schulen des tibetischen Buddhismus, der Karma-Kagyü-Schule, und wurde von allen Menschen in Tibet als spiritueller Gigant angesehen. Er befand sich zu jener Zeit in seiner sechzehnten Verkörperung. Der Erste Karmapa, Düsum Khyenpa (»Der, der die drei Zeiten kennt«) zeichnet sich dadurch aus, dass er für die Entstehung von Tibets einzigartigem System der Suche nach reinkarnierten großen Meistern verantwortlich war. Bevor er starb, schrieb der Erste Karmapa auf, wo er wiedergeboren werden wollte, und tatsächlich fand der Suchtrupp einige Jahre später, seinen Anweisungen folgend, das Kind, das als Zweiter Karmapa anerkannt wurde.

Die Kagyüpa führen ihre Linie auf den großen indischen Meister Tilopa (988–1069) zurück; zu ihnen zählen einige der größten Lehrer und Meditationsmeister Tibets, darunter Naropa, Marpa und sein Schüler, der beliebte Dichter und Heilige Milarepa. Milarepa war ein Bösewicht ersten Ranges, der viele Menschen durch die Macht der schwarzen Magie ermordete, bis er Marpa fand. Dieser ließ ihn das Karma seiner schlechten Taten durch eine tyrannische Tortur des Auf- und Abbauens mehrerer Türme reinigen, bis es genug war und er sich in eine Höhle zurückziehen und tiefe Meditation praktizieren konnte. Die einzige Nahrung, die er hatte, waren Brennnesseln, sodass sein Körper ganz grün wurde, aber sein Geist fand Erleuchtung und er brachte wunderbare Lieder hervor.

Der Sechzehnte Karmapa, der zu jener Zeit im Exil in einem baufälligen Kloster in Sikkim lebte, war eine starke, illustre Persönlichkeit mit einem ausdrucksvollen quadratischen Gesicht; sein Kopf verjüngte sich am Scheitel zu einem Punkt (was an die *Ushnisha,* die Erhebung am Kopf des Buddha, erinnerte). Wieder einmal hatte Freda es geschickt, wenn auch unwissentlich, geschafft, eine harmonische Beziehung zu einer hochrangigen Persönlichkeit herzustellen. Sie hatte ihren Herz-Guru gefunden. Der Karmapa wiederum hatte nicht nur seine erste westliche weibliche Schülerin gefunden, sondern auch eine unschätzbare, kultivierte, gut vernetzte Person als Brücke zu den Abläufen der verwirrenden Außenwelt. Er war vierunddreißig, Freda war neunundvierzig. Mit der Zeit sollten sie gemeinsam zu einer wichtigen Kraft bei der historischen Übermittlung des Buddhismus von Ost nach West werden.

In einem Radiointerview äußerte sich Freda darüber, wie wichtig es für sie gewesen war, ihren Herz-Guru zu finden. »Wir brauchen einen lebendigen Guru und wir üben, den Buddha in ihm zu sehen. Das gibt uns das Wasser, um den Samen der Erleuchtung wachsen zu lassen. Es war eine fantastische Sache, dass der Karmapa in mein Leben getreten ist. Jetzt sage ich täglich das Mantra: ›Möge ich in meinem ganzen Leben nicht von meinem Guru getrennt sein.‹ Als ich in Burma meine erste blitzartige Erfahrung der Verwirklichung hatte, hat das mein Leben komplett verändert. Bis zu jenem Moment war ich Mutter, Lehrerin, Sozialarbeiterin, Schriftstellerin gewesen – in Burma war ich zum ersten Mal allein. Ich ließ all das hinter mir und konnte mich auf diese tiefe Meditation konzentrieren, wirklich konzentrieren. Es war ein Segensschauer des Gurus.«

Da Freda an die Reinkarnation glaubte, war es nach ihrem Empfinden nur logisch, dass sie in früheren Leben viele Male die Schülerin des Karmapa gewesen war, was ihre sofortige enge Verbundenheit bei ihrer Begegnung erklärte. Die Verbindung war nun wiederhergestellt und wurde erneut aufgefrischt.

- 11 -

DIE TULKUS

ZURÜCK IN DELHI nahm Freda die Fäden ihres früheren Lebens wieder auf. Doch ihre Gedanken waren nie weit entfernt von den Flüchtlingen, ihrer eindringlichen Begegnung mit dem Karmapa und dem Einfluss, den der tibetische Buddhismus auf sie hatte. »Meine alte Arbeit, die Redaktionstätigkeit und vieles mehr, zieht mich zwar wieder an sich, aber mein Herz und meine Gedanken sind immer noch bei den Tibetern«, sagte sie. An einem Punkt in dieser Phase ihres Lebens hatte sie eine unerklärliche Erkenntnis. Freda »sah«, dass der tibetische Buddhismus nicht nur in den Westen wandern, sondern sich dort verankern würde. Und diejenigen, die das herbeiführten, waren die *Tulkus*, Tibets reinkarnierte hohe Lamas und spirituelle Meister, die wiedererkannt worden und im Besitz der Essenz der Lehren waren. Niemand sonst teilte damals Fredas Vision. Auf den ersten Blick war es eine höchst unwahrscheinliche, sogar absurde Vorstellung.

Im Lauf seiner 2500-jährigen Geschichte hatte sich der Buddhismus zwar in ganz Asien verbreitet und die »Färbung« der Kultur angenommen, in der er jeweils gelandet war, doch er hatte nie die große Kluft zwischen Ost und West überwunden. In den frühen 1960er-Jahren kannte ihn im Westen immer noch kaum jemand, abgesehen von einer Handvoll Gelehrter und Wissenschaftler. Es gab wenig Bücher, keine Lehrenden und Meditation war kaum bekannt. In Großbritannien beispielsweise war die einzige buddhistische Organisation die *Buddhist Society* in London, die 1924 von dem Richter Christmas Humphreys gegründet worden war und sich auf Zen und die Theravada-Schulen Südasiens beschränkte. Über den tibetischen Buddhismus (genannt »Lamaismus«) war so gut wie nichts bekannt; und das, was bekannt war, gefiel nicht. In den Augen der intellektuellen buddhistischen Gelehrten galt der tibetische Buddhismus als degeneriert – umwoben von Magie und Mysterien, die in Tibet unter anderem als Teil der Bön-Religion existierten, bevor der Buddhismus Wurzeln schlug. Es gab zu viel

Rituale, zu viel Tantra, zu viel Hokuspokus. Unerschrockene Reisende, die in das geheime »Land des Schnees« vorgedrungen waren, hatten Nachrichten verbreitet, dass Lamas »fliegen«, sich in andere Wesen verwandeln und sich an zwei Orten gleichzeitig aufhalten konnten, Handabdrücke in Felsen hinterließen, nasse Tücher in der Eiseskälte am Körper trockneten, indem sie ihre Körpertemperatur nach Belieben erhöhten, und willentlich »starben«, wobei sie manchmal nur ihre Roben zurückließen. Das war weit entfernt von den ästhetischen, respektablen, schlichten Linien des Zen.

Der tibetische Buddhismus würde bestimmt niemals Anklang finden.

Da war auch noch die Sache mit der Reinkarnation selbst, die im überwiegend christlichen Westen immer noch als ketzerisch angesehen wurde. Früher, im Mittelalter, waren Menschen auf dem Scheiterhaufen verbrannt und massenhaft getötet worden (wie die Katharer), weil sie einem solchen »Irrglauben« anhingen. In den 1960er- und 1970er-Jahren war Reinkarnation noch ein Tabuthema. Die Tibeter jedoch akzeptierten die Reinkarnation nicht nur uneingeschränkt als eine Tatsache des Lebens, sie gingen sogar weiter als jedes andere buddhistische Land: Sie entwickelten ein System zum Auffinden bestimmter Inkarnationen vollendeter spiritueller Meister, die nach ihrem Tod auf einen höheren Bewusstseinszustand verzichtet hatten, um in einem irdischen Körper wiedergeboren zu werden, nur damit sie weiterhin andere lehren konnten, ebenfalls einen solch erhabenen Zustand zu erlangen. Die freiwillige Rückkehr in dieses leidvolle Dasein wurde als höchstes Zeichen von Altruismus angesehen, als etwas über alle Maßen Mutiges und Edles. Das waren die Tulkus, die den Titel *Rinpoche* oder »Kostbarkeit« trugen. Sie waren die Elite der tibetischen Gesellschaft, verehrt, gefeiert und manchmal ohne ihr Wissen Schachfiguren in den korrupten Spielen anderer. Das waren die Menschen, die Freda nun in den Westen bringen wollte, um die Saat der Lehren des tibetischen Buddhismus auf amerikanischem, europäischem und australischem Boden auszusäen.

Die richtigen Kandidaten zu finden stellte jedoch ein enormes Problem dar. Die gesamte Gemeinschaft der tibetischen Flüchtlinge war völlig durcheinandergewürfelt: hohe Lamas, Yogis, Mönche und Nonnen, Bauern, Nomaden, Kunsthandwerker, Schneider und alle anderen vermischten sich und wurden zu einer ununterscheidbaren Menge, die es in der konservativen, streng hierarchischen Gesellschaft des alten Tibet, in der Tulkus vom Volk getrennt lebten, so nie gegeben hätte. Im Exil kämpften *alle* Tibeter buchstäblich ums Überleben in der Fremde. Viele hausten in Zelten aus Sackleinen, die sie kaum vor Sonne, Regen oder Kälte schützten; andere wurden in ehemalige Militär- und Straflager abgeschoben und Tausende wurden in abgelegene Bergregionen geschickt, um im Straßenbau zu arbeiten. Allein die Vorstellung, dass Tulkus als religiöse Botschafter irgendwohin geschickt werden sollten, war für die tibetischen Flüchtlinge undenkbar. Indien hatte eine gemeinsame Grenze mit Tibet und kannte den Buddha natürlich, doch der Westen war ein anderer Planet, bevölkert, wie sie glaubten, von spirituellen »Barbaren«.

Unbeeindruckt oder in Unkenntnis dieser scheinbaren Hindernisse verfolgte Freda ihren Traum weiter. Sie hatte in der Handvoll Tulkus, denen sie inmitten des Chaos in den Lagern begegnet war, selbst etwas gesehen, was nach ihrer Einschätzung außergewöhnliche, besondere Eigenschaften waren. In Fredas Augen strahlten sie eine unverwechselbare Verfeinerung, Weisheit, Reife und Würde aus, die weit über ihr Alter hinausging, und Freda war davon überzeugt, dass diese Eigenschaften auf die Menschen im Westen ebenso anziehend wirken würden wie auf sie. Sie erkannte aber auch, dass sie in einer mittelalterlichen Welt und einer entsprechenden Mentalität gefangen waren, in der Tibet feststeckte, seit der Buddhismus dort vor vielen Jahrhunderten

Wurzeln geschlagen hatte. Zum Beispiel glaubten die Tibeter, unbeleckt von den neuen Vorstellungen und Entdeckungen der Welt außerhalb Tibets, bei ihrer Ankunft in Indien, die Welt sei flach und das Zentrum des Universums sei ein mythischer Berg namens Meru. Die Tulkus mögen eine außerordentlich gute spirituelle Ausbildung erhalten haben, aber sie wussten nichts über die heutige Welt und darüber, wie ihre Bewohner dachten.

Was sie Fredas Meinung nach brauchten, war eine Schule. »Ich erkannte, dass das Erlernen der englischen Sprache für sie der Schlüssel zur neuen Welt war. Ohne Englisch kamen sie nicht weiter«, sagte sie in einer Radiosendung in Amerika. »Es gab viele verschiedene Tulkus, aber sie existierten alle wie kleine Bienenköniginnen inmitten eines Bienenstocks von Mönchen und Laien. Sie waren so sehr ihren alten Gewohnheiten verhaftet, dass ich es für besser erachtete, ihnen eine andere Erziehung und Bildung zu vermitteln«, fügte sie hinzu und bezog sich dabei auf die höchste Ehrerbietung, die Tulkus zu empfangen gewohnt waren. Getrennt vom Rest der Klostergemeinschaft wurden die Tulkus im Tempel auf einen Thron gesetzt und von einer Reihe von Bediensteten versorgt. Das funktionierte in der Welt außerhalb Tibets nicht. Fredas Agenda basierte auch auf der Befürchtung, dass die Tulkus ohne moderne Bildung irgendwann vom Rest des Volkes, das sich unweigerlich mit der Zeit an das Leben im zwanzigsten Jahrhundert anpassen musste, abgeschnitten würden.

Fredas erster Schritt bestand darin, mit Premierminister Nehru zu sprechen, der nicht weiter überredet zu werden brauchte. Bildung war das allererste Thema, das der Dalai Lama ihm gegenüber angesprochen hatte, als er indischen Boden betrat. Bei dieser historischen Begegnung war T. C. Tethong als Dolmetscher anwesend gewesen. »Ich war schockiert. Ich war gerade aus einer verzweifelten und sich noch verschlimmernden Situation in Tibet geflohen und dachte, Seine Heiligkeit würde auf das politische Szenario eingehen und besprechen, was getan werden könnte, um in dieser Richtung zu helfen. Aber die Prioritäten des Dalai Lama waren Ansiedlung und Bildung für sein Volk. Im Nachhinein betrachtet hatte er recht. Wir hatten kaum zwanzig Leute unter den Flüchtlingen, die Englisch sprachen. Nehru sicherte seine Hilfe zu. ›Keine Sorge, wir werden uns um die Flüchtlinge kümmern und ihre Ausbildung unterstützen‹, hatte er gesagt. Und dieses Versprechen hat er gehalten.«

Im Herbst 1961 wurde die *Young Lamas Home School* in Green Park, einer neuen Kolonie am Stadtrand von Delhi, eröffnet. Sie wurde auf einer schönen Anhöhe unter weitem Himmel errichtet, finanziert von Nehrus Regierung. Fredas anfänglicher Plan war, zwölf Tulkus auf einmal aufzunehmen, sie Englisch und Hindi zu lehren und in aktuellen Themen, Geografie und sonstigen Kenntnissen über die Welt, in der sie sich plötzlich wiederfanden, zu unterrichten. Gleichzeitig sollten sie ihre religiösen Lektionen und Praktiken entsprechend der Schule des tibetischen Buddhismus, der sie angehörten, fortsetzen. Alle Jungen erhielten eine neue Robe als Willkommensgeschenk und gewöhnten sich an ein ziemlich strenges, strukturiertes Reglement, das Freda ihnen auferlegte.

»Die Zahl wuchs auf etwa zwanzig junge Lamas an – kleine Schlingel und sehr niedlich«, erinnert sich Guli, die die *Young Lamas Home School* während ihrer Winterferien besuchte.

Die britische Autorin Lois Lang-Sims, die bei den Bedis zu Gast war, hielt ihren eigenen Eindruck von der Schule in ihrem Buch »The Presence of Tibet« (»Die Gegenwart Tibets«) fest. Sims war eindeutig von der Authentizität der Tulku-Schüler überzeugt. »Ich bewunderte diese Kinder – diese seltsame Verbindung einer unbewussten Würde und Gelassenheit mit reiner Kindlichkeit: die Art, wie sie uneingeschränkte Rücksichtnahme auf andere mit normalem jungenhaften Übermut in sich vereinigten. In ihren Mönchsgewändern und schweren Stiefeln schwatzten sie lachend, bis eine Glocke zum Unterricht oder zum Gebet läutete, riefen sofort ›good bye‹ und verschwanden, als wäre prompter Gehorsam eine Selbstverständlichkeit. Bestimmt waren diese Jungen, denen, wie man glaubte, die Tugenden vergangener Heiliger innewohnten, tatsächlich die Träger jenes Geistes, der das alte Tibet erschaffen und geprägt hatte.«

Nachdem Freda ihre Schule gegründet hatte, bestand ihre nächste Aufgabe darin, ihre Tulkus zu rekrutieren. In den folgenden Jahren durchliefen Dutzende Tulkus aus allen Schulen des tibetischen Buddhismus die *Young Lamas Home School.* Fredas Intuition erwies sich als absolut richtig, denn viele von ihnen wurden später zu den Begründern des Buddhismus im Westen. Zu ihnen gehörte Lama Zopa Rinpoche, der als jämmerlich abgemagerter, tuberkulöser Teenager in die *Young Lamas Home School* kam; heute trägt er den hohen Titel eines *Kyabje*, eines Lamas mit besonderer Verwirklichung und Fähigkeiten, und leitet die FPMT (Foundation for the Preservation of the Mahayana Tradition), das wohl größte Netzwerk buddhistischer Zentren und angeschlossener Projekte und Institutionen auf allen Kontinenten. Es gab auch Gelek Rinpoche, der an der Cornell University studierte und zu dessen Schülern Hollywood-Schauspieler und angesehene Musiker gehörten; und Tarthang Tulku, der einen Verlag sowie Institute in Kalifornien, Europa und Brasilien gründete.

Und dann waren da noch zwei junge Männer, Chögyam Trungpa Rinpoche und sein Freund Akong Rinpoche, die sich schon als Jungen kennengelernt hatten und nicht nur maßgeblich dazu beitragen sollten, den Buddhismus in den Westen zu bringen, sondern auch in Fredas persönlichem Leben eine wichtige Rolle spielten. Von dem Moment an, als sie Trungpa begegnete, fühlte sich Freda unwiderstehlich zu ihm hingezogen, denn sie nahm bei ihm herausragende Intelligenz, Charisma und das, was sie seine »spirituelle Reinheit« nannte, wahr.

Der Elfte Trungpa, dem es ehemals bestimmt war, Abt des Klosters Surmang in Kham, Osttibet, zu werden, und bei dessen Inthronisierung über 13.000 Menschen zugegen waren, sollte einer der bedeutendsten, schillerndsten, innovativsten, einflussreichsten und umstrittensten buddhistischen Lehrer in Amerika werden. Abgesehen davon, dass er bahnbrechende Bücher wie »Spirituellen Materialismus durchschneiden« schrieb, gründete er zusammen mit Akong Rinpoche das erste tibetische Kloster im Westen, Samye Ling, in Eskdalemuir, Schottland, und die erste buddhistische Universität in den Vereinigten Staaten, die Naropa University in Boulder, Colorado.

Akong Rinpoche vom Kloster Dolma Lhakang, ebenfalls in Kham gelegen, war die zweite Inkarnation eines heiligen Lamas und ein bekannter Arzt der tibetischen Medizin. Die beiden Rinpoches hatten sich im Alter von vierzehn Jahren kennengelernt und waren enge Freunde geworden. Innerhalb ihrer spirituellen Hierarchie wurde Trungpa als höher angesehen, da er mit elf Reinkarnationen im Vergleich zu Akongs zwei Wiedergeburten als überlegen galt.

Als Trungpa sich im Retreat befand und hörte, dass sein Kloster geplündert und das Grab seines Vorgängers, des Zehnten Trungpa, geöffnet und dessen Überreste von chinesischen Soldaten im Hof verteilt worden waren, beschlossen die beiden Rinpoches, dass es zu gefährlich sei, noch länger in Tibet zu bleiben. Sie verabredeten sich, um im April 1959 gemeinsam zu fliehen.

Freda traf die beiden jungen Männer, als sie buchstäblich in das Flüchtlingslager taumelten. Sie waren in einem schlechteren Zustand als fast alle anderen tibetischen Flüchtlinge, denen sie begegnet war, und sie fühlte von ganzem Herzen mit ihnen.

Akong Rinpoche erzählte die Geschichte dieser Begegnung kurz vor seiner tragischen Ermordung in Chengdu an der Grenze zu Tibet im Oktober 2013. Er sprach vom großartigen Samye Ling, das er mit aufgebaut und geleitet hatte, nachdem Trungpa in die Vereinigten Staaten gezogen war. Zu seinen Lebzeiten trug Akong Rinpoche auch viel zur größeren

Verbreitung des Buddhismus in der Welt bei, indem er Samye Ling erweiterte, eine Anzahl beeindruckender Langzeit-Retreat-Programme für Westler initiierte und *Rokpa*, eine internationale humanitäre Organisation, gründete. Sein Ruf als Heiler wuchs, und er war besonders daran interessiert, Menschen mit psychischen Problemen zu behandeln.

»Trungpa und ich waren beide um die zwanzig, als wir Mummy Bedi trafen. Sie war die erste Weiße, die ich je gesehen hatte, und ehrlich gesagt dachte ich erst, sie wäre nicht von dieser Welt und sei kein Mensch. Wegen dem, was wir durchgemacht hatten, zeigte sie ein spezielles Interesse an uns beiden, obwohl sie sich besonders zu Trungpa hingezogen fühlte. Ich denke, es lag daran, dass wir beide in einem so schrecklichen Zustand waren und einen der härtesten Fluchtwege überhaupt hinter uns hatten. Sie stellte uns eine Menge Fragen über unser Leben und unser Entkommen. Wir erzählten ihr alles.

Unsere Flucht war auch deswegen so schwer, weil sie so lange dauerte. Wir dachten, sie würde nur drei Monate dauern, aber am Ende dauerte sie zehn, weil wir einen solchen Umweg machten, um die Chinesen zu umgehen. Auf unserer Route wollten wir durch die Brahmaputra-Region nach Assam gelangen. Vier Monate lang reisten wir mit Maultieren und Pferden, aber den Rest mussten wir zu Fuß zurücklegen – und das war hart, denn wir mussten uns tagsüber verstecken und konnten nur nachts weitergehen. Es war wirklich gefährlich – es gab viele hohe Pässe und reißende Flüsse, die wir auf hin- und herschwingenden Seilbrücken überqueren mussten. Die Chinesen waren hinter uns her, weil auf Trungpa als hoher reinkarnierter Lama mit vielen Anhängern ein Kopfgeld ausgesetzt war.

Wir hatten nur genug Nahrung für drei Monate mitgebracht, also ging sie irgendwann zur Neige. Wir kochten unsere Schuhe und Taschen aus Yakleder, weil darin noch Nahrhaftes enthalten war. Wenn man so hungrig ist, gibt es so etwas wie ›schrecklich‹ nicht.

Wir starteten mit dreihundert Leuten, aber viele sind unterwegs gestorben, meistens verhungert. Manchmal verloren wir zwanzig bis dreißig Personen pro Tag. Es war Winter; Beeren oder Blätter gab es nicht, und wir hätten ohnehin nicht gewusst, welche davon essbar waren. Als wir den Brahmaputra erreichten, bauten diejenigen von uns, die noch übrig waren, kleine runde Ruderboote aus Flechtwerk und Leder, um den Fluss zu überqueren. Die Lage wurde verzweifelt, als jemand aus unserer Gruppe eine Kuh stahl und die Dorfbewohner den Chinesen von uns erzählten. Wir hatten neun Leute in jedes Boot gepfercht, was wirklich tückisch war, vor allem, da wir den Fluss nachts überqueren mussten. Das Wasser stand uns bis zum Mund, und unsere Kleidung wurde nass und fror ein. Doch dann fielen auch noch die Truppen über uns her, schossen, töteten und nahmen fast alle gefangen; nur wenige konnten entkommen.

Als Trungpa und ich das andere Ufer erreichten, war es hell und die Chinesen verfolgten uns immer noch. Sie kamen schnell näher, wir konnten sie kommen hören. Verzweifelt suchten wir nach einem Versteck, aber es gab keins. Dann sahen wir einen großen umgestürzten Baum mit Platz darunter. Wir krabbelten unter ihn und versteckten uns. Die Soldaten stiegen drei oder vier Mal über den Baum, aber sie entdeckten uns nicht. Wir hatten großes Glück. In der folgenden Nacht fanden wir eine Höhle und krochen hinein, um zu schlafen. Wir konnten einfach nicht mehr weiter. Es war kein Leder mehr da, das wir hätten essen können, und wir konnten nicht mehr laufen. Trungpa und ich sprachen darüber, wer von uns beiden zuerst sterben würde. Ich hatte keine Angst – ich hatte meine Meditationspraxis.

Wir trugen immer noch wertvolle Reliquien und Schmuck am Körper. Da wurde mir klar, dass wir mit nutzlosen Dingen geschmückt waren. In diesem Moment, dem Tode nahe, beschloss ich, dass die einzige Aufgabe, die ich im Fall meines Überlebens gern übernehmen würde, die war, anderen zu helfen. Ausbildung, Kleidung, Medizin, Essen, Unterkunft –

das waren die Dinge, auf die es ankam. Jeder stirbt, egal ob reich oder arm, mit oder ohne Schmuck, aber Nahrung und Gesundheit sind für alle lebenswichtig. Mein ganzes Leben lang hatte ich bisher auf meinem Thron gesessen, Befehle gegeben, durfte nicht in die Küche meines Klosters, damit ich nicht schmutzig wurde. In jener Höhle änderte sich meine Einstellung komplett. Von da an wollte ich dienen.

Zufällig fanden uns am nächsten Tag einige Jäger und gaben uns zu essen. Was wir nicht bemerkt hatten, war, dass wir bereits die Grenze überquert hatten und in Sicherheit waren. Von den dreihundert, die Tibet verlassen hatten, schafften es nur fünfzehn von uns nach Indien.«

Ohne großes Zögern lud Freda Akong und Chögyam Trungpa nach Delhi ein, damit sie Englisch lernten. Die beiden zogen schließlich in die bereits überfüllte von der Regierung bereitgestellte Bedi-Wohnung in der Defense Colony und wurden, wie die meisten Besucher, in die Familie aufgenommen. Auch hier sah Freda sich wieder als Mutter und bezeichnete Trungpa von da an als »meinen spirituellen Sohn«.

»Und ich betrachtete sie als meine Mutter«, sagte Akong. »Denn wer ist denn die Mutter, wenn nicht diejenige, die dir Nahrung gibt, sich um dich kümmert, dir beibringt, dich nicht in Gefahr zu begeben, und dafür sorgt, dass du zu einem rechtschaffenen, nützlichen Menschen heranwächst? Ohne Mutter könnte ein Kind nicht überleben. Freda Bedi war eine echte Mutter und sehr wertvoll für mich.

Sowohl Mummy als auch Papa Bedi waren sehr freundlich. Alles, was sie aßen, teilten sie mit uns. Ich war nicht so erpicht darauf, Englisch zu lernen wie Trungpa – er war viel besser als ich. Mummy Bedi war permanent beschäftigt, arbeitete jeden Tag hart, aber sie unterrichtete uns, wann immer sie konnte, und nahm uns immer zu Partys in den Botschaften mit, um uns in diese Art von Gesellschaft einzuführen, damit wir sie kennen- und verstehen lernten. Und sie wollte auch, dass diese Leute Tibeter kennenlernen!«, sagte er.

Für die Bedi-Kinder war es jedoch nicht so einfach, die Neuzugänge in ihrer Familie zu haben. »Sie waren mindestens zwei Jahre lang bei uns«, erinnerte sich Kabir. »Ich war damals auf dem College und Guli in der Schule, und als wir in den Ferien nach Hause kamen, waren sie da. Anfangs habe ich mich sehr über ihre Anwesenheit geärgert. Für mich waren sie Eindringlinge. Ich habe Mummy ohnehin kaum zu sehen bekommen. Es gefiel mir überhaupt nicht, dass die beiden in unserem Haus waren. Wir hatten kaum Platz. Nur zwei Schlafzimmer, ein Wohnzimmer und eine Hütte, die Papa im Garten gebaut hatte und die als Büro diente. Guli und ich schliefen mit Mummy in einem Zimmer, Trungpa und Akong teilten sich das andere.

Nach einiger Zeit begann ich sie aber zu mögen. Sie waren sehr, sehr nett. Trungpa hatte eine extrem schnelle Auffassungsgabe, er war extravagant und hatte einen frechen Sinn für Humor. Er nahm mich unter seine Fittiche. Und Akong musste man einfach mögen – er war bescheiden, zurückhaltend, hilfsbereit. Er war solider und konservativer als Trungpa. Wir blieben freundschaftlich eng verbunden. Er nannte mich immer seinen Bruder.«

Guli hatte sich leichter mit der Anwesenheit der Tulkus in ihrem Haus abgefunden. »Zu meinem Leben gehörten immer andere Leute – meine Mutter brachte immer jemanden ins Haus. Natürlich kümmerte sie sich um ihre Familie, aber wir mussten sie unser ganzes Leben lang mit anderen teilen. Das gehörte dazu, wenn man ihr Kind war. Ich habe mit Trungpa und Akong Englisch gesprochen und erinnere mich, dass Mummy ihren Tag offenbar extrem organisiert hatte. Sie sorgte dafür, dass sie einen Zeitplan einhielten, der ihnen vorschrieb, wann sie aufstanden, wann sie ihre Mahlzeiten einnahmen, wann sie ihren Unterricht hatten. Mein Vater war natürlich viel weniger streng. Er brachte Akong dazu, seine Robe auszuziehen und normale Shorts zu tragen, damit er auf den Markt gehen und mehr Spaß haben konnte.«

Gelek Rinpoche war ein weiterer häufiger Gast im Haushalt der Bedis. Gelek Rinpoche, einen inkarnierten Lama illustrer Herkunft, der mit dem 13. Dalai Lama verwandt war, fand Freda im Flüchtlingslager Buxa. Sie holte ihn heraus und machte ihn nach der Manier von Professor Higgins in »My Fair Lady« mit den Feinheiten des Verhaltens in der westlichen Gesellschaft vertraut. »Ich wohnte etwa drei Jahre immer mal wieder bei Mummy und ihrer Familie. Trungpa und Akong lebten bereits dort. Trungpa war sehr fleißig, aber ich war faul. Für mich war es wie Ferien! Mummy Bedi half mir, meinen ›Überlegenheitskomplex‹ zu überwinden, den ich hatte, weil ich ein Mönch war. Sie brachte mir auch bei, Frauen und andere Menschen im Allgemeinen zu respektieren.

Sie wollte mir etwas über das Leben außerhalb meiner kleinen klösterlichen Welt beibringen. Ich kannte nichts anderes als das tibetische Leben, über alles andere wusste ich überhaupt nichts. Sie lehrte mich, richtiges Englisch zu sprechen. ›Nicht nuscheln, sprich deine Worte deutlich voneinander getrennt aus‹, wies sie mich an. Mummy nahm mich auch zu gesellschaftlichen Anlässen wie Diplomatenpartys mit. Sie nahm mich im wahrsten Sinne des Wortes an die Hand und zeigte mir, wie man einen Raum betritt, wie man sich verhält und was man sagt. Wenn du die Person nicht kennst, streckst du die Hand aus und sagst langsam: ›Guten Tag, ich freue mich, Sie kennenzulernen.‹ Manchmal spielten wir diese Szenen mit ihrem Mann und ihren beiden Kindern, Kabir und Guli, als Publikum nach.

Mummy war sehr genau und streng, besonders wenn ich meine Hausaufgaben nicht gemacht hatte. Aber sie war auch sehr, sehr gütig und extrem gut im Organisieren. Wenn sie sagte, dass sie etwas tun würde, tat sie es auch. Sie war absolut großzügig in allem. Völlig uneigennützig. Ohne jeden Zweifel hat sie mich auf den Weg gebracht, um im Westen anzukommen. In der Tat sagte sie mir, ich solle nach Amerika gehen. Sie sagte, dass die Menschen im Westen den Dharma brauchten, dass sie Hilfe brauchten. Sie erklärte mir auch, die Menschen im Westen seien offener und direkter als die Tibeter, was ermutigend war. ›Was du weißt, kannst du sagen – je mehr du sagst, desto mehr werden sie verstehen. Du brauchst dich nicht zu verstecken.‹ Und sie hatte Recht«, sagte er.

Die kleine Wohnung in Delhi war nun bis zum Bersten voll. Lois Lang-Sims hat in »The Presence of Tibet« zusammengefasst, welche Stimmung im warmherzigen, exzentrischen und chaotischen Bedi-Haushalt herrschte, als sie dort wohnte und für die *Tibet Society* in London Informationen über die Situation der tibetischen Flüchtlinge sammelte:

> Eine große, blonde Engländerin, deren Gesicht gleichzeitig Sanftmut und Stärke ausstrahlte und die trotz des zerknitterten Saris – den sie trug, als hätte sie nie etwas anderes angehabt – bemerkenswert angelsächsisch aussah, stand in der Tür der Erdgeschosswohnung, zu der ich den Weg gefunden hatte. Sie lächelte herzlich zur Begrüßung. In dem Raum, in dem ich mich befand, schienen sehr viele Menschen zu sein (einschließlich junger Mönche, einer weiteren hellhäutigen Frau in einem Sari und Freda Bedis Ehemann). Sie saßen alle um einen niedrigen Tisch herum auf dem Boden, mit Ausnahme eines älteren tibetischen Mönchs, der abseits von den anderen auf einem erhöhten Sitz saß.
>
> Es war halb elf Uhr abends, aber es war ersichtlich, dass der Arbeitstag gerade erst zu Ende gegangen war. Ich sah mich in dem Raum um, dem eine ganz eigene karge Schönheit zu eigen war. ... Es gab keine Stühle, nur Kissen und Matten, und die harte Schlafbank war mit einem tibetischen Teppich bedeckt. In einer Ecke des Raumes stand ein tibetischer Altar, auf dem brennende Butterlampen leuchteten. Als sich mein Blick auf den Boden richtete, sah ich eine große braune Ratte, die auf sanften Pfoten an der Wand entlangschlich.

Schließlich wurde mir mein Schlafplatz gezeigt und auch der Wasserhahn, unter dem ich mich waschen sollte. Nach einer Woche in einem indischen Haushalt fand ich den Anblick eines Kaltwasserhahns, der Wasser auf den Steinboden spritzte, und eines Bechers, den ich – wie mir klar wurde – als Dusche benutzen sollte, immer noch niederschmetternd, ebenso wie den Umstand, dass ich nirgendwo Platz zum Ablegen meiner Kleidung hatte und keinen Zentimeter Bodenfläche unter meinen nackten Füßen, die trocken oder sauber war. Das Bett war aus Holz und ohne Matratze; aber daran hatte ich mich so gewöhnt, dass ich es sogar mochte. Als Zugeständnis an meine ausländischen Gewohnheiten hatte man mir zwei Laken gegeben. Ich teilte mir ein Zimmer mit einer Amerikanerin, während die anderen Mitglieder von Fredas großem Haushalt sich entweder auf den harten Schlafbänken oder irgendwo in der Wohnung auf dem Boden zum Schlafen hinlegten. Den Großteil der Nacht wurde ich durch Lichter, Schnarchen, spirituelle Übungen und Kämpfe der Amerikanerin gegen die Bettwanzen wachgehalten.

Der Raum, in dem ich schlief, wurde den ganzen Tag und einen Teil des Abends für Meditationskurse genutzt, sodass ich ihn nicht einmal betreten konnte, um mir ein Taschentuch zu holen. In Freda hatte ich das Beispiel einer Engländerin, die sich erfolgreich ›indisiert‹ hatte; aber ihre totale Selbsthingabe, ihr alles durchdringender Sinn für soziale Verantwortung, ihre blinde Gleichgültigkeit gegenüber ihrem Komfort und ihrer Bequemlichkeit blieben mir weiterhin ein Rätsel.

Dutzende Flüchtlinge kamen aus den Lagern und tauchten vor Fredas Tür auf, ohne Geld, Essen oder anständige Kleidung und oft in einem fortgeschrittenen Krankheitsstadium. Freda, die weniger gesellschaftliche Kategorien als Individuen kümmerten, wies nie einen einzigen Tibeter ab, der zu ihr kam und um Hilfe bat.

Trungpa wurde als Leiter der *Young Lamas Home School* eingesetzt und Akong als ihr Manager. Sobald alles fertig war, hatte Freda eine Zusammenkunft mit Nehru, in deren Verlauf sie ihm vielmals für seine Hilfe dankte. Nehru lächelte und sagte mit leiser, ruhiger Stimme: »Ich habe es nicht für *Sie* getan.« Dennoch hatte Freda die *Young Lamas Home School* allein geplant und ins Leben gerufen. Ihr war die Pionierarbeit gelungen, die Tulkus ins 20. Jahrhundert zu befördern, und sie war auf dem Weg, die nächste Stufe ihrer Vision zu verwirklichen – sie in den Westen zu bringen.

Nehru bot die nötige politische Durchsetzungskraft für ihre Schule auf, doch der spirituelle Segen sollte vom 16. Gyalwa Karmapa, Fredas Guru, kommen. Also lud sie ihn nach Delhi ein, um die erforderlichen Rituale durchzuführen. Zudem nutzte sie seine Anwesenheit, um ihn zu bitten, ihr in einer formellen Zeremonie, die den offiziellen Eintritt in den buddhistischen Pfad markiert, *Zuflucht* zu gewähren. Die Zufluchtnahme bestätigte Fredas Glauben, dass der Buddha, seine Lehren und die Gemeinschaft seiner Anhänger und Anhängerinnen ihr den letztendlichen Ort der Sicherheit und des Beistands bieten würden, nicht nur in diesem Leben, sondern in all ihren zukünftigen Leben. Sie war fünfzig, recht alt für einen solchen Schritt, aber vorher war sie nun einmal mit anderen Dingen beschäftigt gewesen.

Für Freda war dies ein enorm sakraler, tiefgreifender Meilenstein auf ihrer spirituellen Reise. »Wenn du Zuflucht nimmst, führst du dein Leben zwar weiter, aber in der Tiefe deines Herzens spürst du, dass du die Oase, den Ort gefunden hast, wo du im Ozean des Leidens Zuflucht nehmen und den Erleuchtungsgeist – *Bodhichitta* – entwickeln kannst. Zuflucht zu nehmen ist eine große, segensreiche Kraftquelle. Manchmal verändert es das ganze Leben, einfach so. Ich habe gesehen, wie sich ein unglückliches Leben durch die Zufluchtnahme nahezu sofort verändert hat«, sagte sie.

»Letztlich ist Zuflucht im buddhistischen Sinne etwas, das sich im Inneren vollzieht. Wir nehmen Zuflucht zum Samen der Buddhaschaft, der allen fühlenden Wesen innewohnt. Wir denken: ›Möge ich das anstreben, was in mir vollkommen ist und was bereits existiert, obwohl ich es nicht sehen kann. Ich möchte die Schleier entfernen, die es verdecken, nicht weil das Ego – ich – es will, sondern damit ich allen Wesen helfen kann.‹ Wir brauchen einen lebendigen Guru und wir üben, den Buddha in ihm zu sehen. Das gibt uns das Wasser, um den Samen der Erleuchtung wachsen zu lassen. Die Zufluchtnahme bei Seiner Heiligkeit, dem Karmapa, hatte meine tiefere Meditation in Gang gebracht«, erklärte sie.

Zu ihrer beträchtlichen Arbeitsbelastung kamen nun noch die Pflichten hinzu, die das Leiten der Schule mit sich brachte. Freda beklagte sich nicht. »Ich habe jetzt siebzehn junge tibetische reinkarnierte Lamas in meinem letzten Projekt für die Flüchtlinge – es ist eine solche Freude, sie hier zu haben und zu sehen, dass sich in ihrem Gesicht widerspiegelt, wie froh sie sind«, schrieb sie 1961 in ihrem Weihnachtsbrief an Olive.

Die Anziehungskraft der Tibeter und ihrer buddhistischen Praxis verstärkte sich immer mehr und die Bindungen zu ihrem weltlichen, häuslichen Leben wurden schwächer. Freda befand sich im Übergang, auf der Hälfte einer Brücke zwischen zwei Welten.

– 12 –

DALHOUSIE

DIE INNERE ANSPANNUNG, die dadurch entstand, dass sie sich zwischen ihrem weltlichen und spirituellen Leben hin- und hergezogen fühlte, konnte nicht andauern. Schon 1961 hatte Freda ihre Saris gegen lange dunkelrote Gewänder getauscht, die an die Robe tibetischer Mönche und Nonnen erinnerten, obwohl sie ihr Haar immer noch zu einem Dutt zurückgebunden trug. Im selben Jahr kündigte sie ihre Arbeit beim *Social Welfare Board* und zog mit der *Young Lamas Home School* von Delhi nach Dalhousie, einer ehemaligen britischen *Hill Station*[5] im nördlichen Bundesstaat Himachal Pradesh, etwa 600 Kilometer von ihrer Wohnung und ihrer Familie entfernt. Ihr Engagement galt nun fast vollständig den Tibetern und ihrem eigenen spirituellen Leben.

Dalhousie war eine schöne Stadt. Sie erstreckte sich über fünf Hügel, war mit Kiefern bewachsen und von Banden lärmender Affen bewohnt. Tausende tibetische Flüchtlinge, die von Nehru dorthin geschickt worden waren, lebten dort. Die Stadt war 1854 von Lord Dalhousie, dem ehemaligen Vizekönig von Indien, als Hill Station gegründet worden, und als Freda und ihre jungen reinkarnierten Schüler dort ankamen, wimmelte es dort von verfallenden Offiziersclubs, anglikanischen Kirchen und großen Häusern im englischen Stil mit Gärten voller Rosen und Dahlien – alles Relikte des Raj. Auf einer Höhe von etwa 2100 Metern bot es wohltuende Erleichterung von der sengenden Sonne der darunter liegenden Ebenen und eine atemberaubende Aussicht auf den Himalaya. Ein Zusatzbonus war, dass Dharamsala, eine weitere Hill Station, nur sechs Stunden mit dem Bus entfernt in südlicher Richtung lag – der Ort, an dem sich der Wohnsitz des Dalai Lama und die tibetische Exilregierung befanden.

5) Rückzugsort für Militärs und Zivilbeamte des britischen Empire während der heißen Sommermonate. (Anm. d. Verl.)

Freda mietete umgehend einen Bungalow für sich selbst und ein großes, imposantes, einst prächtiges zweistöckiges britisches Backsteinhaus, komplett mit Eisentoren, für die neue *Young Lamas Home School*. Es hatte viele Räume, einen großen Garten und lag auf einer Anhöhe. Umgeben von Tibetern und ihren Tulkus fand Freda Zufriedenheit und Erfüllung. »Die Luft in Dalhousie ist klar und frisch wie frische Tannennadeln. Für die Lamas zu arbeiten ist ein grenzenloser Segen. Ich bin hier glücklich«, schrieb sie an Olive.

Freda mochte zwar zufrieden sein, doch ihre Familie war es sicherlich nicht. Im Lauf der Jahre hatte sie sich zwar an ihre häufige Abwesenheit gewöhnt, und Fredas Kinder hatten eine besonders stark ausgeprägte Eigenständigkeit und Unabhängigkeit entwickelt. Fredas Entscheidung, nach Dalhousie zu ziehen, zog jedoch besonders drastische Konsequenzen nach sich. »Das Problem war, dass sie mit der Kündigung ihrer Arbeit auch die Wohnung der Familie aufgab, ebenso wie das kleine staatliche Gehalt, das sie bezog«, sagte Kabir. »Das Leben war ohnehin schon hart genug. Mummy war die Hauptverdienerin (und selbst ihr Gehalt war niedrig). Die Preise stiegen und Schulgebühren mussten bezahlt werden. Ranga war verheiratet, aber Guli war erst vierzehn und verlor das einzige Zuhause, das sie hatte. Wo sollte sie die Ferien verbringen? Außerdem: Wer sollte meine Ausbildung bezahlen? Ich war sechzehn und stand kurz vor meiner Aufnahme ins St. Stephen's College, eines der besten weiterführenden Colleges in Delhi.«

Er beklagte sich bitterlich, doch Fredas Antwort war kühl und praktisch. »Mummy setzte sich mit mir zusammen und sagte ganz offen: ›Ich habe jetzt den religiösen Weg eingeschlagen und weiß nicht, wie ich dich unterstützen kann.‹ Sie schlug vor, ich solle mit dem Maharaja von Sikkim sprechen und ihn fragen, ob er helfen könne. Das tat ich. Ich wurde in einem schönen Gästehaus untergebracht und sprach ihn höflich an: ›Sir, ich brauche etwas Hilfe bei den Studiengebühren.‹ ›Natürlich, wie viel brauchst du?‹, antwortete der Maharaja. ›20.000 Rupien‹, sagte ich. Er lachte. ›Bist du sicher, dass das reicht?‹, fragte er. Ich wünschte, ich hätte um mehr gebeten. Er hatte Mummy kennengelernt, als sie im Karmapa-Kloster in Sikkim war, und wusste von ihrer Arbeit – er respektierte sie sehr.« Fredas unermüdlicher Einsatz für andere zahlte sich in Sachleistungen aus, wenn auch nicht in persönlichem Reichtum.

Freda bot auch an, dass Guli in die *Sacred Heart Convent High School* in Dalhousie gehen und so in der Nähe ihrer Mutter sein konnte, aber die unabhängige Guli entschied sich dafür, dort zu bleiben, wo sie war. Am Ende öffneten Ranga und seine Frau Umi ihr Haus in Assam für Guli und Kabir, wann immer diese kommen wollten.

Was Fredas Mann BPL betraf, so traf er sein eigenes Arrangement. Ihre einst leidenschaftliche Liebesbeziehung, die sich über die Schranken der ethnischen Herkunft hinweggesetzt hatte, war erloschen. Das große Ziel, das sie von Anfang an verbunden und in den dramatischen Anfangsjahren ihrer Ehe zusammengeschweißt hatte – das Streben nach indischer Unabhängigkeit – war erreicht, und beide gingen nun getrennte Wege. 1953 hatte Freda nach ihrer Erleuchtungserfahrung in Burma ein Zölibatsgelübde, das Brahmacharya-Gelübde, abgelegt, während es BPL nie an Verehrerinnen gemangelt und er zahlreich Affären gehabt hatte.

»Mein Vater liebte meine Mutter, aber er war ein Lebemann«, sagte Guli. »Frauen wurden von ihm angezogen – er war ein Magnet, sie scharwenzelten um ihn herum. Er konnte einfach nicht monogam sein. Ich erinnere mich, dass er in der Schule einmal mit einer Italienerin auftauchte, die er als ›Freundin‹ vorstellte, dann aber eine Woche lang mit ihr in die Berge fuhr. Ich kann mich zwar nicht entsinnen, dass es zu Hause jemals ein böses Wort wegen seiner Affären gab, aber meine Mutter war sehr viel Stress ausgesetzt.«

Eine bestimmte Liaison sorgte jedoch für ernstliche Spannungen in der Familie. Als BPLs Bruder, der Richter, starb, bat er BPL, sich um seine Geliebte zu kümmern, die Freda und den Kindern als Tante Raj gut bekannt war. Sie besuchten sie von Zeit zu Zeit und standen in freundschaftlichem Kontakt zueinander. BPL nahm die Bitte seines Bruders ernst – und zog bei Tante Raj und ihrer Tochter ein (die, darauf besteht die Familie, nicht von BPL war). »Meine Mutter hat es nie gesagt, aber es brach ihr das Herz«, sagte Guli. »Mein Vater verehrte meine Mutter und erklärte immer, sie sei die Liebe seines Lebens. Aber er brauchte mehr.«

Niemand weiß wirklich, warum Freda die schwerwiegende Entscheidung traf, so eine große physische Distanz zu ihrer Familie herzustellen und diese durch ihren Umzug nach Dalhousie im Stich zu lassen, aber BPLs Affären könnten ihr die Entscheidung erleichtert haben. Sie hat deswegen ihrem Mann gegenüber nie Groll zum Ausdruck gebracht und irgendwann erklärte sie, sie sei Tante Raj sogar dankbar dafür, dass sie sich um BPL kümmerte, als er alt geworden war und von Gicht und Rückenschmerzen geplagt wurde. Freda und BPL verstanden sich für den Rest ihres getrennten Lebens sehr gut, besuchten sich, wann immer es möglich war, und hielten sich in ständigem Kontakt über Familienangelegenheiten und ihre jeweiligen Aktivitäten auf dem Laufenden. Fredas Briefen aus der ganzen Welt war stets ein respektvoller, sogar liebevoller Ton zu eigen, und sie sprach ihren Mann als »Mein lieber, geschätzter Babaji« an (der Titel des Gurus, der er geworden war).

Freda war nun frei, sich auf die Neugründung der *Young Lamas Home School* in Dalhousie zu konzentrieren. Mit der Erlaubnis des Dalai Lama übertrug sie ihrem spirituellen Sohn, Chögyam Trungpa, die Leitung der spirituellen Studien, und als dieser die Schule verließ, übernahm ein anderer bedeutender Tulku diese Aufgabe: Ato Rinpoche (Dilgo Khyentses Neffe). Die Schule hatte immer etwa dreißig Schüler.

Freda, die in allen religiösen Richtungen von Grund auf nicht sektiererisch war, ermutigte ihre Schüler zwar, ihren jeweiligen Traditionen treu zu bleiben, doch sie wollte sie ins formelle Studium der Geografie, Geschichte und der englischen Sprache einführen, mittels der sie, wie sie sich vorstellte, die Botschaft des Buddha an die Welt draußen weitergeben würden. Die meisten jungen Tulkus dürfte es nicht sonderlich interessiert haben, sich mit solch fremden Fächern zu befassen, und sie gingen mehr oder weniger halbherzig an den Unterricht heran. Doch Freda blieb hartnäckig.

In Dalhousie traf auch eine bunte Schar von Menschen aus dem Westen auf Freda (darunter Allen Ginsberg, der Dichter der Beat-Generation), als sie sich auf den Weg zur *Young Lamas Home School* machten, um ihre Dienste anzubieten. Ihre Eindrücke von der Engländerin mittleren Alters ermöglichten unvoreingenommene, frische Einblicke in die Persönlichkeit Fredas, denn sie ließen sich nicht von ihrem Ruhm, ihrem Status oder ihrer spirituellen Reputation, die ihr nachgesagt wurde, blenden.

Als Diane Perry, eine Zwanzigjährige aus dem Londoner East End, einen tibetischen Guru finden wollte, bat sie Freda in einem Brief um Hilfe und wurde sofort zur *Young Lamas Home School* gerufen. Später wurde Diane als Tenzin Palmo ordiniert und dadurch bekannt, dass sie zwölf Jahre im Retreat im Himalaya verbrachte. Mein Buch »Das Licht, das keinen Schatten wirft« erzählt davon.

Tenzin Palmo erinnerte sich: »Im März 1963 kam ich in Dalhousie an, nachdem ich die letzten zwei Stunden durch Schnee gestapft war. Ich fand Mrs. Bedi in der Küche. Sie stand über einen Herd gebeugt, aus dem zwar Rauch quoll, der aber keine Wärme abgab. Sie kochte Hafergrütze, vermengt mit irgendeinem tibetischen Käse – eine ungewohnte Mischung. Sie war eine groß gewachsene, mollige Frau Mitte fünfzig, mit blauen Augen, einer Adlernase und grauem Haar, das sie zu einem Knoten zusammengebunden hatte. Ich erinnere mich, dass sie einen burgunderroten Sari aus schwerem Wollstoff trug, der sie gigantisch wirken ließ. Ich war fast einundzwanzig und sie in den Fünfzigern, der Altersunterschied war also beträchtlich.

Sie war ganz entschieden eine bemerkenswerte Persönlichkeit – ein seltsames Gemisch indischer und englischer Prägung. Ihre Wurzeln hat sie nie ganz aufgegeben. Sie war es gewohnt, Befehle zu erteilen, und kroch vor niemandem zu Kreuze. Sie war sehr lustig, voller Selbstvertrauen und ich bewunderte und liebte sie sehr.

Sie hatte viele gute Ideen und konnte exzellent Geld beschaffen. Zu jener Zeit waren die Tibeter noch nicht organisiert, hatten keine Englischkenntnisse und wussten nichts von Hilfsorganisationen oder wie man um Unterstützung nachsucht. Freda Bedi hingegen war außerordentlich gut organisiert und konnte ihre Sache hervorragend vertreten. Doch obwohl Mummy ausgezeichnet für andere organisieren konnte, war sie für sich selbst nicht sehr gut darin. In ihrem Zimmer herrschte stets ein Durcheinander – nie konnte sie etwas finden. Sie hatte auch nicht viel Gespür für den Umgang mit Geld. Es kam ziemlich viel Geld herein, aber es wurde alles für Kleinigkeiten, wie Bettwäsche und Handtücher, verbraucht. Stattdessen hätte sie besser Land oder Immobilien kaufen können, was damals sehr billig war, und sich etablieren können.

Die Tibeter bewunderten sie ehrfürchtig und wandten sich immer an sie, wenn sie Hilfe brauchten. Sie half allen. Es kümmerte sie nicht, ob die Betreffenden Laien, Mönche, von hohem oder niedrigem Rang, männlich oder weiblich waren oder welcher Schule des Buddhismus sie angehörten. Tibeter sind im Allgemeinen recht engstirnig und halten sich an ihre eigene Sekte; Mummy, die sie alle gleich behandelte, öffnete ihnen die Augen. Sie waren hilflos und sie war für sie da. Sie sah sich selbst als Mutter – eine universelle Mutter, die fürsorglich ist und allen hilft. Sie brauchte nur zu sehen, dass eine Situation angespannt und traumatisch war, und schon schritt sie ein.«

Eine andere Frau, die miterlebte, wie Freda Hürden aus dem Weg räumte, um das zu bekommen, was sie wollte, war Joanna Macy, eine bekannte amerikanische Umweltschützerin, Lehrerin und Autorin. Sie wohnte mit ihrem Mann, der für das Friedenskorps arbeitete, in Delhi, als Freda zu Besuch kam.

»Ich erinnere mich, dass ich die Tür öffnete und da stand sie in ihrer burgunderroten Kleidung und begrüßte mich, als sei ich der Gast und nicht sie. Es gefiel mir, wie dieser »Touch« von britischem Kolonialherrentum eine so paradoxe, großartige Verbindung mit dem Gewand einging, das sie trug. Sie war gekommen, weil sie wollte, dass mein Mann eine bestimmte Person aus dem Friedenskorps freistellte, um für sie in Dalhousie zu arbeiten. ›Ich werde mit meinem Freund Mr. B im Kabinett sprechen‹, sagte Mummy lächelnd. ›Wann können wir ihn erwarten, was meinen Sie?‹ Es war eine Mischung aus Heiterkeit und reiner Unverfrorenheit. Sie war so englisch, wie es nur Engländer sein können. Sie hatte Autorität, die von innen kam«, sagte Macy.

Später ging Joanna Macy nach Dalhousie und half Khamtrul Rinpoche, sich niederzulassen. Er war ein hoher Lama, der mit einer großen Anhängerschaft aus Tibet geflohen war, darunter auch Mönche und eine große Gruppe versierter Künstler und Handwerker. Sie nahm die Gelegenheit wahr, um in einem kleinen Kurs für Westler, den Freda in Dalhousie organisiert hatte, ihre Lehren zu hören. Macy machte auch ein Schweige-Retreat unter Fredas Leitung und sieht heute Fredas Einfluss auf ihr spirituelles Leben.

»Das, was sie zu sagen hatte, zeichnete sich durch Klarheit und Einfachheit aus. Ich kann keine Lehren akzeptieren, wenn sie etwas Unechtes an sich haben – wenn sie nicht der echten Integrität einer Person entspringen; wenn das, was sie sagt, lediglich auf dem beruht, was sie gehört oder gelesen hat. Bei Freda konnte ich alles in mich aufnehmen. Es kam von einem Ort, das über Gehörtes und Angelesenes hinausging.

Ich weiß nicht, wie tief ihre spirituelle Verwirklichung ging. In solche Bereiche bin ich nicht vorgedrungen. Sie erzählte mir etwas über ihre mystische Erfahrung in Burma; sagte, sie sei auf die Straße hinausgegangen und hätte alles auf der Welt wie von innen heraus leuchtend gesehen. Sie ging also nicht in eine formlose Weite – für sie war die gewöhnliche Welt transformiert.

Auch durch ihr Handeln lernte ich von ihr. Nie hörte ich sie etwas Gemeines über jemanden sagen. Sie dachte *immer* an andere, schrieb *ständig* an Menschen und versuchte, für andere das zu besorgen, was sie brauchten. Und das tat sie mit einer solchen Zuneigung! Immer lag eine Mappe auf ihrem Schoß und wann immer sie eine Minute Zeit hatte, schrieb sie jemandem eine Nachricht.

Mummy war wirklich wunderbar für mich«, fuhr Macy fort. »Zunächst war sie wichtig, weil sie eine Frau war. Ich bin dankbar dafür, dass jemand die Lehren und die Praxis verstanden und sie mir nahegebracht hat, und dafür, dass dies in einer Tradition, die ziemlich männerdominiert ist, eine Frau war. Ich hatte es mir nicht mit Absicht so ausgesucht – es war reines Glück. Ich war nicht bewusst feministisch, aber ich kannte Freda und vertraute ihr. Sie liebte den Dharma und brachte diese Liebe auf eine mutige, unerschrockene Weise ein. Als ich sie zum ersten Mal um Belehrungen bat, antwortete sie: ›Ja, natürlich, meine Liebe, es wird mir eine Freude sein. Das ist genau das Richtige.‹ Ich spürte, dass sie nur auf diese Bitte gewartet hatte.

Obwohl sie Ehrfurcht vor der Tradition hatte, präsentierte sie mir nichts, was von einer bestimmten Lehrmeinung oder Sichtweise überlagert war. Und sie begann auch nicht, wie es die Lamas getan hätten, mit dem Vajrayana (der Form des Buddhismus, die vor allem in Tibet existiert). Stattdessen wollte sie, dass ich ihren Weg rekapitulierte, beginnend mit dem Theravada-Buddhismus, den sie in Rangun kennengelernt hatte. Für mich war das wirklich großartig. Es machte mich mit den frühen Lehren des Buddha vertraut und disziplinierte meinen Geist, indem ich die unmittelbar in meinem Körper und Geist aufkommenden mentalen und physischen Phänomene wahrnahm. ›Reine Aufmerksamkeit – beobachte einfach die Gedanken.

Sei dessen gewahr, dass du denkst. Nimm das Ich da raus‹, wies mich Mummy an. Dadurch konnte ich später an der Universität ohne jeglichen Filter an die frühen Lehren herangehen, mit ungeheurem Respekt und Neugierde für das, was der Buddha gesagt hat. Mein Retreat empfand ich zwar als harte Zeit, aber ich war dennoch fasziniert, meinen Geist zu beobachten.

Sie versuchte, mich direkt an die tibetische Praxis heranzuführen. Immer wieder sprach sie von Trungpa, den sie sehr liebte. ›Warte, bis du ihn triffst‹, sagte sie. Als Trungpa in die Staaten kam, dachte ich: ›Jetzt werde ich bestimmt zu einer tibetischen Praxis übergehen.‹ Aber ich blieb bei der Vipassana-Praxis, die ich von Mummy gelernt hatte.

Was Mummy jedoch *nicht* für mich getan hat, war, die gesellschaftliche Bedeutung der Lehren des Buddha für unsere Zeit herauszuarbeiten – etwas, worauf ich mich inzwischen stark konzentrierte. ›Engagierter Buddhismus‹ wird es genannt. Aus meiner Sicht befreit uns der Buddhismus so, dass wir in der Lage sind, etwas für das soziale und ökologische Überleben zu tun – was für eine gerechte und nachhaltige Gesellschaft nötig ist. Das war jedoch für Mummy nicht von Interesse.«

Eine andere Freiwillige war Faith Grahame, eine zarte junge Frau aus Brighton, England, die schließlich Fredas Sekretärin und dann eine Nonne wurde. Ebenso wie Tenzin Palmo hatte sie eine unerklärliche Affinität zum tibetischen Buddhismus entdeckt und hörte von Freda Bedi durch die *Tibet Society* am Eccleston Square in London.

»Ich schrieb ihr. Sie sagte: ›Komm! Komm!‹ Ich war bereit und wollte an Bord des Schiffes nach Mumbai gehen, als all diese Kisten vor meiner Haustür ankamen. Sie waren voll mit Büchern und Lebensmitteln, die Freda mithilfe ihrer vielen Kontakte in England beschafft hatte, und sie erwartete, dass ich sie zusammen mit meinem eigenen Gepäck trug. Es gab keine Warnung, keinen Zettel, auf dem stand: ›Macht es Ihnen etwas aus?‹ Das war Freda.

Ich machte mich auf den Weg nach Dalhousie und wurde von dieser stattlichen Frau mit großen, durchdringenden Augen und einer sehr lauten Stimme empfangen, die Indern Anweisungen zubrüllte. Ich war zwanzig, arglos und zutiefst erschrocken! Im Lauf der nächsten Jahre lernte ich sie besser kennen. Sie war eine Mischung aus Freundlichkeit, Warmherzigkeit, Furchtlosigkeit, herrischem Verhalten und Sensibilität. Ich erinnere mich zum Beispiel an eine Nonne, deren linke Hand taub wurde. Freda schrieb einen Brief für sie, den sie zum Arzt mitnehmen sollte und den ich tippte; darin war das Problem in Fachsprache formuliert, damit die Nonne sich nicht ängstigte. Sie hatte nämlich Lepra.

In Freda verbanden sich Idealismus mit absoluter Unfähigkeit in praktischen Dingen und Naivität. So hatte sie zum Beispiel diesen Mitarbeiter, einen Sikh, der sich um alle Finanzen der Schule kümmerte und auf den sie hörte, als sei sie nicht ganz gescheit. Alle wussten, dass er sie betrog und Geld an seine Familie abzweigte. Er nahm viel Geld. Aber sie wollte es nie glauben, zum einen, weil er ein Sikh war, zum anderen, weil sie nur das Gute in jedem Menschen sehen wollte.«

Eine von Fredas fehlgeschlagenen Unternehmungen, an die sich Faith erinnerte, betraf eine Büffelkuh, die Freda für einige Mönche kaufen wollte, die sie in Andretta unterstützte. Es war eine hübsche Kolonie traditioneller tibetischer Künstler im grünen, malerischen Kangra-Tal in Himachal Pradesh, wo Freda auch ein kleines Haus aus Lehmziegeln gebaut hatte. »Das Problem war, dass die Mönche das Tier wirklich nicht haben wollten. Sie mussten lernen, wie es gemolken wurde, und seine Pflege nahm viel Zeit in Anspruch. Einer der Mönche war schon sehr alt. Niemand verstand, was Mummy sich dabei gedacht hatte«, sagte Faith. Am Ende rettete Ranga wieder einmal die Situation, indem er den Mönchen das Tier abnahm.

Die meisten der jungen Freiwilligen hatten regelrecht Angst vor Fredas manchmal herrischer, gebieterischer Art – doch nicht so Alethea. Als Tochter eines anglikanischen

Bischofs und einer Oxford-Absolventin konnte sie sich durchaus behaupten, auch wenn sie dreißig Jahre jünger war als Freda. Alethea kam 1965 nach Indien, um den tibetischen Flüchtlingen zu helfen. »Über die Freundin einer Freundin hörte ich von Freda. ›Sie hat zwar einen kleinen Fimmel mit ihren Tibetern, aber wenn du unterrichten willst, ist sie die Richtige für dich. Freda Bedi kennt jeden.‹ Und das stimmte«, erzählte Alethea mir in ihrem Zuhause im englischen Cambridge, wo sie heute mit ihrer Tochter und ihrem Mann Ato Rinpoche lebt, dem gut aussehenden Tulku, den sie in der *Young Lamas Home School* kennen- und lieben lernte.

»Sie war sehr ›gluckenhaft‹ und wollte allen eine Mutter sein. Bei mir funktionierte das nicht. Freda *war nicht* meine Mutter. Sie wollte nur allzu gern lehren und war maßgeblich daran beteiligt, dass bestimmte tibetische Texte ins Englische übersetzt wurden. Sie legte auch großen Wert auf Glauben und Hingabe, aber ich war nicht nach Indien gekommen, um meine Religion zu ändern. Dennoch war sie eine hervorragende Lehrerin und ich bin ihr zu Dank verpflichtet für ihre Lektionen in Buddhismus, die ich nie vergessen habe.

Ich bewunderte sie für ihre Findigkeit und Initiative, keine Frage. Sie hatte ausgezeichnete Kontakte zu den höheren Rängen der indischen Regierung. Als jemand einmal ein Visum brauchte, rauschte sie ins Konsulat und verlangte: ›Ich möchte den Hochkommissar sprechen.‹ Sie kannte ihn persönlich. Man kümmerte sich umgehend um das Visum. Auch in indischen Zügen und wenn man sich eine Fahrrad-Rikscha sichern wollte, war sie ein Genie.

Aber manchmal tat sie auch etwas Verhängnisvolles. Ich erinnere mich, dass sie eine Schule in Yorkshire dazu brachte, Geld für einen Büffel zu sammeln, aber als die Schule es geschickt hatte, schrieb Freda und sagte, sie würde das Geld stattdessen für Wärmflaschen ausgeben, weil es so kalt sei. Die Zuständigen in der Schule waren entsetzt und antworteten, sie hätten das Geld unter Vorspiegelung falscher Tatsachen gesammelt.«

Freda war definitiv nicht begeistert, als Alethea, ihre nützliche junge Englischlehrerin, eine romantische Beziehung mit Ato Rinpoche einging, der ein angesehener Lama war, ein Neffe des berühmten Dilgo Khyentse Rinpoche und als achte Inkarnation des Tenzin Tulku von Nezang anerkannt. Die Liaison verursachte einen riesigen Skandal und großen Aufruhr in der *Young Lamas Home School*.

»Es bedeutete, dass er seine Robe ablegte und kein Mönch mehr war – ein schwerer Verlust eines nützlichen jungen Lamas. Zu jener Zeit hatte der Karmapa auch Trungpa verloren und der Gedanke kam auf, es sei keine gute Idee, dass Rinpoches Englisch lernten! Freda hatte eine blauäugige, romantische Sicht der Tulkus; sie hielt sie alle für reine Seelen. Doch obwohl ihr meine Beziehung zu Ato sicherlich nicht gefiel, tadelte sie mich nicht im Geringsten. Als ich es ihr sagte, fragte sie, ob ich es wirklich ernst meine. Ich sagte Ja. Es gab zwar keine Auseinandersetzungen, aber ich bin mir sicher, dass es ein Schock und eine Enttäuschung für sie war. Sobald sie wusste, dass ich es aufrichtig meinte, akzeptierte sie es jedoch vollkommen. Wir heirateten bald darauf in Delhi im Februar 1967. Ich war sechsundzwanzig.

Ato musste es Seiner Heiligkeit dem Dalai Lama sagen. Er hatte ein Gespräch mit ihm. Wir warteten alle mit angehaltenem Atem, um zu sehen, wie der Dalai Lama reagieren würde, aber die Tatsache, dass das Treffen weit über eine Stunde dauerte, war ein Zeichen, dass ihre Beziehung überlebt hatte.«

1967 zogen Alethea und Ato nach Cambridge in England, wo ihre Tochter zur Welt kam. Ato arbeitete jahrelang als Krankenpfleger in einer psychiatrischen Klinik, bevor er wieder begann, in Europa und Kanada zu lehren.

Das nächste Mal begegnete Alethea Freda 1974 anlässlich einer der Reisen des Karmapa. »Sie war so charmant und verschroben wie immer. Ich schlug ihr vor, ein Bad zu nehmen, um sich nach ihrer Ankunft frisch zu machen. ›Ich bade nie nach der Mittagszeit. Der Karmapa hat mir davon abgeraten.‹ Es war eine harmlose Kleinigkeit, aber mir taten

Leute leid, die jede Aussage eines Lamas als in Stein gemeißelt ansehen.«

Letztendlich erkannte auch Alethea, so wie alle, die mit Freda und ihrer Arbeit in Kontakt kamen, ihre Leistungen an: »Man muss trotz allem zugeben, dass Freda eine ganze Menge erreicht hat. Sie erkannte sehr klar, was erforderlich war: dass die Tibeter etwas über den Rest der Welt lernten. Und sie hatte den Eifer einer Neubekehrten, um es zu bewerkstelligen. Sie war zutiefst davon überzeugt – und sie hatte recht!«

Eine weitere Quelle zum Rekrutieren von Freiwilligen war das internationale Netzwerk, das Freda in Delhi aufgebaut hatte: die *Tibetan Friendship Group*, durch die sie Brieffreunde, Sponsoren und Helfer für ihre Tulkus und die tibetischen Flüchtlinge im Allgemeinen »an Land zog«.

Einer dieser Freiwilligen, John Weir Hardy, ein junger Mann mit besonders guten Beziehungen (ausgebildet in Eton, Englands exklusivster, teuerster Privatschule), schrieb in einem Rundbrief begeistert über seine Erfahrungen mit Freda:

> Ich verließ England verbittert, weil ich den Glauben an die Menschheit verloren hatte. Im Geschäftsleben lag nie meine Stärke. Die Tibeter haben mich von meiner Mutlosigkeit geheilt und mich viel gelehrt. Sie haben mir das nötige innere Gleichgewicht vermittelt, das man finden muss, um durchs Leben zu gehen; und Mummy konnte mir zeigen, wie man das Spirituelle mit dem Materiellen auf nützliche Weise verbindet. Jede flüchtige Sekunde ist eine Welt für sich, eine weitere Facette der Lebensweise eines komplexen Volkes, ein weiterer Einblick in eine Welt, die viel kultivierter ist, als ich es je kennengelernt habe.
>
> Und daher der Fortschritt. Eton zeigt großes Interesse an der Arbeit und wird einen großen Spendenaufruf starten, in der Hoffnung, etwa 1000 Pfund zu sammeln; der Großteil davon soll für einen Jeep verwendet werden.

Fredas Newsletter der *Tibetan Friendship Group* war eine Möglichkeit, die Außenwelt über die Notlage Tibets und die Folgen der chinesischen Invasion für das tibetische Volk zu informieren. Im Lauf ihres Lebens schrieb sie – meistens bis spät in die Nacht hinein – buchstäblich Zehntausende Briefe an Vereine und Einzelpersonen, in denen sie um Spenden, Waren, Unterstützung, Kleidung, Fachwissen und alles andere bat, was benötigt wurde. Sie setzte all ihre Überredungskunst und journalistischen Fähigkeiten ein und gestaltete jeden Brief sehr persönlich, um die Angesprochenen zu umfassendem Engagement zu ermuntern und damit deren Bereitschaft zum Geben zu fördern. Ihre Herangehensweise betonte, typisch Freda, menschliche Interessen mehr als intellektuelle Argumente:

> Das ist Yangchen (Bild beigefügt), ein kleines Novizenmädchen in Tilokpur, dem Nonnenkloster des Mahayana-Buddhismus. Sie ist das höflichste kleine Mädchen, das wir hier haben. Gute Manieren sind zwar eine Tugend, die in unserer heutigen modernen Zeit kaum noch Beachtung findet, aber wie angenehm ist es doch, ein so nettes kleines Mädchen zu haben. SIE BRAUCHT EINEN SPONSOR [sic], der sie mit sieben Dollar im Monat oder sogar nur fünf Dollar für Essen unterstützt. Ihre jüngere Schwester, Jayong, sieben oder acht Jahre alt, ist sehr aufgeweckt, ein liebes Kind.

Über eine Flüchtlingsschule in Varanasi, die sie besucht und unter ihre Fittiche genommen hatte, schrieb sie:

> Es herrschte große Armut unter den Schülern. Sie haben zwar Stipendien, wenn auch dürftige, aber Notfälle gibt es immer – Kleidung, die gekauft werden muss, und Medikamente, die über das hinausgehen, was zur Verfügung gestellt werden kann. Ich wünschte, jemand würde Weihnachten an die Schüler denken.

Der Junge, dem mit Arzneimitteln geholfen wurde (Spende von Mrs. Mollie Noeltner, USA), steht noch vor der Operation und benötigt mindestens 400 Rupien (ca. 54 Dollar) für die Herzmedikamente. Ein anderer Schüler sieht sehr danach aus, als hätte er TB. Viele dieser Schüler würden sich über Brieffreunde freuen. Allerdings müssten diese ihnen Geld für das Porto schicken. Selbst wenn keine großen Summen geschickt werden, gäbe ihnen das ein Gefühl der Kameradschaft und der Ermutigung.

Die Tulkus lernten Englisch und ihre Lektionen über die moderne Welt mit unterschiedlichem Erfolg. Fredas Starschüler, Trungpa Rinpoche, machte jedoch außergewöhnliche Fortschritte und Fredas Ambitionen für ihn wurden immer ehrgeiziger. Er hatte eine natürliche Begabung für Englisch und las gerne die Dichter, mit denen ihn Freda bekannt machte, besonders T. S. Eliot. Er interessierte sich auch sehr für Geschichte und Geografie. Freda beschloss, dass er bereit war für den Versuch, in Oxford – der Universität, die sie selbst besucht hatte – aufgenommen zu werden, wo er die beste Ausbildung erhalten würde, die der Westen zu bieten hatte. Mit solchen Referenzen wäre er perfekt gerüstet und hätte das nötige Auftreten, um der Welt die heiligen buddhistischen Lehren in einer Sprache zu vermitteln, die sie verstand.

Mit der Hilfe von John Driver, einem Engländer, der Trungpa ebenfalls unterrichtete, machte sich Freda daran, ein Spalding-Stipendium für Trungpa zu beantragen, und hatte Erfolg. Im Frühjahr 1963 brach Trungpa in Begleitung von Akong Rinpoche nach England auf, um in die schwer zugänglichen, privilegierten und geheiligten Hallen der Universität Oxford einzutreten. Es war für beide eine weitere epochale Reise ins Unbekannte, die ebenso viele Abenteuer, Fallstricke und Triumphe bereithielt wie ihre Flucht aus Tibet.

Und für beide war es ein harter Einstieg in eine fremde Welt. Seinem Wunsch folgend, Arzt zu werden, vertiefte Akong seine Kenntnisse der westlichen Medizin, indem er als Pfleger im Churchill Hospital arbeitete. Es war ein böses Erwachen.

»Hätte ich die buddhistischen Lehren nicht gehabt und nicht schon einiges über den Geist gewusst, dann hätte ich mich erhängt«, gestand er. »Es ist ziemlich hart, an einem Tag auf einem Thron zu sitzen und am nächsten Toiletten zu putzen. Doch irgendwann begann ich, meine Arbeit zu mögen, und inzwischen bin ich sehr dankbar für diese Erfahrung. Und der Lohn half, Trungpa und mich zu unterstützen. Ich war nie gut im Studieren. Mich interessierte es nur, Menschen zu helfen. Am Ende durfte ich mit in den Operationssaal, um zuzusehen. Das machte mir Freude. Ich lernte eine Menge. Ich war ziemlich traurig, dass ich es aufgeben musste, als wir nach Schottland zogen«, sagte er und bezog sich dabei auf die Gründung von Samye Ling im Jahr 1967, des ersten tibetischen Klosters im Westen, in der kleinen Stadt Eskdalemuir.

Was Trungpa betrifft, so erwarb er neben einer ausgezeichneten Ausbildung einen britischen Pass und einen Oxford-Akzent, entwickelte eine Vorliebe für formelle Abendessen mit feinem Porzellan und Kerzenleuchtern, für gut geschnittene Anzüge und für englisches Protokoll und Manieren. All das nutzte er gut für sein innovatives Wirken, als er 1970 in Begleitung seiner sehr jungen englischen Braut, Diana Pybus, in die Vereinigten Staaten zog.

– 13 –

DIE NONNEN

NICHT NUR DIE INTELLIGENTEN jungen Tulkus sammelte Freda fleißig um sich. Auch eine Handvoll Nonnen hielt sich in den Hügeln von Dalhousie auf, verloren und verlassen. Von den 200.000 Nonnen, die es im alten Tibet gab, hatten es nur 156 geschafft zu fliehen. Sie waren über verschiedene Flüchtlingssiedlungen in Indien verstreut, ohne dass ihnen jemand half oder ihnen organisatorischen Rückhalt gab.

Ihr Schicksal war das Ergebnis der streng patriarchalischen Kultur, die stets der Bildung und dem Wohlergehen der Mönche Vorrang vor denen der Nonnen gegeben hatte. Die Mönche hatten ihre mächtigen, reichen, einflussreichen Klöster, fruchtbare Keimzellen des spirituellen Lernens und Praktizierens, mit einer hervorragend organisierten Infrastruktur. Die Nonnen hingegen wurden in kleine, ärmliche Behausungen verbannt und galten aufgrund ihrer Novizinnenordination – die volle Ordination war im alten Tibet für Frauen nicht möglich – allgemein als den Mönchen unterlegen. Während dementsprechend die Mönche in den tiefgründigen Schriften ausgebildet wurden, durch die sich der tibetische Buddhismus auszeichnet, und sakrale Kunst und Tanz sowie die Kunst des Debattierens erlernten, mussten sich die Nonnen auf einfache Gebete und Rituale beschränken oder die Mönche in der Klosterküche bedienen.

Trotz ihres niedrigeren Status erwiesen sich die Nonnen jedoch in ihrer religiösen Hingabe als ebenso aufrichtig, kämpferisch, energisch und ungeheuer mutig wie die Mönche. Während der brutalen chinesischen Invasion und der Zerstörung des einzigartigen spirituellen Erbes ihres Landes marschierten die Nonnen, jung und alt, mit nichts anderem als ihrem Mut bewaffnet, wiederholt gegen ihre Unterdrücker. Sie schüttelten ihre Fäuste und riefen »Lang lebe der Dalai Lama!« Viele von ihnen wurden ins Gefängnis geworfen, grausam gefoltert, getötet und mussten jahrelang hungern.

Was ihre spirituellen Fähigkeiten anbelangt, hatte Tibet einige der mächtigsten Meditierenden überhaupt hervorgebracht: Yoginis, die jahrelang allein in abgelegenen, hoch gelegenen Höhlen des Himalaya lebten, ihre Köpfe nicht rasierten, sondern ihr Haar lang und wild wachsen ließen und anschließend so strahlend wieder zum Vorschein kamen, dass selbst die männlichen Yogis ihre höhere Verwirklichung anerkannten.

Freda, die sich seit jeher für Frauen eingesetzt hatte, schaute sich die wenigen Nonnen in Dalhousie an, und es drängte sie, ihnen zu helfen. Weiter oben auf dem Hügel mit der *Young Lamas Home School* fand sie eine verlassene Villa, die früher einem britischen Sahib gehört hatte, mit einer verglasten Veranda und einem überwucherten Garten. Die wäre hervorragend geeignet, dachte sie und sorgte prompt dafür, dass die Nonnen dort einziehen konnten. Sie nannte das Anwesen »*Nun's Hermitage*« (»Nonnen-Einsiedelei«) und machte sich sofort daran, unzählige Briefe an ihr riesiges internationales Unterstützernetzwerk zu schreiben, in denen sie um Spenden für Roben, Nahrung, Medizin und andere notwendige Materialien bat, um »diese Nonnen in ihrem Leben der höheren Meditation und des Dienstes an der Menschheit« zu unterstützen. Es war ein weiteres Projekt, das sie in ihrem bereits überquellenden selbst gewählten Tätigkeitsfeld verwalten musste, und eines, das ihr besonders am Herzen lag.

Zu Oxford-Zeiten war Freda von Barbara Castle gut in Frauen-Gleichberechtigung geschult worden und nun hatte sie große Pläne für ihre Nonnen. Ihre Vision war, ihnen ein Nonnenkloster für einen dauerhaften Aufenthalt zu bauen, ein separates Retreat-Zentrum und noch ein Institut für höhere Studien, die ihnen jahrhundertelang verwehrt worden waren. Eine solche Ausbildung würde die Nonnen fast auf eine Stufe mit Mönchen stellen. Nach ihrem Verständnis war es nicht ausreichend, Gebete zu sprechen und bestimmte Rituale auszuführen, um das höchste Ziel des Buddhismus zu erreichen: das Realisieren der letztendlichen Wirklichkeit, das – zusammen mit einem Herz voller Mitgefühl für alle fühlenden Wesen – zur Erleuchtung führt. Dafür ist es zunächst erforderlich, sich mit den umfangreichen philosophischen Lehren gut vertraut zu machen, bis man deren Bedeutung *intellektuell* erfasst hat, und anschließend über dieses Verständnis zu meditieren, bis es zu einer dauerhaften »Realisation« wird, die im Körper verankert ist als eine erkannte Realität, die vom Kopf ins Herz gesunken ist.

Man schrieb das Jahr 1963 und eine solche Idee war zu jener Zeit außerordentlich radikal. Heute gibt es eine starke Bewegung für die Gleichberechtigung tibetischer Nonnen, aber damals hatte noch nie jemand überhaupt daran gedacht, Frauen einen solchen Schatz zu geben. Niemand dachte, dass Frauen Erleuchtung erlangen könnten. Schließlich bedeutet das Wort *Frau* im Tibetischen übersetzt »niedrig geboren«. Der Körper einer Frau galt schlichtweg als ungeeignet, die glanzvolle Größe des vollen Erwachens zu fassen, ein Privileg, das ausschließlich dem Mann zugesprochen wurde. Freda sah das nicht ein. Sie war ihrer Zeit um Jahrzehnte voraus.

Sie verschwendete keine Zeit und fand ein Stück Land in der Nähe eines Flusses in Tilokpur, in einem kleinen Dorf etwa hundert Kilometer von Dalhousie und 35 Kilometer von Dharamsala, der Residenz des Dalai Lama und dem Sitz seiner neu gebildeten Exilregierung, entfernt. Aus Fredas Sicht war dieses Stück Land vom Buddha gesandt. Es war nicht nur friedlich, sondern lag auch in der Nähe einer Höhle, die einst von Tilopa (988–1069) bewohnt wurde, einem berühmten indischen Mystiker, Gelehrten, Mönch und Tantriker, der die Kagyü-Linie begründete, deren Oberhaupt ihr Guru, der Karmapa, nun war. Fredas Begeisterung hätte nicht größer sein können.

Ihr Brief an den Karmapa, in dem sie um die Erlaubnis bat, ihr Nonnenkloster zu bauen, war voller Zuversicht und offenbarte auch das Ausmaß der Erfolge, die sie bereits erzielt hatte: »Zur Zeit des Umzugs von Dalhousie hat das Nonnenkloster vierzig Nonnen aller Altersgruppen zusammengebracht und im Dharma, in Kunsthandwerk und Sprachen ausgebildet, um die Tradition der tibetischen Nonnen aufrechtzuerhalten und ihnen Selbstvertrauen zu vermitteln, damit sie für die Zukunft gerüstet sind. Außerdem warten 25 Anwärterinnen auf ihre Aufnahme.«

Mit der Zustimmung des Karmapa begann Freda mit dem Bau. Es war kein Erfolg. Trotz ihrer Vision, die ihr zunächst so wunderbar erschienen war, erwies sich der Standort als völlig ungeeignet. Faith Grahame, die Engländerin, die ihre Sekretärin geworden war, erinnerte sich an das Desaster mit diesen Worten: »Da es auf einer Sandbank an einem Fluss lag, wimmelte es von Moskitos. Außerdem war es dort höllisch heiß und direkt nebenan war eine Schule, wodurch eine extreme Lautstärke vorherrschte. Es gab keinen Wasseranschluss und die Nonnen mussten in der Hitze kilometerweit laufen, um es zu holen. Außerdem wimmelte es von Affen, die alles angriffen und stahlen, was die Nonnen nach draußen legten. Aber Freda war begeistert, weil Tilopa dort meditiert hatte. Das war ihr Idealismus. Sie war völlig unpraktisch.«

Das Problem löste sich, als die Grashütten, in denen Freda und die Nonnen lebten, während sie das Kloster bauten, Feuer fingen und völlig zerstört wurden; ihre Habseligkeiten und viele wertvolle Texte, die Freda zum Teil gerade übersetzte, fielen dem Brand zum Opfer.

Doch Freda ließ sich nicht beirren und fand einen anderen, viel besser geeigneten Platz auf einem Hügel, der das ursprüngliche Stück Land überragte, und begann von Neuem mit dem Bauen. Es war ein gewaltiges, anstrengendes, ja sogar hehres Unterfangen, wie aus einem Brief hervorgeht, den sie an Sheila Fugard schrieb, eine Dichterin, hingebungsvolle südafrikanische Schülerin von ihr und Ehefrau des berühmten südafrikanischen Dramatikers Athol Fugard.

»Unser Nonnenkloster hat etwas von einer Odyssee an sich«, schrieb sie. »Wir holen Bausteine und Lehm vom Boden eines verfallenen Forts und tragen sie den Hügel hinauf – er kommt uns wie ein Berg vor. Tibetische und indische Arbeitskräfte wie auch Nonnen aller Altersgruppen sind im Einsatz, die – einschließlich mir selbst – eine Stunde am Tag Steine tragen. Unsere jüngsten Nonnen nehmen die kleinen Steine.«

Was sie nicht erwähnte, war, dass keine Straße zur neuen Baustelle führte, was bedeutete, dass Freda und die Nonnen die Felsen und Steine den steilen Hang hochschleppen mussten, oft in der glühenden indischen Sommerhitze. Freda, inzwischen 57 Jahre alt und schwerer als in ihrer Jugend, brachte nicht gerade perfekte Voraussetzungen für harte körperliche Arbeit mit. Das Nonnenkloster, das eine *Gompa* (Klostertempel), Klassenzimmer, Schlafräume und eine Küche umfasste, wurde schließlich 1968 fertiggestellt. 27 Nonnen zogen ein, mit wachsamen Augen begleitet von Freda und einem Abt, Lama Thinley Rinpoche. Sie nannte es *Karma Drubgyu Thargay Ling* und weihte es ihrem Guru, dem Sechzehnten Karmapa.

Freda war erfolgreich eine weitere Premiere gelungen: Sie hatte die jeweils erste religiöse Einrichtung für tibetische Mönche und Nonnen im Exil gebaut. Und was das betrifft, trugen letztendlich die Frauen den Sieg davon: Denn während die *Young Lamas Home School* für junge Tulkus einige Jahre, nachdem Freda sie eröffnet hatte, aufgelöst wurde, existiert ihr Nonnenkloster noch heute. Man findet es hoch oben auf seinem Hügel mit schöner Aussicht auf baumbewachsene Hänge und in Hörweite des Flusses, der unten vorbeirauscht. Inzwischen führt eine Straße zum Nonnenkloster, über dessen schönem eisernen Tor traditionelle buddhistische Figuren und Motive zu sehen sind. Im Hof steht ein Bodhi-Baum, gewachsen aus einem Ableger, den Freda aus Bodhgaya mitgebracht hat. Es ist ein Nachkomme des Baumes, unter dem der Buddha gesessen und gelobt hatte, in der Meditation zu verweilen, bis er die Erleuchtung erlangt hatte. Der Ableger war sechs Zentimeter hoch, als sie ihn einpflanzte, heute ist es ein riesiger Baum.

Im Tempel steht eine große tibetische Buddha-Statue, die Freda ebenfalls den Hang hinauftragen ließ. Daneben liegt ein schöner handgeschriebener Text in Fredas Schrift. Er lautet: »Du, der du das Abbild von Shakyamuni bist, hast zum Wohle von allem Lebendigen deine Jahre in Tibet, dem Land des Schnees, vollendet. Nun bist du in deine Heimat, das erhabene Land Indien, zurückgekehrt. Der Gedanke, dass du in unserem Inneren bist, lässt Glück jenseits alles Vorstellbaren aufkommen.«

Neben dem Buddha befindet sich in einer Glasvitrine ein großes Foto von Freda in Nonnentracht, den Blick zum Himmel gewandt, signiert mit den Worten: »Mit Segnungen, Gelongma Mummy.«

Obwohl einige der ursprünglichen Gebäude stark reparaturbedürftig sind, bleibt Fredas eigenes kleines Haus stehen, als Gedenkstätte für sie. Es besteht kein Zweifel, dass sie von allen 65 Nonnen, die jetzt dort leben, verehrt wird.

»Wir alle tragen Mummy im Herzen«, sagt Ani Wangchuk, eine der frühen Nonnen aus Dalhousie, die Freda aufgenommen hatte. Frisch aus Tibet geflüchtet war sie in einer gefährlichen Lage, ebenso wie der Rest der Schwestern: ohne Geld, Nahrung, ein Dach über dem Kopf und ohne jegliche Hilfe. »Wir Nonnen wussten nicht, was wir tun sollten, also wandten wir uns alle an sie. Wir waren sehr jung und lagen ihr besonders am Herzen. Sie hielt unsere Hand und sagte: ›Ich lasse euch neue Roben anfertigen. Keine Sorge, ich zahle für alles.‹ Sie wusste, welche Zukunft wir Nonnen hatten. Sie wusste alles. Sie kaufte all das Land und baute das Nonnenkloster, trug Steine und Zement den Berg hinauf. Mummy-la war so gütig. Sie wollte, dass dieses Nonnenkloster ein besonderer Ort wird, an dem die Nonnen eine gute Bildung erhalten.

Wir können nicht mit Sicherheit sagen, ob sie Tara ist, aber sie ist etwas ganz Besonderes, weil sie den Buddha aus tiefstem Herzen kannte. Sie lebte sehr lange bei uns und hatte viele Besucher. Ich wünschte, sie wäre noch hier. Ich vermisse sie.«

Das war im Jahr 2014 und unter Tibetern und Tibeterinnen, vielleicht sogar unter manchen Menschen des Westens, wurde Fredas Name immer noch mit dem weiblichen Buddha Tara in Verbindung gebracht.

Zu Fredas Ambitionen gehörte auch ein Laden für Kunsthandwerk, in dem die Nonnen durch den Verkauf von Stickereien, Kaffee und Donuts an die Touristen auf der Straße unterhalb des Klosters Geld verdienen konnten, und natürlich die geliebte Büffelkuh! »Wir brauchen eine gute Büffelkuh und zwei Kühe mit hoher Milchleistung, um unseren Bedarf zu decken und Milch an das Dorf und das örtliche Restaurant zu verkaufen. Das macht unsere Ernährung nahrhafter und verschafft uns einige benötigte Bareinkünfte. Die Kosten für das Vieh und den Stall belaufen sich auf 3000 Rupien.«

Es war ein weiterer von Fredas unpraktikablen Plänen. Niemand wollte sich um die Büffelkuh kümmern. Auch aus dem Café mit dem Kunsthandwerksladen wurde nichts.

Das Nonnenkloster selbst lief jedoch gut mit der demokratischen Struktur, die ihm Freda auferlegte. Sie war der Meinung, dass das Kloster von einem Nonnenkomitee geleitet werden sollte, das für die Verwaltung und die Planung seiner weiteren Entwicklung zuständig war. Das war eine radikale Abkehr von der Tradition, nach der Nonnen – und im Übrigen auch Mönche – widerspruchslos einer strengen hierarchischen Struktur gehorchten. Freda, die Sozialistin, war jedoch vor allem für Freiheit, in der Religion wie in jedem anderen Lebensbereich. Jetzt, im neuen Jahrtausend, folgen andere tibetische Nonnenklöster Fredas Konzept, aber in den 1960er-Jahren war sie eine Vorreiterin. »Es ist eine sehr notwendige Entwicklung«, sagte Freda. »Ich möchte, dass sie ihr Schicksal selbst in die Hand nehmen und Vertrauen in ihre eigenen Fähigkeiten gewinnen. Die *Ani-las*[6] werden viele Dinge lernen, wenn sie darüber selbst entscheiden. Es sind gute Nonnen, die ihrer Verantwortung sehr gut nachkommen werden, da bin ich mir sicher.«

Gerade als Freda dachte, mit ihrem aufstrebenden Nonnenkloster sei alles unter Dach und Fach, drohte die Gefahr,

6) Ani = Anrede für (nicht hochstehende) Nonnen, -la = tibetischer Höflichkeitssuffix.

dass alles, was sie erreicht hatte, zerstört würde. Sie erfuhr, dass Pläne geschmiedet wurden, die Nonnen in die neue Flüchtlingssiedlung in Südindien zu verlegen. Wie eine Tigerin verteidigte sie ihre Nonnen und die Ziele, die sie für sie hatte, und wandte sich direkt an die höchste Instanz. In einem brüsken Brief an den Dalai Lama selbst unterstrich sie unmissverständlich, was bereits erreicht worden war und was sie von ihm erwartete.

Eure Heiligkeit,

meine Ergebenheit zu Ihren heiligen Lotusfüßen.

Verschiedene Angelegenheiten, die das Kloster Karma Drubgyu Thargay Ling in Tilokpur (Himachal Pradesh) betreffen, wurden mir zur Kenntnis gebracht, insbesondere das Bestreben, die Nonnen in einer tibetischen Siedlung in Südindien »wieder ansässig« zu machen.

Die Hilfe von Spendern und Freunden hat mich in die Lage versetzt, für den Gebrauch der Kagyü-Nonnen dieser und nachfolgender Generationen einen Gebäudekomplex zu errichten, der S. H. Gyalwa Karmapa gewidmet ist:

1. Ein großer Stein-Tempel 6 x 9 Meter, mit einem Boden aus poliertem Zement.
2. Ein L-förmiges Gebäude. Zwei Stockwerke mit separaten Wohneinheiten, in denen die Nonnen untergebracht werden können, plus zwei kleine Zellen. Gemeinschaftsküche, Vorratslager, Bad- und Toiletteneinheiten.
3. Drei große Räume neben dem Tempel für die leitende Nonne und für die Kapelle der Schutzgottheiten. Ein kleines Gebäude mit einem Zimmer und einer Küche mit Vorratskammer für mich selbst. Ein Schlafsaal plus Küche für die Nonnen aus den tibetischen Grenzgebieten.

4. Gästezimmer, jeweils mit Küche und Veranda, als Mittel zur Selbsthilfe, damit die Nonnen eine Verdienstquelle haben. Ihre Einkünfte sind Spenden von Sponsoren und Freunden. Sie sind also fest etabliert und BRAUCHEN NICHT ZU BETTELN [*sic*].
5. Ich habe Pläne, noch mehr Bäder und Toiletten bereitzustellen. (Wir haben eine wundersame Quelle, die nach Gebeten S. H. Karmapa auf unserem Land in der Nähe des Tempels erschien.) Ich habe auch einen Studienkurs in tibetischer Medizin anvisiert, weiterhin medizinische Versorgung für alte und schwer kranke Nonnen und eine Einsiedelei für Retreats, zusammen mit dazugehörigem Land.

Es besteht demnach kein Grund, weshalb irgendeine Nonne dazu überredet werden sollte, sich im Süden niederzulassen.

Angesichts von Fredas Durchsetzungskraft und Sprachgewandtheit änderte der Dalai Lama seine Meinung. Die Nonnen durften bleiben, wo sie waren.

Andere, viel unmittelbarere Probleme brodelten jedoch nicht weit unter der Oberfläche – Anzeichen einer drohenden Spaltung, die nach Fredas Tod offen zutage trat. So traurig es auch ist, solche Konflikte waren in den Annalen der tibetischen Geschichte nichts Unbekanntes – diese sind voll von Berichten über heftige Rivalitäten zwischen Klöstern, in denen Macht, Politik und Spiritualität aufeinanderprallten. Freda war durchaus bewusst, was in ihrem Kloster vor sich ging.

»Es gibt einige recht hässliche unterschwellige Strömungen im Kloster, und meines Erachtens kommen dabei politische (tibetische) Einflüsse von außen zum Tragen«, gestand sie einer Freundin, ohne auf Einzelheiten einzugehen. »Nicht nur die Nonnen sind daran schuld. Es gibt auf jeden Fall zwei ›Unruhestifterinnen‹ unter ihnen, und den jungen Nonnen wird zunehmend bewusst, dass sie irregeführt werden. Ich werde nicht näher auf die ganze traurige Geschichte eingehen, denn das hilft weder der TFG (*Tibetan Friendship Group*) noch den Nonnen; doch nur darauf kommt es uns an, sodass wir alle Missverständnisse und Unwahrheiten ertragen und (für die jüngere Gruppe) beten müssen, damit sich die Dinge aufklären.«

Wie Freda befürchtete, kam es schließlich zu einer Spaltung. Ein zweites Nonnenkloster, genannt Drupten Pedme Gatsal Ling, wurde in der Ebene unterhalb des ursprünglichen Nonnenklosters erbaut. Das beeindruckende Gebäude, das auf einem drei Hektar großen Grundstück liegt und neben einem großen Tempel über eine Solarheizung und weitere moderne Annehmlichkeiten verfügt, beherbergt inzwischen 44 Nonnen und es werden noch mehr erwartet. Die Äbtissin, Karma Tsultrim, eine imposante Sechzigjährige mit einer sachlichen Art, schätzt Freda sehr und trägt oft ihr Bild bei sich. »Wenn ich an Mummy denke, sehe ich sie in Meditation. Sie war immer im meditativen Zustand, auch wenn sie nicht auf dem Kissen saß. Wir Tibeter denken, dass sie Tara war, wegen ihrer Güte. Mummy-la war immer sanft, nie wütend. Wenn die Jüngeren ungezogen waren, wurde ihr Gesicht zwar streng, aber sie hat nie geschrien«, sagte Karma Tsultrim.

Sie rechtfertigte die Gründung des rivalisierenden Nonnenklosters so: »Ich glaube, Mummy würde es gefallen, dass es zwei Nonnenklöster gibt. Warum auch nicht? Sie unterstützte die Sache der Nonnen sehr.«

Auch an anderen Fronten gab es Probleme. Fredas Gesundheit verschlechterte sich. 1970 schrieb sie Olive von einem wiederkehrenden Bronchialleiden – die Krankheit, an der sie sieben Jahre später sterben sollte. Sie gab zu, wie schwer krank sie gewesen war, und sprach in bewegender Weise von der Fürsorge, die ihre Nonnen und andere ihr hatten zuteilwerden lassen. »Du wirst es kaum glauben, aber nach 28 Tagen anhaltendem Fieber und Bronchitis bin ich nun wieder auf dem Weg der Besserung. Ich war so krank und ich kann dir gar nicht sagen, mit welcher Hingabe die Nonnen mich gepflegt haben – und überhaupt, wie freundlich alle Dorfbewohner gewesen sind. Ich bin merklich dünner und immer noch schwächer als mein sonstiges wackeres Ich, aber es geht mir sehr viel besser.«

Von all ihren Nonnen war keine hingebungsvoller als Pema Zangmo, eine ehemalige Kuhhirtin aus Kinnaur (an der tibetisch-indischen Grenze), die Fredas vertraute, äußerst engagierte persönliche Assistentin wurde. Sie war Freda 1965 in Dalhousie begegnet, mit gerade mal zwölf Jahren, nachdem sie mit ihren Eltern aus Kinnaur geflohen war. Schon früh hatte sie eine tiefe spirituelle Sehnsucht gehegt, und als Freda sie dabei unterstützte, die Novizinnengelübde abzulegen (mit Erlaubnis ihrer Eltern), kannte Pema Zangmos Dankbarkeit keine Grenzen. Bis zu Fredas Tod diente Pema Zangmo ihr und beschützte sie mit einer Strenge, die ans Erbitterte grenzte. Sie war eine kleine, resolute, freimütige Frau, die alle herumkommandieren konnte, auch Freda, wenn sie der Meinung war, dass es im besten Interesse ihrer Mentorin war. Freda nannte sie ein »Juwel«, räumte aber ein, dass dieses Juwel ein »ungeschliffener Diamant« sein konnte.

Heute ist Pema Zangmo beim Bestellen des Bodens und beim Anpflanzen von Gemüse in einem großen, leeren Gebäudekomplex in der Ebene unterhalb des Klosters anzutreffen. Sie hofft, diese Gebäude mit engagierten Bewohnerinnen füllen zu können, die bestrebt sind, Fredas Vision von höherem Lernen anzugehen. Mit diesem Ziel vor Augen lehrt sie regelmäßig in Frankreich und sammelt Unterstützung und finanzielle Mittel. Sie ist immer noch kraftvoll und bemerkenswert resolut; und ihre Hingabe an Freda wie auch ihre Bewunderung für das, was sie war und erreicht hat, haben nicht im Geringsten nachgelassen. Pema Zangmo zweifelt nicht daran, dass Freda eine Verkörperung von Tara – dem weiblichen Buddha des Mitgefühls in Aktion – war und immer noch ist.

»Mummy-la ist ein Bodhisattva. Sie wusste viel und alle liebten sie. Sie und der Karmapa (ihr Guru) standen sich sehr nahe. Worum auch immer er sie bat, sie gehorchte. Der Karmapa hat mich angewiesen, ich solle mich um sie kümmern. Er sagte mir ganz direkt: ›Sie ist eine Emanation der Weißen Tara.‹ Er hat auch gesagt, dass er und Mummy-la von ihrem Wesen her gleich seien.«

Das war eine bemerkenswerte Äußerung. Pema Zangmo bestätigte als Augenzeugin das hinter vorgehaltener Hand verbreitete Gerücht, dass Freda, eine englische Mutter und Ehefrau aus Derby, vom bedeutenden Sechzehnten Karmapa als Manifestation einer weiblichen buddhistischen Gottheit angesehen wurde, und deutete an, dass Freda spirituell eine ähnliche Entwicklung durchlaufen hatte wie er. Ob Freda selbst einen solch herausragenden Status akzeptierte, ist nicht bekannt, aber sie war sich bestimmt der Bedeutung der Weißen Tara (oder Jetsün Dolkar, ihr tibetischer Name) im buddhistischen Glauben bewusst. An ihre australische Freundin Joan Wilson, eine begeisterte Unterstützerin der *Tibetan Friendship Group*, schrieb sie:

»Jetsün Dolkar ist die weiße Form unserer göttlichen Bodhisattva-Mutter. Wir glauben, dass es eine göttliche Mutter gibt, an die wir uns wenden können, wenn uns die Probleme des Lebens zu viel werden. Die Weiße Tara macht uns weise: Das ist die Bedeutung der vier zusätzlichen Augen auf ihren Handflächen und dem einen Auge in der Mitte ihrer Stirn. Sie ist immer friedvoll, stets freundlich und empfängt uns mit offenen Armen – siehe ihre offene Hand. Wir brauchen Mütter.«

Für die Tibeter, geübt in der Sichtweise, dass alle Wesen den Samen der potenziellen Buddhaschaft in sich tragen, war der Sprung, Fredas Qualitäten als göttlich zu betrachten, durchaus nachvollziehbar. Sie erschien in der Stunde der Not, war unparteiisch in Bezug darauf, wem sie half, war freundlich und außergewöhnlich gut in der Lage, Dinge zu regeln. Auf sie wirkte Freda – oder Mummy-la – wie Tara. Für skeptische Menschen des Westens war dieser Sprung jedoch nicht so einfach. Niemand von ihren europäischen, amerikanischen oder australischen Bekannten oder Mitarbeitern betrachtete sie als göttlich.

Dennoch: Ungeachtet dessen, dass Freda die *Young Lamas Home School* und das Nonnenkloster verwaltete, ständig Briefe schrieb, in denen sie um Spenden bat, dass sie Papiere für den unaufhörlichen Strom der Flüchtlinge organisierte und Freiwillige suchte, hatte sie ihre spirituelle Berufung keineswegs vergessen. Diese Berufung hatte in ihrer Kindheit ihren Anfang genommen, war in Burma aufgeblüht und hatte Freda an den Punkt gebracht, dass sie sich für die Tibeter einsetzte. Die Stimme dieser Berufung wurde nun immer lauter und rief sie in fortgeschrittenem mittleren Alter zu einer ganz neuen, unendlich größeren und ambitionierteren Lebensweise auf.

- 14 -

ORDINATION

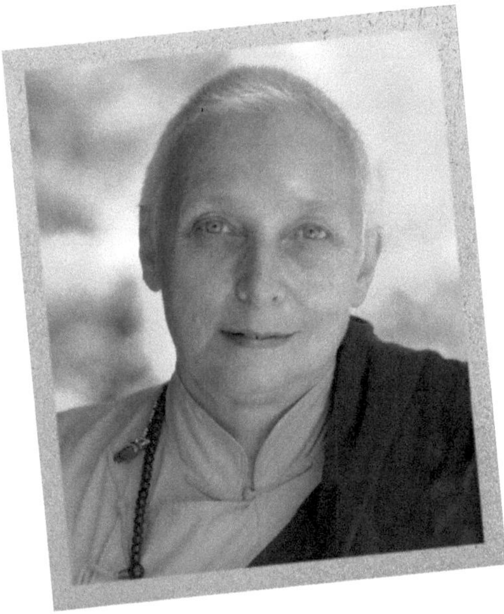

FREDA HATTE INZWISCHEN DAS GEFÜHL, dass sie lange genug gewartet hatte. Seit Jahren trug sie lange burgunderrote Gewänder im Stil einer tibetisch-buddhistischen Nonne, und seit ihrer Erleuchtungserfahrung in Burma führte sie ein enthaltsames Leben. »Enthaltsamkeit erhöht das Mitgefühl und die Energie zur Weitergabe der Lehren. Sublimierte Sexualität ist das Mittel für diese Weitergabe«, sagte sie. Und sie war schon auf halbem Wege zu ihrem endgültigen Ziel. Mehrmals hatte sie den Karmapa gefragt, ob es für sie möglich sei, ordiniert zu werden. Er hatte geantwortet, dass sie die Ordination im Geiste bereits erreicht hätte und warten müsse, bis er sie ihr offiziell erteilen könne. In Fredas Vorstellung waren ihre Kinder das einzige Hindernis. Als sie 55 wurde, hielt sie die Zeit für gekommen. Kabir war zwanzig und Guli fast achtzehn – alt genug, so dachte Freda, um die mögliche psychische Erschütterung zu verkraften, den ihre Ordination als Nonne mit sich bringen könnte – denn dadurch wurde eine potenzielle Ablösung von ihrer Familie angedeutet, die tiefer und stärker war als eine rein physische Trennung.

Nach konventioneller Auffassung könnte Fredas Entscheidung, sich emotional, geistig und körperlich von weltlichen Belangen zurückzuziehen, um sich ganz dem religiösen Leben zu verschreiben, als egoistisch und unverantwortlich angesehen werden. Aber Freda war immer ihrem Herzen, ihren tiefsten Sehnsüchten und ihrer Bestimmung gefolgt, unabhängig davon, was andere dachten. Auf einer anderen Ebene war ihre Entscheidung lediglich die natürliche Weiterführung des Weges, den sie seit ihrer Kindheit eingeschlagen hatte. Ihr ganzes Leben lang war ihre spirituelle Berufung nie weit unter der Oberfläche; sie hatte sowohl ihre politische als auch ihre soziale Arbeit beeinflusst.

»Obwohl ich mich politisch engagierte, war ich nie an Politik interessiert. Was mich interessiert, ist Freiheit. Die Freiheit des Geistes. Und als ich mit der sozialen Arbeit begann, ebenso wie mit dem Schreiben und Lehren, waren meine tiefsten Gefühle auf Freiheit, Integrität und Menschenwürde ausgerichtet, so wie sie von Mahatma Gandhi umgesetzt wurden, der uns den Weg der Liebe lehrte. Das ist auch der christliche Weg. Wenn dir bei einer Demonstration jemand mit einem Stock auf den Kopf schlagen will, bietest du deinen Kopf den Schlägen dar. Du setzt dich hin. Du läufst nicht weg. Und du empfindest nicht eine Minute Groll gegen die Widersacher. Viele indische Polizisten waren anständige Leute, die einfach nur ihren Lebensunterhalt verdienen wollten, um für ihre Frauen und Kinder zu sorgen.

Natürlich war ich eine politische und soziale Aktivistin, aber innerlich war ich immer in Meditation. Ich glaube nicht, dass ich diese Jahre mit all den Schwierigkeiten, all den Belastungen hätte durchstehen können, wenn das nicht so gewesen wäre. Ich denke, Meditation sollte von klein auf in das alltägliche Leben integriert werden. Je früher, desto besser. Ich glaube, ohne ein meditatives inneres Leben sind die Belastungen der modernen Welt nicht zu ertragen. Meditieren bringt gesündere Menschen hervor, die nicht zusammenbrechen oder psychiatrische Kliniken aufsuchen oder Schlaftabletten nehmen müssen. Das alles sind Folgen von Überforderung«, sagte sie.

»Die Grundlage eines spirituellen Lebens, egal ob man ordiniert ist oder Laie, ist Gewaltlosigkeit. Man darf anderen nicht schaden, sonst erleidet man selbst Schaden. Da kommt das Gesetz des Karma ins Spiel. Es ist, wie wenn man einen Kieselstein in einen Teich wirft – die Wellen des Schadens breiten sich weit aus.«

Fredas Entschluss war gefasst. Sie hatte den Punkt erreicht, an dem es kein Zurück mehr gab.

Dieses Gefühl erklärte sie in einem Brief an ihre südafrikanische Freundin und Schülerin Sheila Fugard detaillierter: »Flüchtiges Vergnügen war bereits weggefallen – es war ein Drang, das Rad der Existenz zu verlassen. Genug des Leidens. Geboren zu werden, Krankheit zu ertragen, alt zu werden und zu sterben ist leidvoll. Selbst Prinz Siddhartha (der

Buddha) musste seinen Reichtum, seine Frau und seinen kleinen Sohn verlassen. Man muss den Knoten der Existenz auflösen – die Wurzeln der Gier durchschneiden, das eigene Leben untersuchen und erkennen, wie man ans Samsara gebunden ist.

Die Wärme der Liebe und des Mitgefühls sind zwar erhalten geblieben, aber in einem größeren Zusammenhang. Alle fühlenden Wesen verdienen Mitgefühl. Alles Zusammengesetzte löst sich wieder auf. Diese Probleme erfordern tiefe Meditation. Der Weg ist niemals leicht.«

In ihren Augen war die ganze Welt nun zu ihrer Familie geworden.

Sie schätzte jedoch die Reaktion ihrer Familie auf ihre Nachricht völlig falsch ein. BPL soll geweint haben. Kabir, der noch auf dem College war, war entsetzt. »Wir hatten kein Geld – wirklich kein Geld. Und meine Mutter wollte Nonne werden. Ich war am Boden zerstört und extrem wütend. Sie würde nicht mehr für mich da sein, sie hatte sich dem Buddha überantwortet. Ich fühlte mich völlig im Stich gelassen. Ich hatte keine Mutter mehr. ›Warum ausgerechnet jetzt?‹ fragte ich sie. ›Wann fällt der Apfel vom Baum?‹, antwortete sie.«

Kabir war nicht nur um sich selbst besorgt. Stets der Fürsprecher seiner jüngeren Schwester machte er sich Sorgen darum, wer Guli künftig anleiten und beschützen würde, besonders wenn es darum ging, den richtigen Ehemann auszuwählen. Er schrieb Freda wegen seiner Befürchtungen. Sie antwortete sofort, herzlich, wortgewandt und – wie manche sagen würden – naiv. In ihrer Vorstellung behütete das Vertrauen, das sie dadurch, dass sie eine Nonne wurde, in den Buddha setzte, ihre Kinder automatisch und hüllte diese in eine Decke heiligen Schutzes. Karma würde ihnen den Weg weisen, und Fredas Liebe zu ihnen sei unsterblich.

»Deinen Brief vom 29. habe ich gestern erhalten. Ich schicke heute ein Telegramm und diesen Brief ab. Seit gestern bin ich voller Verwirrung und Schmerz, weil ich mit dir und Guli fühle. Ich dachte, bei dem besonderen Verständnis, das wir alle füreinander haben, könnte es eine schmerzlose Geburt sein. Aber ich hatte nicht begriffen, dass das Durchtrennen der Nabelschnur zwangsläufig Schmerzen verursacht. Es wird heilen. Die Verbindung zwischen Baby und Mutter wird nicht unterbrochen. Sie geht weiter. Nichts hört auf. In gewisser Weise bin ich dieses Mal das Baby. Und ich brauche euch alle, eure Liebe und euren Schutz.

Du denkst hauptsächlich an Guli. Das Gefühl für eine Tochter ist eher von Schutz und Fürsorge geprägt. … Guli ist tief drinnen in mir, innerlich. Das weiß sie. Als sie klein war, habe ich ihr so viel Schutz gegeben, wie ich konnte; jetzt gebe ich ihn ihr auf höhere Art. Aber sie ist immer bei mir. Die Frage ihrer Heirat ist mir durch den Kopf gegangen. Diesen Winter habe ich S. H. Karmapa in Kalkutta um seine (unfehlbare) Vorhersage gebeten. Er sagte: ›Nachdem sie ihre Ausbildung beendet hat, wird sie ein gutes Zuhause finden.‹ Das beruhigte mich auf der physischen Ebene.

Kabir, ich glaube, Guli braucht sich noch gut drei oder vier Jahre lang keine Gedanken darum zu machen. Lass sie in Ruhe lernen. Heutzutage sind die althergebrachten ›arrangierten‹ Ehen in Familien wie der unsrigen nicht mehr so üblich. Ranga und Binder haben ihre eigene ›arrangiert‹, und die Frage nach der Mitgift hat sich nicht gestellt. Karma spielt eine große Rolle. Vielleicht begegnet Guli in unserem Freundeskreis jemandem, der Papa und mich auch so mag.

Du weißt – ich habe es auf vielerlei Arten gezeigt und unsichtbar ist sie immer da –, dass eine besondere Verbindung zwischen uns besteht. Ein Vertrauen. Auch bei meinem jetzigen Schritt war absolutes Vertrauen vorhanden. Ihr wusstet alle, dass dieser Schritt eines Tages kommen würde; wir haben sogar darüber gescherzt, dass ich meine Haare verlieren würde! Irgendwie musste es jetzt sein. Die innere Entsagung war schon lange vorher vollzogen. …

Ich kann nicht über etwas schreiben, das so tief in mir ist, dass es Worte übersteigt. Sprechen ist etwas einfacher (ich habe es Papa gesagt), aber Papier kann nicht wirklich die

Notwendigkeit vermitteln – nicht nur für mich, sondern auch für euch alle. Aber ich hatte tatsächlich das Gefühl – und habe es immer noch –, dass ihr es verstehen würdet.

Etwas ist in mir vorgegangen. Eine Ordination in direkter Linie vom Buddha zu erhalten ist etwas unsagbar Heiliges. In gewisser Weise ist eine Ordination nicht nur Entsagung: Sie ist ein Schutz, ein Weg. Nochmals: Bitte mich nicht, in Worte zu fassen, was nicht in Worte zu fassen ist. Es gibt eine innere Zeit, ein Zur-Reife-Gelangen, eine Erkenntnis der Vergänglichkeit des Lebens, des Leidens – nicht nur des eigenen, sondern auch des Leidens der anderen. Eine Widerspiegelung des großen Mitgefühls des Buddha. Genau dann kommt das Wissen, dass die Geburt bevorsteht.

Zumindest nach außen hin ändert sich nichts, bis auf meine Kleidung. Wir werden uns wie gewohnt treffen und die Ferien zusammen verbringen. Mutterliebe trocknet nicht einfach aus. Ich sehe noch dein kleines Gesicht, wie es war, als du meine Milch getrunken hast, und Guli an ihrem ersten Geburtstag mit ihrem Vollmondgesicht. Du hast mich damals gebraucht, du brauchst mich jetzt. Ich bin immer noch da. Wenn Papa mich irgendwann im fortgeschrittenen Alter braucht, bin ich auch dann noch da. Ich möchte gern noch so viel mehr sagen, aber ich kann nicht noch mehr schreiben, außer: Ihr seid mir beide so nah wie das Blut in meinen Adern. In Liebe, Mummy.«

Freda hatte Guli nie erzählt, was sie vorhatte. Genauso, wie sie sie im Alter von fünf Jahren ohne Vorwarnung im Internat gelassen hatte, hatte sie erstaunlicherweise nie mit ihrer Teenager-Tochter darüber gesprochen, dass sie eine Nonne werden wollte. Erneut wurde Guli vor vollendete Tatsachen gestellt. Fredas Verhalten war rätselhaft. Hatte sie Schuldgefühle? Fürchtete sie sich vor Gulis Reaktion? Welchen Grund auch immer Freda hatte, für Guli war es emotional verstörend.

»Ich weiß noch genau, wie ich es erfahren habe«, sagte Guli. »Kabir hatte eine Wohnung in Delhi gemietet, und ich besuchte ihn. Im Gespräch erwähnte er beiläufig, dass unsere Mutter eine Nonne geworden war. ›Jetzt brauchen wir ihr nie wieder einen Kamm zu kaufen‹, scherzte er und versuchte, die Situation herunterzuspielen. Ich freute mich ganz und gar nicht. Irgendwo im Inneren war ich traurig. Ich dachte, dass sie nun nicht mehr für mich da sein würde und dass sie hätte warten können, bis ich mit einem Mann und einem eigenen Zuhause in einer gefestigten Situation lebte. Auf einer anderen Ebene überraschte mich das, was sie getan hatte, nicht – schon seit Ewigkeiten hatte sie burgunderrote Saris getragen. Aber ich fand, sie hätte es mir selbst sagen sollen.

Zugegeben, ich war ein schwieriger Teenager! Manchmal war ich richtig wütend auf sie. Einmal, als sie mir nicht erlaubte, tanzen zu gehen, weigerte ich mich, in den Ferien nach Hause zu fahren, und wohnte stattdessen bei Ranga und Umi. Ich glaube, Mummy hatte das Gefühl, es gäbe weniger Aufruhr, wenn sie mir erst im Nachhinein von ihrer Ordination erzählte«, sagte sie.

Am 1. August 1966 wurde Freda vom Karmapa in seinem neu errichteten Kloster in Rumtek, Sikkim, zur buddhistischen Nonne ordiniert. Es war ein riesiges, prächtiges Bauwerk im traditionellen tibetischen Stil, das sich in Etagen den Berghang hinaufzog. Im kunstvoll dekorierten Tempel mit seinen aufwendigen Holzschnitzereien, goldenen und scharlachroten Farben, mit seinen exquisiten Rollbildern aus Stoff, auf denen zum Beispiel Gottheiten abgebildet waren, und seinen gewaltigen Buddha-Statuen verlieh der Karmapa Freda ihren neuen Namen: Karma Tsültrim Kechog Palmo, abgekürzt Sister Palmo.[7] Die Ordination, die auch als »Hinausziehen« oder »In die Hauslosigkeit ziehen« bekannt ist,

7) *Karma* steht für »Karma Kagyü«, *Tsültrim* bedeutet »ethisches Verhalten«, »ethische Disziplin«, *Kechog* bedeutet »höchstes Wissen« oder »höchste Gelehrsamkeit« und *Palmo* »Die Glorreiche« oder »Heldin«. Zusammen liest sich das »Glorreiche Dame der Karma-Kagyü-Linie, die höchste Gelehrsamkeit und ethisches Verhalten wahrt«.

formalisiert den Eintritt in die »Hauslosigkeit«, den traditionellen Zustand eines buddhistischen Mönchs oder einer Nonne – paradoxerweise etwas, was Freda bereits seit mehreren Jahren kannte.

Als Novizin (die einzige Ordination, die tibetischen Nonnen offensteht) waren Fredas Gelübde zahlreicher als jene, die von Mönchen verlangt werden. Auf der grundlegenden Ebene beinhalteten sie, kein Lebewesen zu töten, nicht zu stehlen, zu lügen oder Rauschmittel zu nehmen. Sie versprach, keusch zu bleiben, mäßig zu essen und kein Bankkonto zu haben. Schließlich legte sie eine Nonnenrobe an und rasierte sich den Kopf.

»Das Haar zu verlieren ist eine Feuerprobe. Für eine Frau, egal welchen Alters, ist es sehr schwierig, ihr Haar aufzugeben, es sei denn, es hat ohnehin keine Bedeutung mehr für sie. Das ist es, was Tausende davon abhält, das Gelübde abzulegen«, gab sie zu. Freda ging kahl geschoren, transformiert und extrem glücklich daraus hervor. »Es ist ein *ungeheurer* Schritt. Es verleiht große Kraft, weil ein ganzer Strom von Segnungen der Überlieferungslinie von Buddha zu Schüler zu Schüler wie ein riesiger Strom über die Jahrhunderte hinweg kommt und schlechtes Karma und alles Trübe, Verunreinigte wegspült«, erklärte sie.

Nach ihrer Ordination verlegte Freda ihren Wohnsitz ins Kloster Rumtek, um in der Nähe des Karmapa zu sein. Sie war die einzige Frau in der gesamten Einrichtung, ein außergewöhnliches Privileg. Ihr Status wurde noch dadurch erhöht, dass ihr ein Raum direkt unterhalb von den Räumen des Karmapa zugewiesen wurde, der entsprechend der tibetischen Tradition am höchsten Punkt des riesigen Klosterkomplexes wohnte. Es war eine große Ehre und ein Zeichen für die große Wertschätzung, die ihr entgegengebracht wurde. Im Gegensatz zur strahlenden Pracht von Rumteks Außenansicht war Fredas Zimmer jedoch klein und bescheiden. Es enthielt ein Bett, das auch als Meditationssitz diente, einen kleinen Tisch und einen Stuhl für Besucher.

Fredas Leben in Rumtek nahm einen neuen Rhythmus an. Sie saß jeden Tag mit dem Karmapa zusammen und wurde zu seiner rechten Hand, stellte die Verbindung zwischen ihm und externen Besuchern her, vor allem zu Beamten und Regierungsvertretern, mit denen sie aus ihrer eigenen Erfahrung heraus hervorragend umgehen konnte. Sie behielt die vier tatkräftigen jungen Regenten, die im Fall des Todes des Karmapa bereit waren, seine Nachfolge anzutreten, mit mütterlichem Blick fest im Auge. Und in der Zeit, die ihr selbst zur Verfügung stand, übersetzte sie tibetische Schriften und Gebete, kümmerte sich um ihr Nonnenkloster und führte eine umfangreiche Korrespondenz mit Mitgliedern ihrer *Tibetan Friendship Group* auf der ganzen Welt. Gelegentlich gelang es ihr, sich in ein stilles Retreat zurückzuziehen, um ihre Meditationspraxis zu vertiefen und ihr spirituelles Wachstum zu fördern.

Der Karmapa hatte jedoch größere Pläne für seine westliche Nonne. Kühn brach er mit der jahrhundertealten patriarchalischen tibetischen Tradition, die Nonnen auf den unteren Sprossen der spirituellen Leiter hielt, und drängte Freda, nach Hongkong zu reisen und die höhere *Bikshuni*-Ordination zu erhalten, die chinesischen buddhistischen Nonnen zugänglich ist. Das würde Freda einen Status verleihen, der dem eines Mönchs gleichkam. Es war ein kühner, gewaltiger Schritt des Karmapa. Als Bikshuni hätte Freda die Erlaubnis, alle Belehrungen und Einweihungen zu erhalten, die zur Erleuchtung führen.

Der Karmapa wusste, dass nur eine westliche Frau mit Fredas Ruf, Fähigkeiten und Bildung das nötige Selbstvertrauen hätte, einen solch radikalen Schritt zu wagen und, was noch wichtiger war, von den chinesischen buddhistischen Zuständigen angehört zu werden. Der Karmapa war so entschlossen, dass er an den König von Bhutan schrieb und ihn bat, Fredas Reise finanziell zu unterstützen. Der König willigte ein.

Der Karmapa wollte dafür sorgen, dass seine Vision tatsächlich Realität wurde, und reiste deshalb dreimal nach

Hongkong, um die Angelegenheit zu besprechen und die Vorarbeit zu leisten. Im Dezember 1971 unternahm Freda die historische Reise, um die volle Bikshuni-Ordination der Mahayana-Linie von der *Buddhist Sangha Association* unter der Leitung der Ehrwürdigen Minh Chi und der Ehrwürdigen Sek Sai Chung zu erhalten. Sie legte einen Zwischenstopp in Burma ein, um den Lehrern, die sie auf den Weg gebracht hatten, Respekt zu erweisen und deren Segen für ihr Vorhaben zu erbitten. »Ich fühle mich meinen burmesischen Lehrern immer sehr nahe«, sagte sie.

Sie fand Burma unter der Militärherrschaft ärmer und trauriger und die Menschen weniger unbeschwert vor. Sayadaw U Pandita jedoch, inzwischen ein alter Mann, hatte sich seinen charmanten Sinn für Humor bewahrt. Er fragte nach ihrer Familie und gab ihr die Quintessenz der buddhistischen Lehren: Hör auf, Böses zu tun, tu Gutes und halt dein Herz rein. Freda antwortete, dass Tibets Lieblingsmantra, *OM mani padme hum* (etwa »Heil dem Juwel im Lotus«), richtig verstanden, dasselbe bedeute.

Bei ihrer Landung in Hongkong war sie enttäuscht, dass niemand da war, um sie abzuholen. Stets knapp bei Kasse und kostenbewusst, war sie entsetzt über den Preis für das Taxi zum chinesischen Tempel in den New Territories, wo die Bikshuni-Ordination stattfinden sollte. Als sie ankam, fand sie drei andere Frauen vor, die darauf warteten, ordiniert zu werden, zusammen mit zwanzig weiteren Personen, die für die Durchführung der Zeremonie erforderlich waren, einer riesigen Menge Schaulustiger und einem Fernsehteam, das die volle Ordination in der tibetischen Tradition filmen wollte. Freda fastete und betete; sie ließ sich den Kopf frisch bis auf die Kopfhaut rasieren.

Sie zog die schwarze Robe des chinesischen Ordens an und legte erneut das Bodhisattva-Gelübde ab:

> Die Lebewesen sind zahllos, ich gelobe, sie alle zu retten.
> Die Leidenschaften (Gier, Hass, Unwissenheit) sind unerschöpflich, ich gelobe, sie zu überwinden.
> Die Tore der Dharmas sind grenzenlos, ich gelobe, sie alle zu durchschreiten.
> Der Weg des Erwachens ist unübertroffen, ich gelobe, ihn zu gehen.

Die Zeremonie begann um fünf Uhr morgens und dauerte zwei Tage. Freda, inzwischen sechzig Jahre alt, kein Leichtgewicht und an solche körperlichen Belastungen nicht mehr gewöhnt, fand das Ganze erschöpfend.

»Es war sehr anstrengend und absolut quälend für meine alten Knie. Ständig mussten wir uns verneigen, hoch und runter, laufen und knien – davon wurde einem ganz schwindlig. Ich muss mehrere Kilo verloren haben. Erst um Mitternacht hörten wir auf – mit nur einer halben Stunde Pause zwischendurch für eine Tasse Tee«, sagte sie. »Der tibetische Buddhismus ist eher kontemplativ. Wir sitzen stundenlang im Lotussitz – und bewegen uns nicht!«

Der Höhepunkt der Ordination war ein außergewöhnliches Ritual, das auf die Song-Dynastie (960–1279) zurückgeht und den Glauben wie auch die Hingabe der Anwärterinnen testen sollte: Ursprünglich verbrannten die Betreffenden das letzte Gelenk ihres kleinen Fingers als Demonstration ihrer Bereitschaft, ihren Körper für die gesamte Menschheit hinzugeben. So wurde das Bodhisattva-Gelübde zur Zeit der Song-Dynastie abgelegt. Zu Fredas Zeit hatte der Test eine neue Form angenommen: Kleine Räucherkegel wurden auf den geschorenen Kopf der Anwärterin gelegt und angezündet; dann ließ man ihn bis zur Kopfhaut herunterbrennen. Wirklich hartgesottene Anwärterinnen nahmen neun, 21 oder 108 Kegel – alles bedeutsame Zahlen im Buddhismus.

»Der Abt erklärte, es sei eine freiwillige Gabe an den Buddha«, sagte Freda. »Und ich dachte mir: ›Ich bin hier, um die Ordination zu nehmen, und wenn das dazugehört, tue ich es eben.‹ Ich hatte das Gefühl, wenn ich richtig meditierte, würde ich das Brennen nicht spüren. Das Ego in mir sagte zwar, dass es unendlich viel besser gewesen wäre, wenn nicht so viele Leute und keine Presse dabei gewesen wären, aber die Anwesenden hatten großen Respekt vor den Mönchen und Nonnen und das Zusehen war gut für sie, denn es stärkte ihren Glauben. Trotzdem: Unter uns zu sein wäre besser gewesen«, fügte sie wehmütig hinzu.

»Ich war tief in die Zeremonie versunken und begann intensiv über die Unteilbarkeit des Buddha und des Karmapa zu meditieren, der dem Buddha sehr ähnlich ist.« Ihre Konzentration wurde so stark, dass sie, wie sie behauptete, die Verbrennung gar nicht spürte.

»Wie lange es dauerte, weiß ich nicht. Die Wirkung der Zeremonie lässt sich nicht mit Worten ausdrücken. Es war ein unglaubliches Gefühl der Leichtigkeit und des Lichts. Hinterher merkte ich, dass es ein bisschen wund am Kopf war, aber ich muss sagen, dass ich nicht ein einziges Mal Schmerz empfunden habe. Erst zehn Tage später zeigten sich Narben, in Rumtek. Die Ordination zu empfangen heißt nicht einfach nur, dass man ein Buch in die Hand nimmt und den Anweisungen folgt. Sie muss von Meistern und Meisterinnen durchgeführt werden, die die Linie halten. Seit ich sie erhalten habe, fühle ich mich unglaublich rein und in jeder Hinsicht bereichert«, erklärte sie.

Überglücklich kehrte sie nach Rumtek zurück. Die gesamte Klostergemeinschaft und die Dorfbewohner strömten herbei, hielten Spruchbänder hoch und überhäuften sie mit zahlreichen Khatas – weißen Begrüßungsschals –, um die erste Bikshuni in der tibetischen Tradition willkommen zu heißen und ihr zu huldigen. Abermals war Freda zur Pionierin geworden. Die *Times of India* berichtete über sie mit der Schlagzeile »Bekannte Intellektuelle jetzt eine buddhistische Nonne«.

> Mrs. Freda Bedi, ehemals Schriftstellerin, Professorin und Politikerin, ist nun eine buddhistische Bikshuni und leitet einen Nonnenorden. Gekleidet in Saffran [sic] und mit rasiertem Kopf hat Freda Bedi ihre warme, freundliche Art der Gesprächsführung beibehalten. Sie bleibt die zwanglose Intellektuelle, die sie in Lahore in den Tagen vor der Teilung war, als oft Tausende zu ihren Versammlungen strömten, um einer weißen Oxford-Absolventin zuzuhören, wie sie den britischen Imperialismus anprangerte. Sie ist die einzige buddhistische Nonne ihres Formats in Indien.
>
> In der Mahayana-Hierarchie stieg sie in einem langen Prozess des uneigennützigen Dienens hoch auf. In der Tat wählte sie den Mahayana hauptsächlich deswegen, weil das Wirken für das Wohl der Menschheit darin betont wird. Ihr tägliches Gebet beginnt mit den Worten: »Möge ich zum Wohl aller Lebewesen Erleuchtung erlangen.« Dieses Leben ist im Einklang mit ihren Kindheitsträumen von Gebet und Meditation und dem Vorsatz ihrer Jugend, den Armen zu dienen.

Sei es absichtlich oder nicht, Freda hatte den Ball für eine weitere Revolution ins Rollen gebracht – eine feministische Revolution innerhalb des tibetischen Buddhismus. Zwei Jahre darauf folgte Diane Perry, heute weltweit als Tenzin Palmo bekannt – jene englische junge Frau aus dem Londoner East End, die an der *Young Lamas Home School* in Dalhousie für Freda gearbeitet hatte und im Alter von 21 Jahren Nonne geworden war –, Freda nach Hongkong und wurde die zweite Bikshuni. Es war der Beginn einer stark wachsenden Bewegung, um die höhere Ordination für alle tibetischen Nonnen wieder einzuführen und ihnen gleiche Chancen zu ermöglichen.

Noch heute wird der Kampf, den Freda begonnen hat, fortgesetzt. Während der Dalai Lama für gleiche spirituelle

Möglichkeiten für Frauen eintritt, sträubt sich das männlich dominierte konservative tibetische Kloster-Establishment dagegen. In der Zwischenzeit haben viele hingebungsvolle Nonnen ihren Weg nach Hongkong oder Taiwan gefunden, um die volle Ordination zu empfangen.

Bei der Nachricht von Fredas zweiter Ordination zog BPL nach Mailand – auf die Einladung einer sehr viel jüngeren Italienerin hin, Antonia Chiappini, die eine Patientin seiner »Vibrationsheilung« in Delhi gewesen war. Er gründete das *Centro Età Dell'Acquario* (Zentrum des Wassermannzeitalters) und zog mit der Zeit eine große elitäre Klientel an. Er und Freda blieben in regelmäßigem, liebevollem Kontakt per Post, und BPL heiratete Antonia erst, nachdem Freda gestorben war.

Seit Beginn des Jahres 1972 verschlechterte sich Fredas Gesundheitszustand. Sie hatte nur noch fünf Jahre zu leben, doch in dieser Zeit sollte sie ihr vielleicht größtes Werk vollbringen: den Buddhismus in den Westen zu bringen.

1976. Freda als Lehrerin auf ihrer Tour durch die Vereinigten Staaten und Europa.

Die hier aufgeführten Daten sind ungefähre Angaben.

Alle hier gezeigten Fotos, sofern nicht anders genannt: Archiv der Familie Bedi

1970. Das Foto, das zur Andacht noch immer einen Platz auf dem Altar des von Freda gegründeten Nonnenklosters einnimmt. Die Unterschrift lautet: »Mit Segenswünschen, Gelongma Mummy.« (Mit freundlicher Genehmigung des Nonnenklosters Karma Drubgyu Thargay Ling)

1972. Das historische Treffen zwischen dem Sechzehnten Karmapa und Muktananda, arrangiert von Freda und Didi Contractor – eine Zusammenkunft von Buddhismus und Hinduismus, nachdem der Buddhismus in seinem Ursprungsland jahrhundertelang nicht mehr vorhanden war.

1975. Freda begleitet den Sechzehnten Karmapa auf seiner allerersten Tournee durch die Vereinigten Staaten und Europa. Hier ein Bild der beiden am Grand Canyon in Arizona.

1976. Die ältere Freda und BPL nebeneinander, beide als spirituelle Lehrende. (Archiv der Familie Bedi)

1977. Die Bedi-Kinder, alle erwachsen. Von links nach rechts: Ranga, Guli, Kabir.

- 15 -

DIE LEHRE VERBREITEN

IM ALLEINGANG HATTE FREDA bereits die Voraussetzungen für den historischen Sprung des Buddhismus von Ost nach West geschaffen, als sie die Weitsicht hatte, die *Young Lamas Home School* zu gründen. 1972, dem Jahr ihrer vollen Ordination als Bikshuni-Nonne, unternahm sie einen weiteren bedeutsamen Schritt in diese Richtung, indem sie sich persönlich bereit erklärte, die Botschaft des Buddha nach Südafrika zu bringen – die erste von mehreren Übersee-»Missionen«, die sie unternahm. Ihre Reise dorthin war nicht zuletzt deshalb wichtig, weil sie das volle Ausmaß der spirituellen Autorität offenbarte, die ihr vom Karmapa verliehen worden war, ebenso wie das Ausmaß des Wissens und den Grad der persönlichen Verwirklichung, die sie auf ihrem relativ neuen religiösen Weg erlangt hatte.

Die Einladung war von Rosemary Vosse gekommen, einer Theosophin aus italienischem Adelsgeschlecht, die Freda in Indien begegnet war. Sie hatte Freda, inzwischen bekannt als Sister Palmo, buchstäblich angefleht, nach Südafrika zu kommen, das von dem blutigen Apartheids-Krieg zerrissen wurde, in dem die Schwarzen für gleiche Rechte und das Ende der Rassentrennung kämpften. Nelson Mandela, der Führer des *African National Congress* (ANC), der Gruppe, die diesen Kampf anführte, verbüßte eine lebenslange Haftstrafe auf Robben Island, eine Maßnahme, mit der die Regierung die Hoffnung, die er in seinen Anhängern und Anhängerinnen geweckt hatte, zunichtemachen wollte. Überall wurden Demonstrierende verprügelt und inhaftiert, und eine Schreckensherrschaft, angestachelt von der Polizei, hing allseitig wie ein schmutziges Leichentuch über dem Land.

Es war eine Einladung, der Freda nicht widerstehen konnte. Jeder Gedanke an Rassenungleichheit und Unterdrückung der Freiheit war für sie sofort ein Fanfarenruf. Tatsächlich hatte ihr Held, Mahatma Gandhi, seine Philosophie des friedlichen zivilen Ungehorsams in Johannesburg formuliert, ausgelöst dadurch, dass ihm befohlen wurde, von einem Waggon der ersten in einen der dritten Klasse umzusteigen, und zwar nur aufgrund seiner Hautfarbe, obwohl er ein gültiges Ticket hatte. Er arbeitete in Südafrika als Anwalt. Das Ergebnis dieser Erfahrung war *Satyagraha*, seine Wahrheitslehre, die er dort zwanzig Jahre lang propagierte und für die sich Freda einsetzte, als sie Satyagrahi wurde.

Ihre Rundreise sollte Johannesburg, Kapstadt, Durban und Port Elizabeth einschließen. Sie begann mit einem Glück verheißenden Vorfall. Als sie aus dem Flugzeug stieg und den Terminal betrat, erblickte sie einen zarten rosa-grün-gelben Schmetterling, der noch lebendig in einem Papierkorb lag. Sie hob ihn vorsichtig auf und setzte ihn in ein Blumenbeet. Freda betrachtete das als ein Zeichen. »Er hatte eine Bedeutung, die ich nicht in Worte fassen kann, aber es geschah etwas extrem Schönes, als ich Afrika betrat«, schrieb sie an ihre Familie.

Sie sprach vor unterschiedlich großem Publikum, das gekommen war, weil Fredas *Tibetan Friendship Group* ihr Publicity verschafft hatte. Sie wurde herzlich willkommen geheißen und die Presse war höflich. Sie sprach von Universitätspodien und erhöhten Tempelsitzen und erzählte den Menschen von ihren Erfahrungen mit Gandhi und ihrer eigenen Zeit als erste Engländerin, die Satyagraha darbrachte. Und anschließend, als das Publikum warm geworden war, ging sie zu noch unkonventionelleren Themen über – Reinkarnation und das tibetische Tulku-System – und zeigte Dias von den jungen Rinpoches, die sie unterrichtet hatte, und von ihrem eigenen Lehrer, dem Sechzehnten Karmapa.

»Ich habe versucht, ihnen etwas von der Faszination der tibetischen Meister, des Dalai Lama und insbesondere meines eigenen Gurus zu vermitteln«, sagte sie. Die Studierenden an den Universitäten waren besonders begeistert.

Ihre Gespräche mit der dort lebenden indischen Gemeinschaft und der kleinen Gruppe buddhistischer Sympathisanten und Sympathisantinnen gingen tiefer und ermöglichten Freda, ihr profundes Wissen zu teilen. Sie hielt Vorträge über die Hauptthemen und über untergeordnete Aspekte der buddhistischen Philosophie.

»Ich konnte einen Vortrag über die Realisationen von Milarepa (Tibets geliebtem Dichter-Heiligen) halten. Ich bemühte mich, seinen philosophischen Ansatz wie auch seine schönen Lehren herauszustellen, basierend auf Vajrayana- und Liedtexten, die ich übersetzt hatte. Der Vortrag wurde aufgezeichnet, ebenso wie viele andere«, erklärte sie.

Noch beeindruckender: Freda ließ auch durchblicken, dass sie Einweihungen gab. Das war wirklich außergewöhnlich. Nur die qualifiziertesten Lamas gaben Einweihungen – Zeremonien, die denjenigen, die sie empfingen, die Kraft, das Wissen und die Segnungen des jeweils angerufenen Buddha verliehen. Es war außergewöhnlich für einen Neuling im Buddhismus, diesen Ritus durchzuführen, und für eine westliche Frau war es etwas Unerhörtes – ein Beweis dafür, dass sie beim Karmapa hohes spirituelles Ansehen genoss.

»Am Ostersonntag konnte ich im Wald die Dolma-Einweihung (Tara-Einweihung) geben, die zu erteilen mir Seine Heiligkeit der Karmapa erlaubt hatte. Es war in einer perfekten Umgebung, auf einer Waldlichtung mit Tannennadeln ringsum; und der Altar stand am Fuß eines Baumes«, schwärmte die naturverbundene Freda. Die Tara-Einweihung gab sie auch weiterhin während ihrer Tour. Und dann wagte sie sich in die hoch esoterischen fortgeschrittenen Bereiche des tibetischen Buddhismus – des Vajrayana oder Diamantwegs – vor, indem sie die Vajrasattva-Einweihung gab, bei der es um das Reinigen des Geistes geht.

»Ich erklärte, wie man auf Vajrasattva meditiert und sein hundertsilbiges Mantra spricht«, erklärte sie. »Es war eine höchst interessante Erfahrung, diese Unterweisungen zu erteilen, und ich denke, wenn die Gruppe mit der Praxis fortfährt, wird es zu einer schnellen, wunderbaren Entwicklung kommen, denn der Vajrayana-Weg ist schneller als der des Mahayana. Aber ich flechte die ganze Zeit über auch den Mahayana mit ein. Vajrayana ist die Meditationsseite, der Mahayana die Philosophie«, fuhr sie mit Blick auf das schwer zu durchschauende komplexe System des tibetischen

Buddhismus fort, das der Trappistenmönch Thomas Merton als die komplexeste Religion der Welt bezeichnet hatte. »Sie ist komplex und umfassend, weil sie tiefgründig ist«, sagte Freda.

Ihrem Plan folgend, die Samen des Buddhismus in Südafrika dauerhaft zu säen, richtete Freda kleine Zentren ein, oft in Privathäusern, wo sich Menschen versammeln konnten, um zu meditieren, gemeinsam Gebete zu sprechen und die Lehren des Buddha zu studieren. Sie hoffte inständig, dass die Zentren wachsen würden.

Obwohl sie sich sofort in die natürliche Schönheit Kapstadts verliebte, war sie äußerst bestürzt darüber, dass es in den Vororten, die sie besuchte, keine schwarzen Gesichter gab. Das war Apartheid in Reinkultur.

»Ich war überrascht, so wenige Afrikaner zu sehen – sie leben in Außenbezirken. Man sieht sie zwar in den Geschäften und auf der Straße, aber Kapstadt wirkt sehr westlich. Darauf war ich nicht vorbereitet. Ich dachte eher, es wäre so wie in Indien, wo es große Häuser mit ringsum vielen einfachen Häusern gibt. Stattdessen ist es wie in der Schweiz oder Holland – es sind kaum schwarze oder braune Gesichter zu sehen.«

Sehr zu ihrer Freude schaffte sie es, eine Afrikanerin in den Buddhismus einzuführen, als sie die Zeremonie der Zufluchtnahme bei einer Versammlung im Haus von Benjamin Ginsberg (später berühmt dafür, dass er den Rooibos-Tee in den Rest der Welt brachte) hielt.

»Sie war eine Hausgehilfin und freute sich sehr darüber. Es vermittelte mir auch ein Gefühl der persönlichen Befriedigung«, gab Freda zu. »Eigentlich ist der Buddhismus keine Bekehrungsreligion – ich kann nicht einfach zu den Leuten hingehen und die Lehren an sie weitergeben, so sehr ich es auch möchte. Wir müssen warten, bis sie freiwillig kommen. So soll es auch sein«, fügte sie hinzu.

Obwohl sie nicht missionieren durfte, freute sich Freda unverhohlen, als man sich mit der Bitte an sie wandte, die Bestattungszeremonie eines chinesischen Seemanns, der in

Port Elizabeth ermordet worden war, zu leiten. Ihr Ruhm als einzige ordinierte Buddhistin in Südafrika hatte sich herumgesprochen, worüber die buddhistische Familie des Seemanns froh war. Freda sah darin ein weiteres Zeichen, dass ihre Religion auf südafrikanischem Boden Wurzeln schlagen würde. Bei der Einäscherungszeremonie stellte Freda einmal mehr ihre geistliche Befähigung unter Beweis, als sie den *Phowa*-Ritus – das Überführen des Bewusstseins – vollzog, ein Prozess, der hohes Können erfordert und bei dem ein »Meister« – oder, wie jetzt, eine »Meisterin« – das scheidende Bewusstsein durch den Sterbeprozess hindurch in eine günstige zukünftige Existenz lenkt.

»Ich war in der Lage, die Amitabha-Puja zum ersten Mal auf Englisch durchzuführen«, erklärte sie und bezog sich dabei auf das Ritual des Buddhas des Unendlichen Lichts, das bei Chinesen sehr beliebt ist. »Ich habe auch *Phowa*-Unterweisungen benutzt, die mir der Ehrwürdige Ayang Tulku (ein bedeutender reinkarnierter Lama, der als Experte für Todesrituale gilt) in Mysore gegeben hat. Es war wie ein Wunder, dass ich sie bei mir hatte. Durch ›Zufall‹ hatte ich auch ein spezielles Mandala aus Rumtek, das zur Zeit des Sterbens zum Einsatz kommt. Was immer ich tun konnte, habe ich getan; und ich habe für die Befreiung seines Geistes in die lichtvollen Bewusstseinszustände hinein, die das Buddha-Feld sind, gebetet. Auch ein Telegramm an S. H. den Karmapa in Sikkim habe ich aufgesetzt mit der Bitte, spezielle Zeremonien für den Seemann durchzuführen.

Viele Menschen dort hatten noch nie zuvor buddhistische Riten gesehen und waren tief bewegt. Wir empfanden es als außergewöhnlich, dass die erste buddhistische Nonne, die nach Südafrika kam, genau an dem Tag in Port Elizabeth sein konnte, als der Seemann Hilfe brauchte«, fügte sie hinzu.

Sie setzte ihre Rundreise fort, gründete Zentren, hielt Vorträge und begegnete angehenden Buddhisten. Besonders groß war ihre Freude, als sie auf die indische Gemeinschaft traf, deren Mitglieder sie in ihren Häusern willkommen hießen.

»Sie halfen mir, mein Heimweh zu dämpfen, das ich seit meiner Trennung von der Heimat hatte. Es sind etwa 35 indische Familien, die die Fahne des Dharma hier hochgehalten haben. Ich habe ihnen die Einweihung der Jetsün Dolma in ihrer Form als ›Vollkommenheit der Weisheit‹ gegeben«, sagte sie.

Sheila Fugard, die Freda in Südafrika kennenlernte, konnte sie für den Buddhismus gewinnen. Sie war die Frau des international renommierten Dramatikers Athol Fugard und außerdem selbst Dichterin und Autorin. Sheila war verzweifelt wegen der ständigen Schikanen seitens der Polizei, denen sie und ihr Mann ausgesetzt waren. Athol widersetzte sich nämlich mutig der Apartheid, indem er politische Stücke schrieb und inszenierte, wie zum Beispiel »Blood Knot« (»Blutknoten«) für eine Gruppe Schauspieler und Schauspielerinnen gemischter ethnischer Herkunft. Beide standen deshalb unter ständiger Überwachung und ihr Haus wurde regelmäßig durchsucht. Eine solche Situation kannte Freda nur zu gut aufgrund ihrer eigenen Erfahrung aus der Zeit, als sie wegen ihres beharrlichen Kampfes für die indische Unabhängigkeit schikaniert und verfolgt worden war. Für Sheila war Freda – oder Sister Palmo, wie sie sie nannte – ein echter Rettungsanker. Sie entwickelte uneingeschränkte Hingabe ihr gegenüber, wie sie in ihrem Buch über sie, »Lady of Realisation« (etwa »Herrin der Erkenntnis«), schildert.

»Wir durchlebten eine sehr harte Zeit. Ich stand unter enormem Stress und hatte gerade einen Nervenzusammenbruch hinter mir. Wir hatten kein Geld und versuchten trotzdem, ein neues Theater für alle Ethnien zu schaffen, aber die Regierung verbot uns, in die Townships zu gehen, wo die Schwarzen lebten«, sagte Sheila, die heute bei ihrer Tochter in Kalifornien wohnt.

Es gab auch eine weniger bekannte Komponente der Apartheid, eine religiöse. »Die Niederländisch-Reformierte Kirche war der Meinung, dass Schwarze getrennte Kirchen haben sollten, und stritt mit den Katholiken, die die Kirchen für Schwarze öffnen wollten. Sister Palmo wurde eingeladen, um – so hoffte man – dazu beizutragen, die Saat der Harmonie zu säen, indem sie den Buddhismus einführte und Meditation lehrte«, erklärte Sheila, bevor sie mit ihrer eigenen Geschichte fortfuhr:

»Ich wusste nichts über den Buddhismus, abgesehen von der Lektüre von Evans-Wentz (einem frühen Übersetzer tibetischer Texte, einschließlich des Tibetischen Totenbuchs). Ich suchte verzweifelt nach einer Möglichkeit, innere Stille zu erreichen, und hatte mehrere Lehrer aufgesucht, darunter Sufis und hinduistische Swamis. Sie hatten mir zwar Ratschläge und Erklärungen zur Natur des Geistes, zur Meditation und zu den Problemen des Lebens gegeben, aber keiner half mir wirklich. Die Knoten der Persönlichkeit blieben unaufgelöst.

Ich ging zu einem Vortrag, den Sister Palmo in einem Privathaus hielt. Als ich eintrat, bot sich mir ein Anblick, den ich noch nie zuvor gesehen hatte – eine Engländerin mittleren Alters, die im Lotussitz dasaß, eine burgunderrote Robe trug und einen rasierten Kopf hatte. Sie war zweifellos schön, mit einem festen Knochenbau und einer Haut, die zwar im Altern begriffen war, aber dennoch auf einzigartige Weise weich wirkte. Sie strahlte ruhige Gelassenheit aus, eine Aura tiefen Mitgefühls und etwas, das man nur als höhere Energie beschreiben kann. Sie hatte etwas von einer Yogini an sich, ein Aspekt, der mich faszinierte, und doch war sie zugleich unbestreitbar eine westliche Intellektuelle.

Was sie sagte, war so interessant, dass es mich dazu brachte, ihr noch einmal zuzuhören. Beim dritten Mal dachte ich: ›Vergiss alles andere, das ist es.‹ Ich meldete mich für eine Einweihung und ein Retreat an. Darüber war ich sehr froh. Auch die Zeremonie der Zufluchtnahme führte sie durch. Das war für mich eine unvergesslich machtvolle Erfahrung«, erinnerte sie sich.

Freda hatte auch weltliche Worte der Weisheit anzubieten, bezogen auf die Apartheid: Sie sagte ihrem Publikum, dass

Intellektuelle in jedem repressiven Regime unweigerlich zu leiden haben. »Solche Situationen fördern die moralische Charakterstärke«, sagte Freda ihnen. »Hartnäckigkeit ist die Wurzel von *Sila*, ethischem Verhalten oder ›Sittlichkeit‹, dem Grundstein des Buddhismus. Und Gewaltlosigkeit kann nur durch Erfahrung verstanden werden.«

Den meisten Trost spendete Freda Sheila Fugard jedoch im persönlichen Bereich. Als sie von ihrem Zusammenbruch und den traumatischen Situationen hörte, die Sheila durchlebte, sagte Freda: »Nun, das, worüber du sprichst, ist Leiden. Das war die Hauptbotschaft des Buddha, es war die Grundlage dessen, was er lehrte. Aber wenn du dir den Geist wie einen See vorstellst, dann mag er zwar an der Oberfläche bewegt und von Wellen aufgewühlt sein, in der Tiefe ist er aber ganz ruhig und still.

Der Geist ist strahlend rein. Leerheit liegt sowohl dem Samsara (dem Rad des Werdens und Vergehens) als auch dem Nirwana zugrunde. Die Welt der Meditation ist von außergewöhnlicher Schönheit. Wenn man die Konzentration meistert, fallen alle Konzepte und Verwirrungen weg. Alles ist für die Schüler erreichbar, aber Einweihungen durch den Guru, richtige Unterweisung und stetiges Bemühen sind notwendig.«

Die Wirkung von Fredas Worten war unmittelbar und elektrisierend. »Mit diesen Worten veränderte Sister Palmo mein Leben«, sagte Sheila. »Sie brachte mich dazu zu erkennen, dass es eben so ist, wie es ist. Leiden ist schlicht und einfach da, aber dennoch gibt es einen Ausweg. Ich verstand, dass mir unterhalb der Angst und Sorge ein tiefes Reservoir an Frieden zur Verfügung stand. Von diesem Moment an schlug ich eine neue Seite auf und kam aus meiner Depression heraus. Langsam ging es mir besser. Sie war eine ausgezeichnete Lehrerin und hatte von allen tibetischen Meistern, die ich später traf, die klarste Sicht des Pfades. Ihre Fähigkeit, Dinge zu durchdringen, war einzigartig. Sie war auch äußerst wortgewandt, was das Ergebnis ihrer

Ausbildung und ihres Talents als Schriftstellerin und Lehrerin war.«

Wie bei allen wirklich effektiven Lehrenden war es auch bei Freda so, dass das, was sie nicht sagte, einen gleichermaßen starken Eindruck hinterließ, auch bei Sheila. Dazu gehörten Eigenschaften wie Mitgefühl, Einfühlungsvermögen, Freundlichkeit und Sinn für Humor, die einem tiefen Verständnis des Pfades entsprangen und die sie im wahrsten Sinne des Wortes verkörperte.

»Nicht nur ihre Worte, ihre Art an sich war heilsam. Sie hat mich auf einer menschlichen Ebene erreicht. Sister Palmo wurde ein Vorbild, nicht nur für mich, sondern für viele Frauen, wegen all dem, was sie durchgemacht hatte, und weil sie stark war. Ihr Leben war umfassend. Sie war eine Engländerin aus einer eher konservativen Familie gewesen; eine Intellektuelle, die sich in eine Sikh-Familie eingefügt hatte, sich in der indischen Politik engagierte, Indira Gandhi kannte und die eine Familie gründete, bevor ihr innerer Weg die Oberhand gewann. Sie war außergewöhnlich. Ich als ihre Schülerin war ihr ergeben und hatte großen Respekt vor ihr«, sagte Sheila.

Bei ihrer Abreise aus Südafrika hinterließ Freda die Karma-Rigdol-Zentren, die sie in Kapstadt, Johannesburg und Port Elizabeth gegründet hatte – alle unter der Schirmherrschaft von S. H. dem Karmapa –, und eine kleine, aber enthusiastische Gruppe von Menschen, die sich dem buddhistischen Weg verschrieben hatten. Viele, wie Sheila Fugard, hatten mit Freda Zuflucht genommen und tibetische Namen erhalten. Andere, wie Andre de Wet, wurden ordiniert und nahmen den Namen eines Mönchs an – in seinem Fall Karma Samten.

Freda überließ ihren Schülern und Schülerinnen, die konvertierten, Texte mit Gebeten und Ritualen auf Englisch, die sie aus dem Tibetischen übersetzt hatte. Das an sich war schon ein innovativer Schritt nach vorn, um den Buddhismus in den Westen zu bringen – denn noch viele Jahre, nachdem die Tibeter erstmals im Exil lebten, mussten Menschen, die sich neu dem Buddhismus zuwandten, Gebete und Gesänge notgedrungen im Original lesen, ohne zu wissen, was sie da lasen und sagten.

In den folgenden Jahren blieb Freda durch ihre wie gewohnt hohe Anzahl an Briefen in ständigem Kontakt mit ihnen und gab ihren neu gegründeten Zentren bis ins kleinste Detail Anleitung: Sie schlug Kandidaten und Kandidatinnen als Vorsitzende, Sekretäre oder Schatzmeister vor, je nach Persönlichkeit und Fähigkeiten der Betreffenden, die sie beobachtet und eingeschätzt hatte. Wie bei ihren eigenen Kindern erteilte sie großzügig Rat: »Die Jugend ist der Atem jeder neuen Bewegung, aber wir brauchen auch die älteren Schüler, um Stabilität zu geben; Menschen, die etwas von den Sorgen der Welt gesehen haben. Sie haben mehr Durchhaltevermögen und Verständnis für Kontinuität und das ist wichtig.« Wie immer, mehrere Aufgaben auf einmal in Angriff nehmend, gründete sie Zeitschriften, schickte Artikel und versuchte unermüdlich (vergeblich), Visa für bedeutende Lamas wie Ayang Rinpoche zu erhalten, damit diese die Zentren besuchen und aufs Neue inspirieren konnten. Als das nicht klappte, ermutigte sie ihre Schüler und Schülerinnen aus Südafrika, nach Indien zu reisen und selbst zu erleben, wie es war, in Gegenwart der frisch aus Tibet eingetroffenen Meditationsmeister zu sein, und so ihren Segen zu erhalten.

Freda versuchte bei verschiedenen Gelegenheiten, selbst nach Südafrika zurückzukehren, kämpfte monatelang um ein weiteres Visum, aber vergeblich. Die Behörden ließen sie nicht einreisen. Ohne dass sie es wusste, lief ihre Zeit ab. Und sie hatte noch so viel zu tun, noch größere Territorien zu erobern.

- 16 -

EINE BRÜCKE SCHLAGEN

ZURÜCK IN RUMTEK nach ihrer Südafrikatour nahm Freda ihre Pflichten als Sekretärin und Beraterin des Sechzehnten Karmapa in weltlichen Angelegenheiten wieder auf, ebenso wie ihre Übersetzungsarbeit und die umfangreiche Korrespondenz – darüber freute sie sich, denn sie empfand das Briefeschreiben als entspannend. Ihre treue Assistentin, die Nonne Pema Zangmo, war fortwährend an ihrer Seite und wurde sogar Zeugin des wegweisenden Moments, als Freda den Karmapa überredete, in den Westen zu reisen, um die Lehren des Buddha in den Vereinigten Staaten und Europa vorzustellen.

»Ich hörte, wie Mummy-la Seine Heiligkeit den Karmapa anflehte: ›Bitte, gehen Sie in die USA und nach Europa. Dort gibt es den Dharma noch nicht, aber der Westen ist jetzt wirklich bereit dafür. Besonders die jungen Menschen rufen nach der Weisheit des Buddha. In Zukunft wird der Buddhismus im Westen wachsen – und es wird viele Zentren geben. Gehen Sie hin und sehen Sie es mit eigenen Augen.‹«

Der Karmapa war zwar schon wiederholt gebeten worden, Nordamerika und Europa zu besuchen, hatte aber immer abgelehnt, wahrscheinlich aus denselben Gründen, die die meisten hochrangigen Lamas abschreckten: Sie glaubten, die Menschen im Westen seien spirituell einfach noch nicht weit genug fortgeschritten, um die komplexen, tiefen Lehren des tibetischen Buddhismus schätzen, geschweige denn verstehen zu können. Sie hatten recht. Bis dahin war der Buddhismus außerhalb des Ostens in der breiteren Bevölkerung so wenig bekannt, dass er gemeinhin als kaum mehr als eine Götzenanbetung angesehen wurde. Nur wenige erkannten, dass im Kern des Buddhismus ein fortgeschrittenes Verständnis des menschlichen Geistes lag, angefangen bei den gröbsten bis hin zu den subtilsten Ebenen des Bewusstseins. Die umfassende Weite des Geistes, so sagten sie, entspreche der Grenzenlosigkeit des Universums, und nur durch die Erkundung des inneren Raums, Meditation genannt, habe man Zugang dazu.

In Rumtek gab der Karmapa Fredas aufrichtiger Bitte nach. Er ließ sich den Kalender bringen, blätterte ihn durch und stoppte auf einer Seite. »Fünfzehnter September«, verkündete er. Das Jahr war 1974. Was wie ein zufällig gewähltes Datum aussah, war laut Freda in Wirklichkeit das Werk eines riesigen Geistes, der das Universum abscannte und so den günstigsten Schnittpunkt von Zeit und Raum fand, um das historische Ereignis einzuläuten: den Eintritt des tibetischen Buddhismus in den Westen. Die Entscheidung mag der Karmapa getroffen haben, aber der Katalysator war unbestreitbar Freda, die mit außerordentlicher Weitsicht erkannte, was anstand.

Die Zeit war definitiv reif. In den frühen 1970er-Jahren hatten auch andere Lamas den Ruf gehört. 1974 gaben Lama Thubten Yeshe und sein Herzensschüler Lama Zopa Rinpoche von der Gelugpa-Schule ihren ersten Meditationskurs, und zwar für eine Gruppe von Australiern in Diamond Valley, Queensland. Es folgten Kurse in England, Amerika und Europa, die mit kleinen Versammlungen in Wohnzimmern begannen und sich schnell zu einer riesigen internationalen Organisation, der *Foundation for the Preservation of the Mahayana Tradition (FPMT;* Gesellschaft zur Erhaltung der Mahayana-Tradition) entwickelten. Die FPMT umfasst nicht nur Lernzentren, sondern auch soziale Einrichtungen und Verlage. Aus der Kagyü-Schule kam Kalu Rinpoche, der Zentren in den Vereinigten Staaten und Europa gründete. Und nun setzte auch Seine Heiligkeit der Sechzehnte Karmapa seinen Fuß auf westlichen Boden. Freda war ein großer Coup gelungen.

Auch andere Formen des Buddhismus fanden damals den Weg in den Westen. So brachte eine kleine, aber sehr enthusiastische Gruppe junger Amerikaner und Amerikanerinnen – vor allem Jack Kornfield, Sharon Salzberg und Joseph Goldstein – den Theravada-Buddhismus in Form der Vipassana- oder Einsichtsmeditation, die sie in Burma und Thailand gelernt hatten, in die USA. Das Ergebnis waren *Spirit*

Rock in Kalifornien und das *Insight Meditation Center* in Massachusetts, die heutzutage jährlich Tausende Menschen durch ihre Pforten gehen sehen. Auch der Zen-Buddhismus war dabei, sich fest zu verwurzeln. Der japanische Meister Shunryu Suzuki Roshi hatte bereits 1959 das *San Francisco Zen Center* gegründet und seine Botschaft durch berühmte Werke wie »Zen-Geist, Anfänger-Geist« populär gemacht.

Warum die Flamme des Buddhismus gerade zu diesem Zeitpunkt verstärkt von Ost nach West überspringen sollte, ist ein Rätsel. Im Laufe seiner langen Geschichte war der Buddhismus wie eine Fackel von Land zu Land weitergereicht worden, wenn die Zeit reif war, und hatte dann jeweils die Färbung und Form der Kultur angenommen, in die er gelangt war. Infolgedessen blieb der Kern der Lehre Buddhas, die Vier Edlen Wahrheiten, zwar konstant, doch die Ausprägung des japanischen, chinesischen, sri-lankischen, vietnamesischen, burmesischen, kambodschanischen, laotischen und tibetischen Buddhismus sieht sehr unterschiedlich aus. So formbar war die Botschaft des Buddha, der Dogmen und blinden Glauben ablehnte. »Behandelt meine Lehren wie Gold. Prüft sie und formt sie zu einem Schmuckstück, das zu jedem einzelnen Träger passt«, sagte er sinngemäß. Jetzt war der westliche Buddhismus an der Reihe, sich zu entwickeln, und im Laufe der Zeit vermengte er sich erfolgreich mit den Entdeckungen der Wissenschaft, insbesondere der Quantenphysik, der Neurowissenschaft und der Psychotherapie. In diesem Zusammenhang erwies er sich als eigentümlich »modern«, obwohl er älter ist als das Christentum und der Islam.

Was auch immer der Grund für die Ausbreitung des Buddhismus im Westen war, das Timing war perfekt. In den frühen 1970er-Jahren waren die Umwälzungen in der jungen Generation, die in den 1960er-Jahren mit freier Liebe, Miniröcken, Drogen und Rock 'n' Roll begonnen hatten, in vollem Gange. Die Nachkriegs-Babyboomer waren erwachsen geworden und stürzten die alte konservative Ordnung, suchten nach Liebe, Frieden und einer Alternative zur materialistischen Gesellschaft. Sie machten sich auf den Weg nach Osten, auf der Suche nach Spiritualität, Gurus und einer neuen Lebensweise. Zur selben Zeit strömte die große Flut tibetischer Flüchtlinge nach Indien. Beide Ströme trafen aufeinander. Wie Freda waren auch die jungen, offenen, gebildeten Westler schon allein von der Art und Ausstrahlung der sehr charismatischen gelehrten Lamas überwältigt, die die Lehren der Weisheit und des Mitgefühls lebten.

Nachdem ihr Plan für den ersten Besuch des Karmapa Zustimmung gefunden hatte, schrieb Freda sofort an Chögyam Trungpa, der bereits in Amerika war, um ihm von der guten Nachricht zu erzählen und ihn zu bitten, bei den Vorbereitungen für die Tournee behilflich zu sein.

Am Ende sollte Freda zwei Reisen machen, 1974 und 1975/76, in deren Verlauf sie in Kalifornien, Vermont, New York, Colorado, Montreal, Toronto und dann in Schottland, Dänemark, Norwegen, Schweden, Deutschland, Holland, Frankreich und Italien unterwegs war. Manchmal fuhr sie voraus und machte die Menschen auf die Ankunft des Karmapa aufmerksam – mit Reden, die so wortgewandt und überzeugend waren wie jene, die sie in den alten Zeiten der indischen Unabhängigkeit vor den Massen hielt.

»Es ist wirklich wunderbar, wie Seine Heiligkeit der Karmapa und andere große Lamas in ihren Taten an den Buddha erinnern. Ihre Gesten, ihre Haltung, ihre Würde – da seht ihr den Buddha gehen. Ich sage das von Herzen – aus meinem eigenen Herzen – und wiederhole nicht lediglich das, was in den Texten steht. Ich bin sicher, wenn Seine Heiligkeit kommt, werdet ihr die wunderbare Erfahrung machen, einen Buddha, einen Erwachten, vor euch gehen zu sehen. Er wird den Dharma mit friedlicher Stimme erklären und uns sagen, wie wir meditieren sollen. Alle Menschen, die den Glauben haben, sehen das. Wenn ihr den Glauben nicht habt, könnt ihr es nicht sehen«, sagte sie bei einer Versammlung in New York.

»Wenn wir das sehen, kommt in uns eine große Sehnsucht auf, ihm stets nahe zu sein, ihm zuzuhören, ihn zu verstehen«, fuhr sie fort. »Dieser große Wunsch inspiriert unser Herz und wir gelangen in das Land unserer innigsten Wünsche. Wenn wir den Buddha so unmittelbar agieren sehen, dann erkennen wir, dass er nicht zugunsten einer Person handelt oder voreingenommen ist, sondern dass er für alle handelt, zum größeren Wohl aller. Wenn euer Geist es so sieht, dann wird Schritt für Schritt das Wohlergehen aller erreicht.

Um auf meine eigene Erfahrung mit Seiner Heiligkeit dem Karmapa zurückzukommen: Wenn er jetzt die Vereinigten Staaten besucht, dann muss es so sein, dass einige Menschen, einige Schüler, jung und alt, von Herzen das Bedürfnis haben, dass er kommt, denn sonst käme er nicht. Der Lama kommt nie ohne eine große Strömung, die ihn anzieht, denn seine Aktivität ist wirklich spontan und lässt niemals nach«, sagte sie.

Bei anderen Gelegenheiten reiste sie mit dem Karmapa, erklärte ihm die westliche Kultur und tat das, was sie besser als alle anderen konnte: Sie erstellte Zeitpläne, organisierte Treffen und spirituelle Veranstaltungen, einschließlich der hoch esoterischen Zeremonie der Schwarzen Krone, die er bei mehreren Gelegenheiten vor kleinen Gruppen von zehn bis fünfzehn Personen durchführte. Die Anwesenden haben es möglicherweise nicht bemerkt, aber es war eine außergewöhnlich machtvolle Einführung in den tibetischen Buddhismus, von der der Karmapa hoffte, dass sie einen starken, bleibenden Eindruck hinterlassen würde. Nur der Karmapa konnte sie übermitteln.

Es heißt, dass die ursprüngliche Schwarze Krone aus dem Haar von *Dakinis* gewebt wurde, hohen weiblichen spirituellen Wesen, die wahrhaftigen Praktizierenden auf ihrem Weg zum Erwachen helfen. Die Krone schwebte über dem Kopf jedes Karmapas und gewährte denjenigen, deren Sicht rein genug war, um sie zu sehen, sofortige Erleuchtung. Eine sichtbare Kopie wurde im fünften Jahrhundert angefertigt; der Karmapa trug sie nun in die Vereinigten Staaten und nach Europa, um sie zum ersten Mal in der Geschichte den Menschen des Westens zu zeigen. Während des Rituals hielt er sie hoch im Vertrauen darauf, dass er eine unmittelbare, intuitive Verbindung zu seinen neuen Anhängern und Anhängerinnen herstellte und sie auf diese Weise offen dafür machte, die Segnungen des Buddha zu empfangen.

Freda räumte ein, dass es anstrengend und mitunter kurios war, mit dem Karmapa zu reisen und sich um seine Angelegenheiten zu kümmern. Als eifriger Tierliebhaber hatte Seine Heiligkeit beschlossen, auf seine große Tournee nicht nur die kostbare Schwarze Krone mitzunehmen, sondern eine regelrechte Menagerie. Das war nicht leicht, wie Freda in einem Brief an ihre Familie erklärte:

»Der Karmapa reist mit Hunderten Vögeln. Wir haben acht riesige Vogelkäfige, drei Hunde, darunter einen weißen Pekinesenwelpen. Die Vorstellung Seiner Heiligkeit von Entspannung besteht darin, ins örtliche Vogelgeschäft zu gehen. Und er kann es nicht wieder verlassen, ohne etwas zu kaufen – zuerst waren es Finken und Kanarienvögel, jetzt ist er bei Sittichen angelangt. Er plant, sie mit nach Europa zu nehmen, was im Winter keine Kleinigkeit sein wird. Ich werde Wege finden müssen, sie warmzuhalten und zu füttern.«

Eine Schar von Würdenträgern und Prominenten fanden den Weg zum Karmapa, darunter die Beat-Poeten Allen Ginsberg, Lawrence Ferlinghetti und Michael McClure. Ginsberg war dem Karmapa zuvor in Rumtek begegnet und war bereits ein Anhänger. Jetzt, in Amerika, wollte er wissen, ob es ein gültiger Zugang zum spirituellen Pfad sei, LSD zu nehmen. Der Karmapa antwortete, Meditation sei der einzig wirksame Weg, um echte höhere Bewusstseinszustände zu erreichen, und Drogen zu nehmen sei lediglich nur eine Ersatz-Ekstase. Ginsbergs Antwort darauf ist nicht bekannt.

Auf ihren Reisen lernte Freda auch eine Frau kennen, die eine der einflussreichsten und angesehensten buddhistischen Lehrerinnen unserer Zeit werden sollte: Pema Chödrön, Schülerin von Chögyam Trungpa und später Leiterin der

Gampo Abbey in Nova Scotia, einem tibetischen Kloster in Kanada. Die 1936 in New York geborene Deirdre Blomfield-Brown war zweimal verheiratet und zweimal geschieden, bevor sie Freda kennenlernte. Sie erwog zwar ernsthaft, Nonne zu werden, war aber als Mutter im Zwiespalt. Pema Chödrön räumt ein, dass Freda eine wichtige Rolle dabei spielte, ihr zu helfen, sich zu entscheiden.

»Sie hat mich sehr ermutigt. Die Tatsache, dass sie selbst Mutter war, bevor sie Nonne wurde, diente mir als Vorbild dafür, dass ich mich, mit zwei Kindern im Teenageralter, ebenfalls für die Robe entscheiden konnte. Sie war sogar als Mentorin bei meiner Novizinnen-Ordination mit Seiner Heiligkeit dem Sechzehnten Karmapa dabei. Und sie ermutigte und unterstützte mich weiterhin in meinem klösterlichen Leben, als ich ihr ein Jahr später in Kalifornien wiederbegegnete«, sagte Pema Chödrön.

Weitere Erinnerungen offenbaren einen überraschend offenen intimen Aspekt von Fredas Persönlichkeit. »Ich entsinne mich, dass sie mir sagte, ich solle nach meiner Ordination nicht verwirrt sein, wenn ich sexuelle Energie spürte. Sie sagte, dass ich aufgrund meiner Offenheit als Nonne jetzt für Männer recht attraktiv sein könnte, und riet mir, die sexuelle Energie einfach zu spüren – ähnlich wie eine frische junge Blume voller Saft – und zuzulassen, dass die Energie mich für die Welt öffnet. Wie sie es ausdrückte: ›Spüre die Energie, aber halt deine Gelübde gewissenhaft ein.‹

Natürlich war eine westliche buddhistische Nonne damals etwas höchst Ungewöhnliches. Sie war eine inspirierende Frau mit ihrer Charakterstärke und auch angesichts der Wertschätzung, die Seine Heiligkeit der Karmapa und die anderen Mönche ihr entgegenbrachten. Sister Palmo war sehr stark und wagemutig, bereit, dorthin zu gehen, wo andere nicht hingingen, gleichzeitig aber vom Auftreten her eine herzliche, aber echte britische Lady.«

Chögyam Trungpa Rinpoche, der fünf Jahre zuvor in den Vereinigten Staaten angekommen war, eroberte Amerika bereits im Sturm mit seinen brillanten, sehr unkonventionell verpackten Lehren. Als er Freda in Anzug und Krawatte begrüßte, war er ein ganz anderer Mensch als der junge Mann, der mit ihr und ihrer Familie in Delhi gelebt hatte. Zur Eröffnung stellte er ihr seinen elfjährigen Sohn Ösel vor, dessen Mutter eine tibetische Nonne war; der Sohn war auf dem Dach von Fredas *Young Lamas Home School* in Dalhousie gezeugt worden. Freda hatte keine Ahnung gehabt. Chögyam Trungpa hinkte auch leicht, als Folge eines Autounfalls im Jahr 1969, der Zeit, als er noch Abt von Samye Ling in Schottland war. Er war dem Alkohol zugetan, erschien oft betrunken in der Öffentlichkeit und hatte offene Affären mit einigen seiner Schülerinnen, alles mit dem Wissen seiner englischen Frau, Diane Pybus, die er geheiratet hatte, als sie sechzehn war.

Trotz seines ziemlich skandalösen Verhaltens bestätigte sich Fredas Intuition, dass Trungpa besondere Gaben hatte, um den Buddhismus dem Westen nahezubringen. Er hatte seinen alten Freund Akong Rinpoche in Schottland zurückgelassen und war nach Amerika gezogen; dadurch, so glaubte er zu Recht, wäre er in der Lage, die Lehren des Buddha auf eine völlig neue Art und Weise wiederzugeben, unbehindert vom strengen Traditionalismus der tibetischen Klosterkultur. Dass er die englische Sprache, einschließlich der Poesie, liebte und gut beherrschte – eine Fähigkeit, die er in Oxford verfeinert hatte –, zeigte sich in seinen Lehren und Büchern, die nicht nur seine hervorragenden Sprachkenntnisse offenbarten, sondern auch die Tatsache, dass er die westliche Mentalität verstand. Als Freda und der Karmapa eintrafen, hatte Trungpa die Vorstellungskraft der Amerikaner schon mit seinem Bestseller »Spirituellen Materialismus durchschneiden« und seiner brillanten Vortragsreihe mit dem Titel »Crazy Wisdom« (»Verrückte Weisheit«) erobert, die er als »Herzblut seiner Linie« bezeichnete und vor etwa 1500 Menschen hielt.

Seine Begabung und Vorstellungskraft zeigten sich auch darin, wie er die Botschaft und Methodik des Buddha mit Kalligrafie, Haiku (einer traditionellen japanischen Gedichtform), Dressurreiten, Ikebana, Theater, Kino und Psychologie verknüpfte. Seine Begabung und sein Erfolg wurden jedoch durch sein Verhalten infrage gestellt.

Fredas Eindrücke von ihrem schillernden, unorthodoxen Adoptivsohn in Amerika hat sie in ihren Briefen an ihren Mann festgehalten. Wie immer wollte sie nicht unbedingt urteilen; das hielt sie jedoch nicht davon ab, ihn zu tadeln wie ein bockiges Kind, das in seine Schranken gewiesen werden musste.

»Trungpa in Anzug und Krawatte ist zwar anders als unser Tulku, der in Roben herumschwirrte, aber im Wesentlichen doch derselbe. Vom Aspekt her eher stärker – sowohl lächelnd als auch halb ›zornvoll‹. Er führt eine umfassende, höchst wichtige Art der Geistesschulung durch. Es ist Dharma-Arbeit – die Dinge von Grund auf in Ordnung bringen. Seine Methoden sind hart und manchmal scharfzüngig, vielleicht eine Nuance zu viel – und vielleicht war das der Grund, warum mein Besuch und der korrigierende mütterliche Einfluss zu diesem Zeitpunkt notwendig waren«, schrieb sie an BPL.

Gegenüber Trungpas Anhängerschaft schlug sie jedoch einen viel diplomatischeren, versöhnlicheren Ton an: »Trungpa lehrt auf eine bestimmte Art und Weise. Er hat eine sehr ›zornvolle‹ Art, dich dahin zu bringen, dass du dein eigenes Verständnis entwickelst«, sagte sie zu Schülern und Schülerinnen in Trungpas Zentrum *Tail of the Tiger* (inzwischen Karmê Chöling) in Vermont. »Ein Lama zeichnet sich durch ein gütiges Herz aus, ein Herz wie das von Chenrezig, doch manchmal verbirgt sich das gütige Herz hinter einer zornvollen Form. Er kann wirklich viele Dinge in dir aufdecken, die dir nicht bewusst sind. Das ist der Wind, der die Wolken vertreibt. Wie Rinpoche sagt: ›Es geht nicht um idiotisches Mitgefühl.‹ Es gibt ein größeres Mitgefühl, das sich auf viele Arten manifestieren kann«, sagte sie.

Freda war jedoch während ihrer Überseereisen nicht nur im Dienst des Karmapa, sondern baute auch ihre eigene spirituelle Basis für die Zukunft auf. So gründete sie mithilfe einer engagierten Schülerin, Barbara Petty, ein kleines Zentrum in San Mateo, Kalifornien: *Tangye Karma Ling*. Sie äußerte die Hoffnung, in Zukunft regelmäßig dort sein zu können, um zu lehren. Leider brannte das Zentrum später ab, wodurch ein großer Teil von Fredas schriftlicher Arbeit verloren ging.

»Das Zentrum gehört dem Karmapa, und ich bin als Lehrerin eingetreten, als erstes Mitglied der Sangha. In dieser Lebensphase musste ich eine Entscheidung treffen. Ich sollte wirklich nicht mehr so viel auf Reisen sein. Kalifornien ist perfekt, es ist so offen und das Klima ist gut, im Gegensatz zu England, wo ich auch hätte lehren können«, sagte sie in einem Radiointerview.

Freda hielt zudem zahlreiche Vorträge, gab Radiointerviews und auch viele Einweihungen, so wie schon in Südafrika.

In einem Brief an BPL, der inzwischen in Italien lebte, berichtet sie begeistert von ihrem amerikanischen Programm und der spirituellen Offenheit, die sie dort vorfand. »Ich lehrte viel über Mantras, die göttliche Mutter und die tiefere Philosophie des natürlich reinen Geistes (*Gyü Lama* oder *Mahayana Uttaratantra Shastra*). Ich kreierte auch das Klima für die Ankunft von Chenrezig (dem Buddha des Mitgefühls) in seiner irdischen Form, Seiner Heiligkeit dem Karmapa. Es gibt in den Staaten eine so grundlegende Bewegung für ein neues Leben, dass die alten Religionen in ihrer christlichen Form keine Bedeutung mehr haben – was viele Kirchenleute selbst erkennen. Unter denjenigen, die das so sehen, herrscht ein hohes Maß an interreligiöser Verbundenheit. Vom buddhistischen Standpunkt aus betrachtet ist das fruchtbar für den beständigen neuen Dharma, der in der Realität verankert und nicht zu sehr an die tibetische, japanische oder irgendeine nationale Ausdrucksform gebunden ist.«

Um ihren Standpunkt über die Bereitschaft Amerikas, den Buddhismus zu akzeptieren, zu verdeutlichen, gab sie in New York eine Einweihung in die Weiße Tara (weiblicher Buddha des Mitgefühls), die gleichzeitig im lokalen Radio übertragen wurde. Es war ein noch nie da gewesener Bruch mit der Tradition und ein echter Einzug des Buddhismus in das moderne westliche Leben.

Über den Äther ertönte Fredas Stimme. »Visualisiert die Erleuchtung in Form der göttlichen Mutter, um alle Segnungen zu erhalten«, sagte sie. »Der Geist ist fantastisch. Wenn wir die Schleier, die Verdunkelungen, entfernen können, können wir sehen, dass sein reiner Zustand spiegelgleich ist«, fuhr sie fort. »Die göttliche Mutter hilft uns, unseren Geist zu beruhigen, und bringt uns den Segen des transzendenten Wissens. Sie fördert auch das Leben und verleiht uns mehr Energie.«

Sie fuhr fort, die esoterische Bedeutung hinter Tara weiter zu erklären: »Tara hat 21 grundlegende Formen, deren primäre Funktionen darin bestehen, alle Ängste zu beseitigen. Es gibt eine Vielzahl von Formen, doch in Wirklichkeit ist da nur eine. Alles ist Buddha, alles ist die göttliche Mutter. Es ist wie die Fragmentierung des Lichts in die Spektralfarben.«

In einem bewegenden Abschluss der Sendung beendete Freda die Einweihung mit einer Demonstration ihrer eigenen mütterlichen Fürsorge für alle Lebewesen: »Ich sende den Segen des Buddha in jedes Haus und jeden Garten. Es gibt viele einsame Menschen, die dies im Radio hören. Ihnen sende ich besondere Gebete; und den Alten und Kranken, und denen, die mehr mit dem Radio leben als glücklichere Menschen. Ich bete, dass sie durch die Segnungen des Buddha, des Dharma (Lehre) und der Sangha den Ozean des Leidens überqueren und dass auch alle anderen ihn überqueren können.«

Falls sich jemand insgeheim fragte, mit welcher Berechtigung Freda solche Segnungen und Einweihungen erteilte – diese Frage sprach sie selbst mit der gebotenen Bescheidenheit an: »Alle, die lehren, müssen vor dem Erteilen einer Ermächtigung darüber sprechen, inwieweit sie berechtigt und kompetent sind, dies zu tun. Ich habe gehört, wie der Dalai Lama vor einer großen Einweihung, die er in Indien geben wollte, sehr bescheiden über seine eigene Verwirklichung sprach. Vor diesem Hintergrund fällt es mir schwer, meine eigenen Leistungen zu präsentieren. Ich glaube einfach, dass ich die Berechtigung habe und fähig bin, diese Einweihung zu geben.«

Ohne sich weiter darum zu bekümmern, ob ihre Zuhörer und Zuhörerinnen einfach an ihre Berechtigung glaubten oder nicht, wagte sich Freda weiter in das Reich des Vajrayana vor, bekannt als das Diamantfahrzeug – der tantrische Buddhismus, der hauptsächlich in Tibet existiert. Bei mehreren Gelegenheiten erteilte sie solche Einweihungen in Gottheiten des buddhistischen Pantheons, wobei sie die Texte zuerst auf Tibetisch und dann in der englischen Übersetzung las. Das war ein weiterer Beweis für ihren spirituellen Status und ihre persönliche Verwirklichung. Dem modernen amerikanischen Publikum war vielleicht nicht bewusst, wie höchst ungewöhnlich es für eine Nonne war, solche Rituale in der Öffentlichkeit durchzuführen, da hohe tantrische Einweihungen streng genommen den Lamas vorbehalten waren. Das, was Freda tat, war wirklich außergewöhnlich.

Sie lehrte auch über die streng geheimen *Sechs Yogas des Naropa*, ein System yogischer Übungen, die der Erleuchtung förderlich sein sollten. Und da sie stets bestrebt war, weibliche Aspekte des Buddhismus zu fördern, gab sie die Einweihung der Vajrayogini, einer der mächtigsten weiblichen tantrischen Gottheiten, sowie die von Niguma, einer Yogini aus dem elften Jahrhundert, die für die Gründung einer Linie und ihre übernatürlichen Kräfte berühmt war.

Nach einer Tara-Einweihung, die Freda in Amerika gab, erzählte sie, der Karmapa habe ihr gesagt, sie sei benannt nach einer Nonne aus dem achten Jahrhundert in Indien, Bikshuni Lakshmi – tibetisch Gelongma Palmo –, die mit Tara in Verbindung gebracht wird und in besonderer Weise fähig gewesen war, für andere da zu sein. Freda hatte einen Text über diese ursprüngliche Gelongma Palmo übersetzt, den sie nun zur Verfügung stellte. Eine der Anwesenden las ihn als Hommage an Freda vor. Er lautete sinngemäß etwa so:

»Man stelle sich die Gestalt einer Frau mit gelber Robe vor, die in einer Einsiedelei lebte, dem yogischen Weg folgte, im Wald hauste und ein Leben der Abgeschiedenheit und Meditation führte. Gelongma Palmo zeigte sich in ihrer äußeren Form als Bikshuni – eine voll ordinierte Nonne mit einer Ushnisha-Erhebung auf dem Kopf, ähnlich der des Buddha. In ihrer inneren Form manifestierte sie sich als grüne Tara, die Hindernisse und Hemmnisse (auf dem Weg zur Erleuchtung) beseitigt. Wenn wir uns Gelongma Palmo in dieser Form vorstellen, sollten wir uns an die sehr schöne Einweihung der Grünen Mutter erinnern, die wir heute Morgen erlebt haben.«

Die Hinweise und Anspielungen waren offensichtlich. Freda identifizierte sich mit der Nonne aus dem achten Jahrhundert und sie wollte, dass andere sie auch so sahen.

Auf ihrer letzten Reise in die Vereinigten Staaten war sie erschöpft und schaffte es, Zeit für ein zweiwöchiges Einzel-Meditationsretreat am Mount Shasta zu finden. Augenzeugen berichteten, dass sie sehr strahlend daraus hervorkam. Das Retreat fiel zeitlich mit ihrem zehnjährigen Jahrestag als Nonne zusammen, sodass sie danach mit einer großen Party verwöhnt wurde, komplett mit Kuchen, Kerzen und Musikern. Allen Ginsberg und Lama Karma Thinley waren unter den Gästen.

Müde, aber entschlossen, die Tour zu beenden, begleitete sie den Karmapa nach Europa. Der Zeitplan war so voll wie immer. Neben dem spirituellen Programm organisierte Freda für den Karmapa ein Treffen mit Papst Paul VI. und fand Zeit, BPL in Italien zu besuchen. In Schottland reiste sie nach Samye Ling, um Akong Rinpoche zu treffen, und besuchte ihre Nichte Pauline Watson, die Tochter ihres verstorbenen geliebten Bruders John, die mit ihrer Familie in der Nähe wohnte.

Pauline erinnerte sich gut an den Besuch. »Die Nachbarn trauten ihren Augen nicht, als sie diese kahlköpfige weiße Frau in roter Robe sahen. Alle Vorhänge bewegten sich. Mein vorrangiger Eindruck war der tiefer Spiritualität. Sie kam mit ihr in den Raum. Wir setzten uns in einen Kreis und sie leitete uns an, ein Mantra zu sagen. Es war sehr schön. Ruhe umgab sie und sie war sehr freundlich, besonders zu den Kindern. Sie blieb ein paar Tage bei uns und nahm uns mit nach Samye Ling.«

Sie kam wieder in Kontakt mit ihrer eigenen Kultur und hörte sich Weihnachtslieder an, die vom grandiosen King's College Choir in Cambridge gesungen wurden. Dann kaufte sie Earl-Grey-Tee und ein Buch von Beatrix Potter für ihre Enkelkinder.

Ihre Zeit lief ab. Freda war erschöpft, übergewichtig und es ging ihr sichtlich nicht gut. Auf einer Radioaufnahme des Jahres 1975 ist zu hören, dass sie nach Luft schnappte. In San Francisco diagnostizierte ein Arzt ein Herzleiden und diejenigen, die ihr nahestanden, empfanden ihre Abreise diesmal als besonders schmerzlich. Vor allem Trungpa Rinpoche sah, was kommen würde. Als er sich von seiner Ersatzmutter, Mentorin und Freundin verabschiedete, sagte er: »Ich werde dich nicht wiedersehen, aber wenn einige Zeit vergangen ist, werden wir wieder vereint sein.«

Als Freda und der Karmapa Paris erreichten, war sie völlig erschöpft. Sie erkrankte an einer schweren Erkältung, die sie sehr mitnahm. Aber für sie war es das alles wert gewesen. »Tausende Menschen haben jetzt Seine Heiligkeit den Karmapa gesehen und die Zeremonie der Schwarzen Krone miterlebt, von der außergewöhnliche Schwingungen ausgehen und die eine befreiende Wirkung auf den Geist hat«, sagte sie.

Wie immer hatte sie alles gegeben, war viele Tausend Kilometer gereist, hatte in zahlreichen Städten und Dörfern der westlichen Welt spirituelle Vorträge gehalten und zu unzähligen Menschen gesprochen. »Ich bin ziemlich belagert worden«, gab sie zu, »aber es ist tröstlich für die Menschen, jemanden zu haben, mit dem sie in ihrer eigenen Sprache sprechen können.«

Als es vorbei war, humpelte sie zurück nach Sikkim und in ihr Zimmer hoch oben im Kloster von Rumtek. »Ich möchte immer wieder nach Indien zurückkehren. Es fühlt sich an, wie nach Hause zu kommen«, sagte sie.

- 17 -

DIE LETZTEN TAGE

ERLEICHTERT, WIEDER IN DER »HEIMAT« und in ihrem Zimmer im Kloster Rumtek zu sein, in der Nähe ihres Gurus, schien sich Fredas Gesundheit zu verbessern. Sie besuchte ihre Kinder, zog sich in ein weiteres Retreat zurück, studierte und übersetzte tibetische Texte, las die Lebensgeschichten der frühen Karmapas und nahm ihren Stift zur Hand, um die große Menge an Korrespondenz der *Tibetan Friendship Group* zu beantworten, die sich während ihrer Abwesenheit angesammelt hatte. Sie war glücklich.

»Durch die heilenden Schwingungen S. H. des Karmapa ist der Gesundungsprozess abgeschlossen und ich fühle mich zu neunzig Prozent wieder normal. Auch Rangas und Kabirs Fürsorge war wunderbar; und Umi ist immer so lieb. Es ist wirklich ein Segen des Gurus und der Drei Juwelen, dass wir in diesen späteren Jahren von einer solch liebevollen Einstellung umgeben sind«, schrieb sie im Februar 1976 voller Zuneigung an BPL.

»Das Retreat war gut und Briefeschreiben hat etwas Kreatives an sich. Ich genieße es sehr. So viele brauchen Hilfe und Rat. Es geht mir darum, die Texte so preiswert und schön wie möglich wegzuschicken.«

Mit der treuen Pema Zangmo, die sich um Fredas unmittelbare Bedürfnisse kümmerte, führte sie ein erfülltes Leben in Rumtek. Sie hatte inzwischen eine gute Beziehung zu vielen Einheimischen außerhalb des Klosters, die sie hauptsächlich als Mutter des zunehmend berühmten, gut aussehenden Filmstars Kabir Bedi kannten, und ihr Leben hatte sich in einem zufriedenstellenden Rhythmus eingependelt:

4:00 Uhr: aufstehen, meditieren

7:00 Uhr: Frühstück (zwei Scheiben Toast, eine Tasse Tee)

8:00 Uhr: Meditation, bis der Karmapa sie rief, damit sie übersetzte oder etwas anderes erledigte

11:30 Uhr: Mittagessen (zwei Chapatis, Gemüse, gelegentlich etwas Fleisch), danach Briefe schreiben,

	Texte übersetzen, auf eine Vielzahl von Hilfsanfragen reagieren
15:00 Uhr:	Thrangu Rinpoche, ihr Abt, kam, um mit ihr fortgeschrittene Lehren zu studieren und zu übersetzen
18:00 Uhr:	eine private Mahakala-Puja (eine fortgeschrittene tantrische Schützerpraxis) mit S. H. dem Karmapa und seinen Herzensschülern, Shamar Rinpoche, Situ Rinpoche, Jamgon Kongtrul Rinpoche und Gyaltsab Rinpoche
20:00 Uhr:	eine Tasse Milch, weitere Meditation
23.00 Uhr:	Schlafenszeit

Mit 65 Jahren dachte Freda an ihr Alter. Es gab bereits Pläne, mit dem Geld, das ihr auf ihren Weltreisen gespendet worden war, eine Hütte zu bauen, »die Einsiedelei auf dem Hügel«, in der Nähe, aber doch getrennt von der Geschäftigkeit des Klosters. Der Traum, endlich einen eigenen Ort zu haben, an dem sie den Rest ihrer Tage ruhiger verbringen konnte, war sehr verlockend.

»Die Einsiedelei liegt auf einem Hügel mit einer wirklich schönen Aussicht und reiner Luft. Es gibt je ein Zimmer für mich und Pema Zangmo, einen kleinen Altarraum mit Bänken und Kissen auf dem Boden, ein Bad und eine Küche. Und wenn noch mehr Pennies hereinkommen, wird es noch ein Gästezimmer auf dem Dach mit modernen Annehmlichkeiten geben. Außerdem plane ich eine 1,80 m lange Veranda, auf der ich bei Regen draußen sitzen kann. Natürlich muss ich eine Wasserleitung verlegen. Und es wird einen Garten geben. Ich freue mich so darauf, wieder zu gärtnern. Es macht Spaß, das zu planen«, schrieb sie begeistert an BPL.

Es war ein mehr als verdienter Traum. Sie war nun eine ältere Frau, hatte jahrelang in kleinen Klosterzellen gelebt und davor großzügig ihr Zuhause mit zig anderen – Freunden und Fremden gleichermaßen – geteilt, sei es ihr Zuhause in der Siedlung »The Huts« oder ihre Wohnung in Delhi.

Würdigungen kamen auch aus anderen Richtungen. Im selben Jahr, im Oktober 1976, verlieh ihre alte Freundin, die indische Premierministerin Indira Gandhi, Freda eine von 46 Auszeichnungen, die »ausländischen Frauen, die sich in herausragender Weise um Indien verdient gemacht haben« verliehen wurden. Was Freda betraf, so wurde sie für ihren Einsatz und ihre Leistungen auf dem Gebiet der Bildung und der sozialen Fürsorge ausgezeichnet.

Ihr Preis war eine silberne Box, die kurioserweise vier Bände von »The Spirit of India« enthielt, der Biografie von Indira Gandhi, einschließlich ihrer Reden und Schriften! Die Inschrift lautete: »Für Sister Palmo. Im Internationalen Jahr der Frauen gedenken die Frauen Indiens Ihrer Verdienste um Indien und überreichen Ihnen dies als Zeichen ihrer Dankbarkeit.«

In der Öffentlichkeit zeigte sich Freda erfreut. Sie informierte sofort ihr altes College, St. Hugh's, Oxford, damit diese die Würdigung in ihrem Rundbrief veröffentlichen konnten, und schrieb erneut an BPL, um ihm die gute Nachricht mitzuteilen. Dabei offenbarte sie in beiden Fällen eine seltsame Vorliebe für Berühmtheit, die, wie es schien, im Widerspruch zu ihrem Nonnendasein und ihrem Gelübde der Entsagung stand.

»Ich war offen gesagt überrascht, dass sie sich nach meinen vierzehn Jahren in den Bergen noch an mich erinnerten, und auch gerührt«, schrieb sie. »Ich freute mich auch, dass ›Freda Bedi‹ in der indischen ›Szene‹ so selbstverständlich in Sister Palmo übergegangen war – vor allem angesichts der besonderen Situation, dass Sister Palmo zwar derzeit in der buddhistischen Welt des Westens ziemlich bekannt ist, sich aber noch nicht fest im Bewusstsein Indiens verankert hat.«

Im privaten Gespräch, so Kabir, tat seine Mutter dagegen ihren Ärger kund.

»Sie war wütend und verletzt, dass man sie als eine Ausländerin ansah. Kurz nach ihrer Ankunft war sie indische Staatsbürgerin geworden und betrachtete sich als Inderin.

Schon seit sie eine junge Frau gewesen war, hatte sie sich für Indien hingegeben. Ursprünglich wollte sie die Auszeichnung ablehnen, erkannte dann aber, dass solche Regierungskategorien unvermeidlich waren, und sah vernünftigerweise ein, dass sie eine weiße Hautfarbe hatte und in England geboren war«, sagte er.

Freda verbrachte Weihnachten 1976 mit Ranga, Umi und ihren Enkelinnen, Ami, siebzehn, Sohni, vierzehn, und Seher, fünf, in Kalkutta. Wie sie es versprochen hatte, als sie Nonne wurde, hatte sie die enge Verbindung zu ihren Kindern nie abreißen lassen, hielt sich durch regelmäßige Korrespondenz auf dem Laufenden, welche Neuigkeiten es bei ihnen gab und wie es ihnen ging, kaufte ihnen Geschenke und traf sie, wenn es ihr Zeitplan zuließ, in ihrem jeweiligen Zuhause. Sie nahm stets Anteil an ihrem persönlichen Leben. Doch in ihren späteren Lebensjahren drängte es sie offenbar, häufiger in ihrer Nähe zu sein.

Gerade zu dem Zeitpunkt, als sie in Kalkutta ankam, wurde Freda krank. Ihr üblicher Winterhusten verwandelte sich in eine schwere Lungenstauung; ihr Herz war beeinträchtigt und sie verbrachte elf Tage auf der Intensivstation eines Pflegeheims. Sie gab zu, dass es sich um einen Beinahe-Herzinfarkt handelte.

Nachdem sie sich erholt hatte, erklärte sie, sie fühle sich besser und leichter als je zuvor, und fuhr mit den Weihnachtsfreuden fort. Sie war enttäuscht, dass BPL ihnen nicht Gesellschaft leisten konnte. »Italien scheint jetzt sein Zuhause zu sein – er wird dort als Guru-Vaterfigur sehr geschätzt und ist glücklich. Er kommt erst im Sommer.«

Also begnügte sie sich damit, sich über das Talent, den Charme und die Schönheit ihrer Enkeltöchter zu freuen. Sie hoffte, dass Kabir, inzwischen ein Filmstar, zu Besuch kommen würde, in Begleitung seiner neuen Freundin, denn er hatte sich von seiner ersten Frau, der extravaganten klassischen indischen Tänzerin namens Protima, scheiden lassen. »Kabir ist nach einem großen TV-Erfolg in Europa zurück.

Er hat gerade seinen ersten italienischen Film gedreht, ›Der Schwarze Korsar‹«, schrieb sie stolz an Valerie Grove vom sehr aktiven australischen Zweig der *Tibetan Friendship Group*. Guli, inzwischen hochschwanger mit ihrem zweiten Kind, blieb in Bombay.

»Ich freue mich darauf, meine Tochter wiederzusehen – und werde mich umso besser fühlen, wenn Baby Nummer zwei sicher angekommen ist«, sagte sie. Der leichte warnende Anklang sollte sich als ein weiterer von Fredas vorausschauenden Momenten erweisen.

Freda genoss ihr letztes Weihnachtsfest. Sie half beim Schmücken des Weihnachtsbaums und bereitete ihre berühmte englische Süßspeise *Trifle* zu, scheute aber davor zurück, einen Weihnachtskuchen zu backen, »wegen des horrenden Preises für Korinthen.«

Zu Neujahr 1977 unternahm Freda eine Pilgerreise nach Sarnath, wo der Buddha seine erste Predigt über die Vier Edlen Wahrheiten gehalten, und nach Bodhgaya in Bihar, wo er die Erleuchtung erlangt hatte. Sie meditierte, entzündete Butterlampen, verteilte Pullover und Geld an Tibeter und Bettler und kehrte dann nach Rumtek zurück.

Anfang März 1977 ertönte eine von Fredas inneren Alarmglocken. Guli war in Schwierigkeiten. Freda nahm sofort ein Flugzeug und eilte ihr zur Seite.

»Mummy war offenbar schon sehr besorgt wegen der Geburt, denn sie sagte einer Freundin, dass sie unbedingt dabei sein müsse«, so Guli. »Die Geburt wurde eingeleitet, elf Tage zu spät, und während ich auf die Entbindungsstation verlegt wurde, hörten die Wehen plötzlich auf. Der Arzt war sichtlich besorgt. Hatte sich der Wehentropf gelöst oder war etwas mit dem Baby passiert? Als meine Tochter geboren worden war, atmete sie nicht. Der Arzt atmete hörbar ein und sagte: ›Oh mein Gott.‹ Die Nabelschnur war außergewöhnlich lang und *drei Mal* um ihren Hals gewickelt. Ein echter Notfall. Der Arzt sagte, es sei ein Wunder, dass Brinda nicht nur überlebt, sondern auch keinen Hirnschaden erlitten habe.

Wir haben einfach sehr viel Glück gehabt. Als es vorüber war, nahm Mummy Brinda in die Arme und segnete sie. Auch wenn Mummy den größten Teil meines Lebens nicht da war, wusste ich, dass sie immer über mich wachte.«

Niemand ahnte, außer vielleicht Freda selbst, dass es Fredas Leben war, das in unmittelbarer Gefahr schwebte. Einige Tage vor Brindas Geburt hatte sie sich auf Drängen von Pema Zangmo einer gründlichen medizinischen Untersuchung unterzogen und Entwarnung erhalten.

Glücklich verließ sie Guli und stieg in den Zug nach Delhi, der sie zu ihrem nächsten Termin brachte, der *World Buddhism Conference*, die in der Vigyan Bhavan Hall, Delhis führendem Konferenzveranstaltungsort, stattfand. Dort richtete sie sich in einer Luxussuite des Fünf-Sterne-Hotels Oberoi Intercontinental ein, als Gast ihrer engen Freundin und Anhängerin Goodie Oberoi, der Frau des Inhabers.

Der 28. März 1977, Fredas Todestag, war ein interessanter Tag. Wenn auch niemand ahnte, was kommen würde, so ließ Freda doch Anzeichen erkennen, dass sie genau wusste, was ihr bevorstand. Pema Zangmo erinnerte sich daran, dass Freda ihr ihr Adressbuch mit den Worten aufgedrängt hatte, dass sie es brauchen würde. Außerdem riet Freda ihrer Assistentin, eine andere Nonne mit nach Rumtek zu nehmen, um ihr zu helfen. Pema Zangmo fragte sie, ob sie fortgehen wollte, und wenn ja, wohin. Freda hatte rätselhaft geantwortet: »Du weißt es nicht. Ich weiß es.« Dann ging sie alles noch einmal durch und sagte ihr, was wichtig war.

Im Laufe des Tages statteten zahlreiche Leute Freda spontan einen Besuch ab, viele von ihnen aus der von Freda gegründeten *Tibetan Friendship Group*. Sie begrüßte sie alle herzlich und erzählte ihnen von ihrem neuen Projekt, tibetische Kinder zu sponsern, damit diese die besten öffentlichen Schulen Indiens besuchen konnten – vor allem Mädchen, die weniger Chancen auf eine gute Ausbildung hatten als Jungen. An diesem Tag gab sie merkwürdigerweise all ihre Zeichnungsberechtigungen ab und bestand darauf, dass Pema Zangmo sich mit Binder, BPLs Neffen, in Verbindung setzen sollte. Dieser war in der Familie Bedi aufgewachsen und lebte nun als bekannter politischer Kommentator in Delhi. Niemand wusste damals so recht, warum Freda mit ihm Kontakt aufnehmen wollte.

Um sechs Uhr abends machten Freda und Pema Zangmo einen Spaziergang. Danach setzte sich Freda zum Briefeschreiben hin. Anschließend holte sie einige Fotos heraus, aus ihrer eigenen Kindheit und von ihren Kindern, die sie in Lahore vor der Teilung aufgenommen hatte. Um 22 Uhr weckte Freda Pema Zangmo, um ihr Anweisungen in Bezug auf einige Geschenke und Geld zu erteilen, die sie an bestimmte Personen weitergeben sollte. Sie holte etwas gelben Stoff als Geschenk für ihre treue Dienerin heraus, um daraus eine Nonnenbluse anzufertigen, und sagte ihr, sie solle gewissenhaft den Dharma praktizieren. Dann kleidete sich Freda in ihr bestes Gewand und sagte der neugierigen Pema Zangmo: »Ich werde es morgen brauchen.« Daraufhin spielte sie eine Tonaufnahme von S. H. dem Karmapa ab, die er ihr aus New York geschickt hatte, und setzte sich zum Meditieren hin.

Pema Zangmo, die wenige Meter von Freda entfernt wieder eingeschlafen war, wurde durch das Geräusch von »lauterem Atmen« geweckt. Sie erhob sich, ging zu Freda hinüber, die immer noch kerzengerade in Meditationsposition dasaß, und klopfte ihr auf die Schulter. Freda rührte sich nicht und öffnete auch nicht die Augen. Als Pema Zangmo näher hinsah, konnte sie kein äußeres Zeichen von Leben entdecken. In völliger Panik rannte sie auf den Hotelkorridor hinaus und rief um Hilfe. Schnell wurde ein Arzt herbeigerufen, der Freda offiziell für tot erklärte. Ursache: Herzstillstand. Pema Zangmo merkte, dass ein sanftes Lächeln auf Fredas Gesicht lag.

Pema Zangmo raffte all ihren Verstand und ihr Wissen darüber zusammen, was entsprechend dem tibetischen Buddhismus im Todesfall zu tun ist, und wurde zu ihrem kämpferischsten Ich. »Fassen Sie sie nicht an. Sie ist in tiefem Samadhi. Nichts darf sie stören«, schrie sie alle Anwesenden an. Sie wusste: Obwohl es keinen Puls oder äußere Lebenszeichen gab, war Freda innerlich bei Weitem nicht tot. Ihr Körper war warm und kühlte nicht aus, sie saß aufrecht, sie befand sich im Samadhi, jenem tiefen meditativen Zustand der einsgerichteten Konzentration, der ihren äußerst subtilen Geist in Richtung des letzten Stadiums des Todes, des Klaren Lichts und darüber hinaus zu ihrer nächsten Geburt steuerte. Es war der Gipfel der tibetisch-buddhistischen Praxis, der nur von den fortgeschrittensten Meditierenden erreicht werden konnte, hieß es. Pema Zangmo zweifelte nicht daran, dass Freda dazu befähigt war. Wirklich Versierte konnten tage-, ja sogar wochenlang in diesem Zustand bleiben, ohne dass sich ihr Körper zersetzte, während sie im Leuchten des Glückszustands ihres ursprünglichen Bewusstseins verweilten und immer höhere Grade des Erwachens erreichten. Diejenigen jedoch, die das Bodhisattva-Gelübde abgelegt hatten, ergriffen nun die Gelegenheit, ihr Bewusstsein in einen Bereich oder Körper zu lenken, in dem sie am besten zum Wohl anderer wirken konnten.

Nicht jeder teilte Pema Zangmos Überzeugungen. Kabir, der seine Mutter erst einige Tage zuvor in Bombay gesehen hatte, eilte nun nach Delhi, um sie im Tod zu sehen. »Ich bin immer skeptisch gegenüber religiöser Mythenbildung«, sagte er. »Als ich Mummys Leichnam sah, war da eine leichte Grimasse auf ihrem Gesicht, als hätte sie Schmerzen gehabt. Da war kein Ausdruck von göttlicher Glückseligkeit.« Er war völlig schockiert. »Bei unserer letzten Begegnung schien sie gesund zu sein. Es gab absolut keinen Grund zur Annahme, dass sie sterben würde. Rückblickend erkannte ich jedoch, dass sie mir einen Hinweis gegeben hatte: ›Das Leben ist so zerbrechlich. Ein Mensch kann in einem Augenblick weg sein‹, hatte sie gesagt, was mir ziemlich seltsam vorkam«, so Kabir.

Als Beweis dafür, dass jeder Mensch Ereignisse aus seinem eigenen Blickwinkel betrachtet, hatte Ranga wiederum einen anderen Eindruck. »Mummy sah völlig ruhig aus. Außergewöhnlicher Frieden ging von ihr aus. Es war verdammt heiß in dem Raum und Mummy war in ihrem Gewand unter einem Ventilator, und dennoch leuchtete ihre Haut«, sagte er.

In Mailand war BPL, Fredas große Liebe auf Erden, am Boden zerstört angesichts der Nachricht. Seine unmittelbare Reaktion bestand darin, dass er seinen Kummer in diese liebevollen Zeilen goss:

> Der Kelch deiner Gnade ist voll, oh Herr!
> Und der Kelch meiner Gebete ist voll, oh Herr!
> Was soll ich meinem Herzen sagen,
> Bis die beiden Kelche vereint sind, oh Herr!

Niemand wollte Guli, die noch mit ihrem neugeborenen Baby im Krankenhaus lag, die Nachricht überbringen. Sie erfuhr es von einem Arzt, der versehentlich damit herausplatzte, wie leid ihm »das mit ihrer Mutter« tat.

Der Schock war verhängnisvoll. Gulis Milch versiegte sofort, sie erkrankte an psychosomatischer Arthritis und war drei Monate lang nicht in der Lage, sich aus ihrer liegenden Position aufzurichten.

Am 29. März wurde Fredas Leichnam in Binders Haus in Delhi gebracht und auf einem Bett aus Blumen aufgebahrt. Der Karmapa war zutiefst schockiert, schickte Beileidsbekundungen und riet dringend, ihren Leichnam zur Einäscherung nach Rumtek zu bringen. Die Familie entschied sich jedoch, Freda in Delhi, auf dem Gelände des Anwesens der Familie Oberoi, einzuäschern. Eine Entscheidung, die Ranga später noch tief bereuen sollte.

»In Delhi herrschten um die 40 Grad Celsius, und es hätte drei Tage gedauert, Mummys Leiche nach Rumtek zu fliegen. Wir hätten sie für den Flug einbalsamieren müssen. Kabir, Binder und ich konnten das nicht tun. Mummys Körper hätte sich aufgebläht und das wollten wir nicht«, sagte er. »Mummy lag auf dem Boden unter einem Ventilator, dennoch war nach drei Tagen kein Jota Veränderung an ihr zu sehen. Am vierten Tag brachten wir sie zu Goodie Oberois Anwesen. Bei der Ankunft des Leichenwagens half ich, sie aufzuheben, und ihre Gelenke waren ganz weich. S. H. der Karmapa muss gewusst haben, dass sie die Reise nach Rumtek ohne Probleme geschafft hätte.«

Dennoch hatte die Beerdigung auf dem Anwesen in Delhi eine eigene tiefe Bedeutung. In der Nähe der Einäscherungsstelle, neben einer Bougainvillea-Abgrenzung, stand ein Bodhi-Baum-Schössling, der dort einen Monat zuvor auf Vorschlag von Freda angepflanzt worden war, als sie mit Goodie Oberoi das Anwesen besucht hatte. Goodie wollte dort einen kleinen Tempel errichten und Freda hielt es für glückverheißend, den Boden mit einem Abkömmling des Baumes zu segnen, unter dem der Buddha die Erleuchtung erlangt hatte.

Als günstige Fügung fiel Fredas Beerdigung mit dem Eröffnungstag der *World Buddhist Conference* zusammen. Der Beginn wurde auf 14 Uhr verschoben, damit die Teilnehmenden jener Frau ihren Respekt erweisen konnten, die eine enge, geliebte Schülerin des Karmapa gewesen war, als erste Nonne die höchste Bikshuni-Ordination erlangt hatte, unermüdlich den tibetischen Flüchtlingen in der größten Stunde ihrer Not geholfen hatte und eine sehr einflussreiche Diplomatin des Buddhismus weltweit gewesen war.

Laut Kabir kamen Busse mit etwa hundert in Roben gewandeten Abgesandten der Konferenz an – buddhistische Mönche aus der ganzen Welt, darunter auch Vertreter aus Russland, die zum ersten Mal überhaupt an der Konferenz teilnahmen. Sie standen um den Scheiterhaufen herum, sangen und sprachen Gebete. Ein weißes Tuch wurde auf Fredas Körper gelegt und Ranga entzündete den Scheiterhaufen. Ziemlich erschreckend war, dass diejenigen, die in der Nähe standen, Schweißperlen auf Fredas Gesicht sahen.

»Es war ein unglaublicher Abschied. Wir wussten zwar, dass ihr Leben der Spiritualität gewidmet war, aber bis sie starb, hatte ich keine Ahnung, wie angesehen sie in der buddhistischen Welt war«, sagte Ranga.

Ehrungen wurden ausgesprochen und würdigten ihre zahlreichen Leistungen. Ihr Nachruf in »The Statesman«, Kalkutta, lautete:

> Mrs. Freda Bedi führte ein hingebungsvolles Leben. Als eine der wenigen britischen Frauen, die Indien zu ihrer Heimat machten und aktiv am Freiheitskampf teilnahmen, setzte sie sich nach der Unabhängigkeit in der sozialen Arbeit ein und engagierte sich in religiösen Studien. Tief beeinflusst von östlicher Philosophie nahm sie den Buddhismus an und wählte das genügsame Leben einer Nonne, um sich ganz den Menschen und ihrem Glauben widmen zu können.
>
> In der Religion erlangte sie den höchsten Rang des Mahayana-Ordens und für ihr soziales Engagement erhielt sie im Internationalen Jahr der Frau eine besondere Auszeichnung für ihren herausragenden Beitrag für die Sache der indischen Frauen. Besonders wegen ihrer Arbeit unter tibetischen Flüchtlingen wird sie in Erinnerung bleiben.
>
> Wie ihr Sohn, Kabir Bedi, sagt: »Ihr Leben war der Ausdruck des Spirituellen auf eine zutiefst menschliche Art und Weise – sie lebte für das, woran sie glaubte.«

Aus den Reihen der Anhänger und Anhängerinnen des Buddhismus kamen weitere Ehrungen. Christmas Humphreys, Gründer der *Buddhist Society in London*, schrieb eine glühende Hommage in der Zeitschrift der Gesellschaft »The Middle Way«:

> Freda Bedi war ein Vorbild dafür, wie ein buddhistisches Leben sein sollte. 25 Jahre lang weihte sie ihr Leben mit immenser, unaufhörlicher Energie allen, die

Hilfe brauchten, unabhängig von Glauben, Kaste oder Hautfarbe. Nie ließ sie nach, nie zögerte sie. Wenn es eine Aufgabe zu erledigen gab, ging sie sie an und vertraute – niemals vergeblich – darauf, dass die benötigte Unterstützung sich einstellen würde. Ich habe einen Großteil der Ergebnisse ihrer Arbeit gesehen, als ich 1962 selbst für den Dalai Lama in Indien war, und schließe mich einer Bemerkung von Mrs. Carlo Robins an: »Freda Bedi ist ein Vorbild für all jene Anhänger einer Religion, die ihre Religion einfach als ihr Leben betrachten und nicht nur als einen Lebensbereich.« Freda Bedi war eine großartige Frau, eine großartige Buddhistin und eine Inspiration für alle Buddhisten in Ost und West, um unaufhörlich im Dienst der Menschheit zu arbeiten.

In seiner Beileidsbekundung an die Familie sprach der verehrte Meister, der Ehrwürdige Ayang Rinpoche – er hatte Freda den Ritus der Bewusstseinsübertragung zum Zeitpunkt des Todes, Phowa, gelehrt – berührend und tiefgehend darüber, was ihr Tod für viele Tibeter, Laien und Ordinierte, bedeutete:

Die traurige Nachricht von Mummys Tod hat uns alle, die wir sie früher kannten, erschüttert, ebenso wie diejenigen – da bin ich sicher –, die ihrem noblen Herzen noch immer sehr nahe sind. Ich habe mich hingesetzt und tief nachgedacht, wie es unsere liebe Mummy in einer ernsten Situation getan hätte, und bin zu dem Ergebnis gelangt, dass sie ihr Lebensziel erfüllt hat ... Sie war wie eine Mutter, insbesondere für die Sache der tibetischen Buddhisten.

Der Verlust von Mummy ist daher nicht nur für Sie und mich oder die Tibeter allein ein großer Verlust, sondern für die gesamte Menschheit. Doch zu diesem Zeitpunkt kann Trauer die, die wir verloren haben, nicht wieder zurückbringen, und das Beste, was die Menschheit tun kann, ist, ihren edlen Schritten zu folgen. ... Wir alle werden dasselbe erleben; es ist wichtig, sich dies von Zeit zu Zeit bewusst zu machen und einen Teil unserer Zeit der religiösen Praxis zu widmen.

Am 2. April wurde Fredas Asche in eine schöne, gravierte Urne gefüllt und nach Kalkutta geflogen, um anschließend nach Rumtek gebracht zu werden. Traurigerweise war es genau derselbe Flug, der gebucht worden war, um Freda nach ihrer Teilnahme an der *World Buddhist Conference* zu Ranga und Umi zu bringen. Nun trugen Kabir und Pema Zangmo die sterblichen Überreste zurück in ihr Kloster, wo unter der Leitung von S. H. dem Karmapa eine 49 Tage dauernde Puja (Gebetszeremonie) begann – der Zeitdauer des Bardo, des Zwischenzustands zwischen Tod und Wiedergeburt.

»Vielleicht ist sie in dem Buddha-Feld, von dem sie gesprochen hat«, sinnierte Ranga in einem Brief an seinen Vater, »aber nicht weiter von jedem von uns entfernt, als sie es nach unserem Empfinden sonst auch war. Sie pflegte zu sagen: ›Mein Lieber, ich kann zwar nicht verhindern, dass du etwas erlebst, was dir Schaden zufügt, aber meine Gebete können wie ein Schirm bei einem Wolkenbruch wirken. Du wirst nass, aber nicht durchnässt.‹ Und in diesem Sinne, ob im Leben oder im Tod, glaube ich, dass sie niemals aufhört, diesen Schirm über uns zu halten.«

Doch Fredas Geschichte ist damit vielleicht noch nicht zu Ende. Zwei Jahre nach ihrem Tod, 1979, kamen Gerüchte auf, Freda hätte sich reinkarniert: als ein tibetisches Mädchen, Jamyang Dolma Lama, die Tochter Seiner Eminenz Beru Khyentse Rinpoche, eines angesehenen Linienhalters, der vom 16. Karmapa inthronisiert worden war. Der in Tibet geborene Beru Khyentse Rinpoche hatte Freda Bedi gut gekannt und sein eigenes Zentrum in Bodhgaya aufgebaut.

Im Jahr 1995, als sie sechzehn Jahre alt war, wurde Jamyang Dolma Lama, inzwischen eine Nonne, offiziell von ihrem

Vater und anderen Lamas als die Reinkarnation von Freda Bedi, alias Schwester Kechog Palmo, anerkannt. Seitdem hat sie ein neunjähriges intensives Studienprogramm am *Ngagyur Nyingma Nunnery–Institute* absolviert und am 28. Februar 2015 ein sechseinhalbjähriges Retreat abgeschlossen. Sie ist voll qualifiziert zu lehren und dazu ausersehen, sich um die Nonnenklöster ihres Vaters sowohl in Indien als auch in Tibet zu kümmern und, wie Freda, um die Welt zu reisen, um die Lehre des Buddha zum Wohle aller fühlenden Wesen zu verbreiten.

Für einige, wie Pema Zangmo, besteht kein Zweifel, dass Freda in einem neuen Körper wieder auf der Erde erschienen ist. »Mummy-la ist als tibetisches Mädchen zurückgekommen. Ich habe keinen Zweifel. Sie kam mich in meinem Nonnenkloster besuchen und ich erkannte sie sofort und sie mich. Sie nahm meine Hand, gab mir einen Khata (weißen Schal) zur Begrüßung und weinte. Sie ist sehr schön. Wenn ich sie anschaue, sehe ich Mummy-la, nicht das Gesicht, aber das Wesen ist dasselbe. Kurz bevor sie starb, sagte Mummy-la zu mir, ich solle mit Beru Khyentse Rinpoche in Kontakt bleiben, da die Verbindung sehr glückverheißend sei«, sagte sie bedeutungsschwer und deutete damit an, dass Freda ihre nächste Wiedergeburt bereits vorbestimmt hatte.

Fredas Kinder sind eher zurückhaltend. Kurz nach dem Tod ihrer Mutter fragte Guli den Karmapa, ob sie reinkarniert sei. »Auf der Stufe, die deine Mutter erreicht hat, konnte sie wählen, ob sie zurückkehren wollte oder nicht. So wie ich deine Mutter kenne, würde sie sich wahrscheinlich dafür entscheiden«, sagte er. Dabei bezog er sich auf die Fähigkeit von Adepten, eine bestimmte Reinkarnation zu wählen – allein von der uneigennützigen Absicht motiviert, auf diese Erde zurückzukehren, um anderen zu helfen, den Weg aus dem Leid zu finden. Das ist die Geburt eines Bodhisattva, ganz anders als »gewöhnliche« Geburten, die von den Kräften unkontrollierten Karmas willkürlich herbeigeführt werden.

Es war eine angemessen diplomatische Antwort auf die heikle, häufig umstrittene Frage der Reinkarnation, die oft durch politische und geistliche Machtspiele belastet ist. Die Worte des Karmapa sprachen jedoch Bände in Bezug auf das außergewöhnliche Leben und die Leistungen der Frau namens Freda Bedi – jener Frau, die eine politische, soziale und spirituelle Revolutionärin gewesen war und eindeutig unter Beweis gestellt hatte, dass ihr das Wohl anderer am Herzen lag.

2010. Fredas Nonnen heute, gruppiert unter dem Bodhi-Baum, den Freda als Schössling im Nonnenkloster Karma Drubgyu Thargay Ling gepflanzt hatte. In der Mitte Kabir. (Mit freundlicher Genehmigung von Parveen Dusanj Bedi)

EPILOG

Als ich an jenem klaren Novembermorgen im Jahr 1976 zum ersten Mal von Freda Bedi hörte, wusste ich nichts von der Frau, vor der Lama Yeshe sich ehrfürchtig niederwarf. Inzwischen bin ich in diesem Buch gemeinsam mit ihr durch ihr sehr außergewöhnliches Leben gereist und habe sie anhand ihrer eigenen Worte und der Berichte, die andere mir großzügig zur Verfügung gestellt haben, kennengelernt. Sie ist zu einer äußerst lebendigen, aufregenden und komplexen Gestalt geworden. Als ich mich auf diese lange Odyssee begeben habe, interessierte mich vornehmlich, inwiefern sie Lama Yeshes ungewöhnliche Huldigung verdiente. Und insbesondere: Hat sie es verdient, als weibliche Ikone gefeiert zu werden?

Ohne jeden Zweifel war Freda Bedi eine Heldin. Sie war außerordentlich mutig und warf sich im Namen der gesamten indischen Nation in die Schlacht für Gleichheit und Freiheit; im Namen der Besitzlosen, Armen, Kranken, Vergessenen, der Flüchtlinge – und der Frauen, weltliche und ordinierte gleichermaßen. Angst schien sie nicht zu kennen. Sie nahm es mit der Geheimpolizei, Gefangenschaft und Bären auf, ungeachtet ihrer eigenen Sicherheit. Unerschrocken setzte sie sich für Frauen ein, war eine überzeugte Feministin, glaubte, dass es auf Taten und nicht auf Worte ankomme.

Als Freda allmählich offener zutage trat, nahm die Frau hinter den unzähligen Rollen, die sie spielte, Form an, voller seltsamer Widersprüche.

Sie konnte hervorragend organisieren und managen, hatte einen eisernen Willen, einen brillanten Verstand, war beharrlich, eine Frau, die stets wusste, wohin sie wollte. Und sie war verträumt, neigte zu »Höhenflügen« in schwärmerische Romantik und hoffnungslosen Idealismus. Vielen zufolge hatte sie eine herrische Art, erteilte Befehle in der Erwartung, dass sie befolgt wurden, und doch war sie auch allgemein wegen ihrer Warmherzigkeit und Freundlichkeit bekannt. Sie war eine echte Verfechterin der Gleichberechtigung, lud Diener ein, mit Diplomaten an ihrem Tisch zu sitzen, und bestand darauf, selbst in der dritten Klasse zu reisen. Dennoch mischte sie sich bereitwillig unter die Hochgestellten des Landes und neigte dazu, auf ermüdende Weise die Namen der Großen und der Wohltätigen ihres Bekanntenkreises fallen zu lassen. Vielleicht war sie auf Öffentlichkeit aus. Freda war eine hochrangige buddhistische Nonne, doch sie schreckte nie vor Ruhm oder Eigenwerbung zurück. Sie vergaß nie ihre sozialistischen Prinzipien und verzichtete auf Geld und Besitz. Dennoch scheute sie sich nicht, Einladungen in Fünf-Sterne-Hotels anzunehmen.

Der faszinierendste und wohl auch stärkste Widerspruch in Fredas Verhalten lag in ihrer Doppelrolle als Mutter. Sie brachte vier Kinder zur Welt, und doch verließ sie diese von Geburt an häufig, um ihre umfassendere Berufung als Mutter für die Allgemeinheit zu erfüllen. Alle nannten sie Mummy wegen der Liebe und Fürsorge, die sie ihnen entgegenbrachte. Doch eines ihrer Babys starb, während sie unterwegs war, um sich für das größere Wohl einzusetzen, und sie gab ihre Tochter im Alter von fünf Jahren in ein Internat. Sie ließ Ranga ohne Mutter *und* Vater zurück, als sie freiwillig ins Gefängnis ging, und sie machte die ganze Familie obdachlos, als sie ihre Arbeit aufgab, um Nonne zu werden. Fredas Handlungen liefen den gängigen Konventionen, dass eine »gute« Mutter bereit sein sollte, alles für ihre Kinder zu opfern, von Grund auf zuwider. In den Augen der Gesellschaft ist es diese Selbstlosigkeit, die einer Mutter einen besonderen Status verleiht.

Während des gesamten Buches musste ich mich fragen: Ist es möglich, dass eine Frau gleichzeitig Che Guevara, Mutter Teresa und eine leibliche Mutter sein kann? War Freda wirklich selbstsüchtig und egoistisch, weil sie ihre Kinder verließ, um einen größeren Weg zu gehen? War ich voreingenommen, sexistisch? Väter, die ihre Träume verfolgen – den Everest besteigen, zum Südpol wandern, Meere in kleinen Booten überqueren, Rennwagen fahren oder im Namen des

Geschäftemachens unaufhörlich um die Welt reisen –, werden nicht in vergleichbarer Weise verurteilt. Ich schloss daraus, dass die Gesellschaft Mütter sehr stark bewertet. Auch hier ging es um Genderfragen.

Fredas Lebensentscheidungen rund um das Muttersein warfen auch andere heikle Themen auf, die normalerweise nicht zur Sprache gebracht werden. Nur wenige wagen es, das Unaussprechliche beim Namen zu nennen: dass Mutterschaft nicht für alle Frauen erfüllend ist. Viele Mütter können es kaum erwarten, wieder berufstätig zu sein, um den oft eintönigen Anforderungen zu entkommen, die mit der Sorge für kleine Kinder verbunden sind. Und Zeitungen bringen hin und wieder Berichte über Mütter, die ihre Kinder getötet haben. Interessanterweise verriet eine große Matriarchin, Königin Victoria, Mutter von neun Kindern, in ihren Tagebüchern, dass sie es hasste, schwanger zu sein – »Es war, als wäre man eine Kuh oder ein Hund« –, dass sie Stillen abscheulich und ihre Kinder »hässlich und abstoßend« fand. Das, was sie genoss, war der Akt der Zeugung ihrer Kinder mit Prinz Albert.

Es ist nicht bekannt, ob Freda aktiv Kinder wollte. Sie wurde geboren, bevor die Antibabypille – die große Befreierin – erfunden wurde, und wurde sehr schnell nach ihrer Hochzeit schwanger, in einer Zeit, in der die Ehe automatisch Mutterschaft bedeutete. Von Kindheit an war sie von starken spirituellen und sozialen Idealen getrieben. Sie liebte BPL, heiratete ihn aber ebenso sehr wegen seines inbrünstigen politischen Einsatzes für die indische Unabhängigkeit wie wegen ihrer Leidenschaft für ihn. Ein häusliches Dasein fand sie mit Sicherheit nie besonders erstrebenswert.

Während meiner Reisen traf ich eine von Fredas Freundinnen, eine Amerikanerin namens Didi Contractor, die Freda 1969 in Bombay kennengelernt hatte. Als Filmset-Designerin für Lehmziegelhäuser und später als führende Ökologin warf Didi ein interessantes Licht auf viele Aspekte von Fredas Persönlichkeit.

»Da sie das große Ganze im Blick hatte, bin ich nicht sicher, wie hoch sie Mutterschaft einschätzte«, sagte Didi in einer ihrer Lehmhütten in einem kleinen Dorf nahe Dharamsala. »Ich glaube, dass Guli erheblich zu kurz kam. Ich erinnere mich an eine Gelegenheit, als sie immer wieder versuchte, ihrer Mutter zu sagen, dass sie verlobt sei, aber Freda war mehr daran interessiert, mit mir über Muktananda (meinen Guru) und Religion zu sprechen. Sie wiederholte ständig: ›Nicht jetzt, Guli.‹

Freda war einzigartig, eine große Frau in jedem Sinne des Wortes, imposant und sehr, sehr herzlich. Ihre Stimme war stark, selbstbewusst und manchmal sehr dramatisch, besonders wenn sie Gebete sprach! Und sie konnte liebenswert wichtigtuerisch und theatralisch sein, fast schon lächerlich. In ihrer Größe bot sie auch eine große Angriffsfläche für Negatives. Man konnte ihr Verhalten auf zwei Arten sehen – als komisches Aufgehen in ihrer Rolle oder als völlige Hingabe. Ich liebte sie, aber ich war nicht blind für ihre Schwächen – so wie man das nicht ist, wenn man jemanden wirklich liebt«, fuhr sie fort.

»Alles war bei ihr entweder schwarz oder weiß – es gab keine Grautöne. Genau das war nötig, um das zu vollbringen, was sie geschafft hat. Sie hatte Humor, lachte aber nie über sich selbst und hatte keinen Sinn für Ironie. Mummy wusste immer alles besser. Sie hörte zwar zu, änderte aber ihre Meinung um keinen Deut. Woran auch immer sie glaubte, sie tat es uneingeschränkt und sofort. Sie war ungeheuer stark, eben *weil* sie an sich glaubte. Gleichzeitig war sie außerordentlich naiv – naiv auf eine Art, wie es jeder kreative Mensch ist. Man muss naiv gegenüber komplexen Zusammenhängen sein, um die Dinge so rückhaltlos anzunehmen und anzugehen wie sie.«

Am Ende wandte ich mich ihren Kindern zu, die einzigen Menschen, die wirklich mit Fug und Recht darüber sprechen können, was für eine Mutter sie war. Heute betrachten Ranga, Kabir und Guli ihre Mutter mit viel Liebe und sogar ein wenig

Ehrfurcht. Alle drei sind jedoch nicht blind gegenüber den Schwierigkeiten, die sie wegen ihr durchmachen mussten.

»Rückblickend kann ich ehrlich sagen, dass ich mich wirklich gesegnet fühle. Als Mutter war sie wirklich etwas Besonderes. Für eine Tochter war sie *fantastisch*, weil sie wirklich daran glaubte, Frauen zu stärken«, sagte Guli, diejenige, die ihre Mutter von allen Kindern am wenigsten gesehen hat und die ihr doch am ähnlichsten geworden ist. Von Freda hat Guli ihr ausgeprägtes Unabhängigkeitsstreben, ihren Verstand und – wie sich in ihrer Arbeit als Lehrerin für benachteiligte Kinder zeigt – auch ihre engagierte Fürsorge für andere.

»Ich wurde dazu erzogen, eine Stimme zu haben, etwas aus meinem Leben zu machen und finanziell unabhängig zu sein. Viele Frauen, sagte sie mir, sind unglücklich, weil sie ihrer Ehe nicht entfliehen können. Sie war nicht gerade erfreut, dass ich einen Künstler heiraten wollte, weil sie wusste, wie hart das Leben ohne Geld sein kann; aber sie wollte mich nicht davon abhalten, weil sie an das Recht, frei zu wählen, glaubte. Sie ahnte, dass die Ehe nicht von Dauer sein würde – wie gewöhnlich hatte sie recht.

Obwohl ich von einem Monat zum nächsten nie wusste, wo ich wohnen würde, muss ich zugeben, dass ich mich von keinem Elternteil vernachlässigt oder ungeliebt fühlte. Mummy kuschelte gern.

Ihr einziger großer Fehler war, dass sie das Leben durch eine rosarote Brille sah. Sie hatte eine romantische Sicht auf das Leben und die Menschen. Sie sah nur das Gute. Kabir und ich machten immer Witze darüber. Wenn wir einen gemeinen oder unangenehmen Menschen trafen, sahen wir uns an und sagten: ›Er muss innere Schönheit haben.‹ Mummy konnte oder wollte die dunkle Seite des menschlichen Wesens nicht sehen. Das konnte einen ganz schön auf die Palme bringen. Manchmal wurde sie dadurch auch verletzt.«

Guli hatte auch große Schwierigkeiten, die absolute Ehrerbietung ihrer Mutter gegenüber dem Karmapa zu akzeptieren. »Ich hatte einen heftigen Streit mit ihr, kurz bevor sie starb. ›Ich verstehe nicht, wieso du, eine radikale, kluge, entschlossene, starke Frau, eine Oxford-Absolventin, die immer geradeheraus ihre Meinung vertreten und die Verantwortung für ihre Handlungen übernommen hat, jetzt erst mit deinem Guru Rücksprache halten musst, bevor du etwas tust! Warum überlässt du jetzt alles ihm?‹ Sie antwortete: ›Guli, du verstehst das nicht. Es geht darum, in ein anderes Leben einzutreten – eines, das viel erfüllender ist.‹«

Kabir kam mit Fredas ständigem Engagement für ihre Arbeit und ihre Anliegen sehr gut zurecht.

»Natürlich war Mummy viel unterwegs – was mich ehrlich gesagt nicht gestört hat«, sagte er. »Sie wurde von ihrem großen sozialen Gewissen angetrieben. Wenn sie zu Hause *war*, nahm sie dich in den Arm und gab dir das Gefühl, etwas Besonderes zu sein, erwünscht zu sein. Das Hauptproblem war, dass sie uns obdachlos zurückließ, als sie ihr buddhistisches Leben aufnahm. Ich machte mir Sorgen um Guli, vor allem, weil Mummy die Hauptverdienerin war. Der Stress, kein Geld zu haben, war immer da – meine Eltern kümmerte das einfach nicht. Was für sie zählte, waren ihre Prinzipien. Sie waren idealistisch bis hin zur Verrücktheit. Wir Kinder haben nichts von ihnen geerbt außer ihren Werten.«

Ranga, der als Kind am meisten von Freda mitbekam, teilt Kabirs Gefühle.

»Meine Mutter hat mir ein wunderbares Leben geschenkt. Aber weil meine Eltern ständig auf Messers Schneide lebten, hatte ich immer das Bedürfnis nach Sicherheit. Damals war es mir nicht bewusst, aber meine Kindheit war sehr unsicher. Mein gesamtes Erwachsenenalter hindurch hatte ich den Drang, mich in meiner Arbeit sicher zu fühlen, und meine Familie steht immer an erster Stelle. Ich bin sehr auf ihren Schutz bedacht«, sagte er.

Freda mag zwar physisch nicht bei ihren Kindern gewesen sein, doch sie versuchte dennoch, deren Erziehung bis in die kleinsten Details ihres Lebens durch Briefe zu steuern.

Hier Fredas Antwort auf Kabirs Bemühen, sich für seine Schwester einzusetzen, die im Internat Pickles – eingelegtes Gemüse – haben wollte:

> Mit Gulis Pickles-Problem sieht es wie folgt aus: Bitte sag ihr, sie soll vernünftig sein und sich nicht beschweren. Du hast ihr Pickles gegeben. Ich schicke ihr ein Geburtstagspäckchen mit Marmelade und Pickles. Es ist ohnehin ziemlich absurd, dass man nicht in der Lage sein sollte, ohne Nachschub an Marmelade und Pickles zu leben.

Und hier ein persönlicher, wenn auch etwas kryptischer Brief an Kabir:

> Denk gut über das Rauchen und die andere Sache nach. All das hat Karma-Wirkungen. Es ist ein Gesetz, so unpersönlich wie das wissenschaftliche Gesetz, dass H_2O Wasser ist. Rauchen beeinflusst den Geist (führt zu Anhaftung) und den Körper, indem es dessen reine Hohlräume mit Rauch füllt. Teerablagerungen des Tabaks verursachen Krebs. Verwende immer Filterspitzen, wenn Du schon rauchen musst. Als ich auf dem College war, haben mich die Mädchen zum Rauchen überredet und ich habe drei Monate geraucht. Dann wachte ich eines Tages auf, erkannte, wie sinnlos es war, und hörte auf. Ich habe nie wieder geraucht.

Kabir beherzigte den Rat seiner Mutter nicht. Stattdessen trat er in die Fußstapfen seines Vaters und ist nur selten ohne Zigarette zu sehen.

Wenn Briefe nicht ausreichten, wurde Freda auch praktisch aktiv. Bei Kabirs erster Hochzeit mit Protima führte sie die Trauzeremonie selbst durch. Und sie eilte ihren Kindern zur Seite, wenn sie das Gefühl hatte, sie seien in Gefahr.

Ich gelangte zu dem Schluss, dass Freda eine Frau war, der es gelungen ist, alles zu haben – einen Ehemann, Kinder, eine steile Karriere, politische Aktivitäten und eine religiöse Berufung. Freda hat nichts aufgegeben. Das war eine beachtliche Leistung.

Was die Frage betrifft, ob Freda eine Emanation von Tara, dem weiblichen Buddha des Mitgefühls in Aktion, ist: Ich bin nicht in der Lage, das zu beurteilen. Trotz all ihrer sehr menschlichen Schwächen zeichnete sie sich doch durch außergewöhnliches Mitgefühl aus, was in all den unzähligen Rollen, die sie übernahm, praktisch zutage trat. Wie Tara war sie unbestreitbar eine Handelnde und begnügte sich nicht damit, sich zurückzulehnen und die Probleme der Gesellschaft zu beklagen oder lediglich für entsprechende Gesetze einzutreten. Sie griff direkt ein. Ihr Herz war so weit wie die Welt. Außerdem war Freda, ebenso wie Tara, sehr effektiv darin, das zu erreichen, was sie sich vorgenommen hatte.

Wer auch immer sie war, am Ende meiner Reise in ihr Leben verstand ich, warum Lama Yeshe sich 1976 in jenem Meditationszelt in Kathmandu dreimal vor ihr niedergeworfen hatte. Ich fragte mich, warum Fredas bemerkenswerte Geschichte nie erzählt worden war. Ich kam zu dem Schluss, dass ihr Schicksal das der meisten starken Frauen in der Geschichte ist: Sie wurde einfach übersehen. Es war an der Zeit, das zu berichtigen. Fredas Lied hat es verdient, gesungen zu werden.

ÜBER DIE AUTORIN

Vicki Mackenzie arbeitet seit ca. 40 Jahren international als Journalistin, u. a. für die Sunday Times und den Observer. Sie beschäftigt sich seit den 1970er-Jahren intensiv mit dem Buddhismus und wurde u. a. vom Vierzehnten Dalai Lama, Tenzin Gyatso, gebeten, die Geschichte von Freda Bedi für die Öffentlichkeit aufzuschreiben.
Bei Theseus ist bereits ihre Biografie über Jetsunma Tenzin Palmo – »Das Licht, das keinen Schatten wirft« – erschienen.
Sie lebt in Australien und England.